SimChurch: Being the Church in the Virtual World

심처치 SimChurch : 디제라티 digerati 와 가상교회

심처치(SimChurch)
: 디제라티(digerati)와 가상교회

SimChurch: Being the Church in the Virtual World

초판 1쇄 인쇄 | 2024년 10월 9일
초판 1쇄 발행 | 2024년 10월 15일

지은이 더글라스 에스테스(Douglas Estes)
옮긴이 남성혁
펴낸이 김운용
펴낸곳 장로회신학대학교 출판부

등록 제1979-2호
주소 (우)04965 서울시 광진구 광장로5길 25-1(광장동)
전화 02-450-0795
팩스 02-450-0797
이메일 ptpress@puts.ac.kr
홈페이지 http://www.puts.ac.kr

값 20,000원
ISBN 978-89-7369-498-3 (93230)

• 잘못된 책은 바꿔 드립니다.
• 이 책은 저작권법의 보호를 받는 저작물이므로 무단 전재와 복제를 금합니다.

●

교회에서 인터넷 캠퍼스를 시작하려고 하거나 이미 운영 중이라면 이 책을 반드시 읽어야 합니다. 이 책은 교회의 역사, 기술, 온라인 영적 공동체에 대한 현재의 생각을 훌륭하게 연결해 줍니다. 이 책이 모든 질문에 답하지는 못하지만 이 주제가 새롭기에 어떤 책도 그럴 수는 없습니다. , "온라인 교회는 '진짜'인가?"라는 질문을 해결하는 데 큰 도움이 될 것입니다. 인터넷 캠퍼스 목회자로서 저는 이 책이 현재 상황을 잘 설명하고 있으며, 앞으로의 방향성을 제시한다고 생각합니다. 가상 세계에서의 실제 사역과 진정한 연결에 관심이 있는 사람이라면 누구나 읽어볼 만한 가치가 있는 책입니다.

브라이언 바실
플라밍고 로드 교회
인터넷 캠퍼스 담당 목회자

●

기독교 신학은 아직 가상 세계의 등장과 함께 교회에 대한 약속과 위험에 대해 충분히 고려하지 않았습니다. 더글러스 에스테스는 가상교회에 대한 긍정적인 평가를 통해 교회가 된다는 것이 무엇을 의미하는지에 대한 기존 사고방식에 도전합니다. 이 책은 몇 가지 논란의 여지가 있지만, 최소한 전통적인 교회 모델을 옹호하는 사람들에게 입증의 부담을 전가하려는 도발적인 질문을 제기합니다.

아도니스 비두, 박사
신학 부교수
고든-콘웰 신학교

더글라스 에스테스 지음 남성혁 옮김

SimChurch

심처치 디제라티와 가상교회
digerati

Being the Church in the Virtual World **SimChurch**

장로회신학대학교출판부

차 례

추천사

있는 그대로 오시오,
단지, 옷을 걸치시오!

몇년 전, "처음" 경험하는 사건이 있었다. 누군가가 나체로 우리 교회 로비에 들어왔다. 그녀는 몇몇 다른 사람들 앞에 있는 로비 의자에 앉아 아무에게도 말을 걸지 않았다. 나는 한 자원봉사자로부터 이 상황에 대해 전화로 보고받았다. 최대한 빨리 그곳에 도착해보니, 아니나 다를까, 그녀는 완전히 벌거벗은 채로 교회 로비에 앉아 있었다!

나는 그녀에게 옷을 입어달라고 정중히 부탁했고, 그녀가 여기 온 것은 환영하지만, 그녀의 몸을 가려야 한다고 말했다. 그녀는 아무 반응도 없이 조용히 앉아만 있었다. 다시 한번 그녀에게 옷으로 몸을 가려달라고 부탁했지만, 그녀는 대답하지 않았다. 그녀에게 떠나 달라고 말했고, 재빨리 그 건물에서 그녀를 내보냈다.

이 모든 것은 세컨드라이프 Second Life 라는 온라인 캠퍼스에서 일어났다. 우리는 2007년 3월 그곳에 교회를 개척했고, 그 이후로 전 세계에서 온 방문객들을 환영하고 있다.

그 벌거벗은 여성을 내쫓은 후, 나는 내가 옳은 일을 했는지 의심하기 시작했다. 우리는 종종 복장 규정이 없다고 말하지만, 그 순간 우리에게는 복장에 대한 규정이 있다는 것을 깨달았다! 만약 그녀가 어떤 대답이라도 했다면 나는 아마 다르게 반응했을 것이다. 우리의 영역에는 규칙이 있고, 거기에는 "선정적인"^{성인물} 내용을 허용하지 않는다고 분명히 표시하였다. 나는 그녀의 침묵을 반항과 불통으로 받아들였다. 여전히 내가 옳았는지, 틀렸는지는 모르겠다. 그러나 이러한 상황을 어떻게 처리하든, 온라인 및 가상 환경의 사역이 새롭고 흥미로운 도전을 준다는 것은 확신할 수 있다.

이것이 교회에 무엇을 의미할까?

지난 100년 동안, 기술은 지구상의 거의 모든 문화에 영향을 미쳤다.

아프리카 마을의 농부는 이제 휴대전화로 곡물 대금을 받을 수 있다. 인도의 할아버지와 할머니는 무료 화상 채팅을 통해 미국에 있는 손자들을 보면서 이야기를 나눌 수 있다. 영국의 한 도시의 지역교회 지도자는 파일을 전송하고 이메일을 교환함으로 오스트레일리아에 있는 목회자와 의견과 자료를 공유할 수 있다.

우리가 살아오는 동안, 기술은 우리가 소통하는 방식뿐만 아니라 우리가 소통하는 상황과 환경도 변화시켜 왔다. 우리는 다른 이와 상호작용하기 위한 새로운 방법, 즉 새로운 도구와 심지어 새로운 환경에 끊임없이 직면하게 된다.

오늘날, 상호작용은 물리적 영역을 넘어 세컨드 라이프나 메타버스^{Metaverse} 같은 가상 세계로 확장되었다. 몇몇 사람들에 의한 논의가 계속되고 있음에도 불구하고, 사람들은 이러한 새로운 상호작용 방법이 공동체 생성에 대한 새로운 기회를 만들어냈다고 주장한다.

온라인에서 공동체를 경험하고 세컨드라이프와 같은 가상 세계에서 서로 연결되면서, 우리는 사회, 경제, 정치, 그리고 교회에서 관계와 그들이 의미하는 바를 재정의하고 있다.

목회자로서 온라인과 가상 세계의 상호작용이 교회에 미치는 영향을 살펴보면, 이런 질문을 던지게 된다. 우리는 이러한 새로운 환경에 참여해야 하는가? 그렇다면 어떻게 참여해야 하는가? 전 세계에 걸쳐 빠른 속도로 일어나는 변화로 인해, 우리는 교회가 새로운 질문을 하고, 새로운 발전에서 생겨나는 참여의 기회를 탐구하기에 역사상 가장 이상적인 시점에 와 있다.

라이프처치에서 우리는 이 질문에 대한 해답을 기도하면서 고민해 왔다. 우리는 나름대로 결론을 내리고, 해결책을 제시하며, 앞으로 나아가면서 더 많은 질문을 던지고 있다. 전 세계의 많은 교회는 사람들의 반응과 그들이 속한 지역사회에 복음을 전하는 것이 무엇을 의미하는지와 씨름하면서 이 과정에 도전하고 있다.

*SimChurch*에서, 더글라스 에스테스^{Douglas Estes}는 이러한 중요한 질문들을 받아들이고 우리가 스스로 대답하도록 돕는 틀을 제공한다. 성경은 가상교회에 대해 무엇이라고 하는가? 교회 역사로부터 이 문제에 대해 무엇을 배울 수 있을 것인가? 우리는 이러한 가상 세계의 성례전, 세례, 그리고 교회의 다른 전통을 어떻게 다룰 것인가?

에스테스는 단순히 이런 질문들을 제기하는 것을 넘어 각 사역이 현재 무엇을 하고 있는지, 어떻게 일하고 있는지, 성경의 맥락에서 모든 것이 무엇을 의미하는지 실제 사례를 탐구한다. 그러는 동안, 그는 대화가 적절하게 논의될 수 있도록 공통의 언어를 습득하는 것을 돕는다.

당신이 이 기술에 대해 찬성하든 반대하든, *SimChurch*는 모든 사람을 이 중요한 대화에 참여시키는 훌륭한 일을 한다. 이러한 문제에 대해 당신의 입장이 어떠하든지, 온라인 공동체와 가상 환경이 우리 교회에 어떤 의미가 있을 수 있는지 자문하는 것이 중요하다. 이 책 *Sim Church*를 펼치고, 사역의 새로운 차원을 탐색하자.

바비 그뤼왈드 Bobby Gruenewald,

Life.Church 목회자,

혁신적 리더

현대 교회는 지속적으로 변화하고 발전해야 하는 도전에 직면하고 있습니다. 디지털 기술의 발전과 인터넷의 보편화로 인해 우리의 삶과 소통 방식도 급격하게 변화하고 있습니다. 이러한 변화는 교회에도 영향을 미치고 있으며, 교회가 새로운 시대에 어떻게 대응할지에 대한 고민이 필요합니다. 더글라스 에스테스의 *SimChurch*는 이러한 도전에 대한 새로운 시각을 제시하고, 교회가 미래를 대비하여 어떻게 변화해야 하는지에 대해 생각하도록 초대하고 있습니다.

이 책은 현대 교회가 직면한 다양한 과제와 문제에 대해 다루고 있습니다. 교회가 디지털 시대에 존재하는 의미부터, 온라인 공간 속 목회 활동, 새로운 전도 방법, 그리고 온라인 커뮤니티 형성과 유지에 이르기까지 다양한 주제를 다룹니다. 에스테스는 이러한 주제들을 다양한 학문적인 연구와 현장 경험을 바탕으로 분석하고, 독자들에게 새로운 통찰력을 제시합니다. 또한 교회가 디지털 기술을 어떻게 활용하여 사명을 이행할 수 있는지에 대한 통찰력을 제공합니다. 예전과는 다른 방식으로, 하지만 여전히 효과적으로 전도와 목회를 이루어 나갈 수 있는 방법을 제시합니다. 이 책은 현대 교회가 디지털 시대의 도전에 대응하고, 새로운 기회를 포착하는 데에 큰 도움이 될 것입니다. 이 책을 통해 한국의 교회 지도자와 성도들은 현대 교회의 동향을 이해하고, 미래에 대한 준비를 할 수 있을 것입니다. 이 책을 읽는 것은 현대 교회의 비전을 넓히고, 새로운 도전에 대한 대비책을 마련하는 데에 큰 도움이 될 것입니다.

이제는 가상교회와 온라인 목회가 미래 교회의 필수 요소로 인식되고 있습니다. 이러한 흐름을 더 널리 이해하고 복음 선포와 하나님 나라의 확장을 위하여 이 도서가 귀하게 쓰임 받기를 기대합니다. 아울러 이 책의 번역을 위해 수고를 아끼지 않은 전도학자 남성혁 교수님께 진심으로 감사의 마음을 전합니다.

김도훈 교수
장로회신학대학교, 조직신학

혁신적인 신기술이 등장할 때마다 교회 내부에 퍼지는 불필요한 두려움이나 무비판적인 수용은 사실 교회의 사명을 수행하는 데 장애가 된다. 팬데믹 이전 필자는 가나안 청년들을 교회로 다시 오게 하는 대안을 고심하며 전통적 교회의 변화를 이야기하곤 했다. 팬데믹 이후 가속화된 탈종교 현상과 청년의 교회이탈 현실은 오프라인 현장에서 그저 기다리는 것을 넘어 그들이 거주하는 디지털 세상으로의 적극적 선교의 중요성을 깨닫게 하였다. 본 저서가 의미 있는 것은 가상교회와 현실교회에 대한 선택적 이원론을 비판적으로 성찰하며 청년들이 떠나는 교회의 지속적 발전을 지향하는 치열한 문제의식과 구체적 대안이 포함되어 있다는 것이다. 여전히 또 하나의 세계인 디지털 지구 digital earth 에서 활동하시는 하나님의 사역에 부지런히 거침없이 신앙 가치를 전하고자 하는 사역자들에게 팬데믹 이후 교회론을 고민하는 목회자 신학생 평신도에게 일독을 권하고 싶은 설득력 있는 책이다. 어떤 미래가 펼쳐지든지 하나님의 통치에 대한 믿음을 소유한 이들에게는 기술 시대에도 잃은 양 한 마리를 애타게 찾으시는 주님의 마음으로 가상교회와 현실교회를 하나님 사랑의 네트워크로 연결하게 해야 하는 사명이 있다.

김은혜 교수
장로회신학대학교, 기독교와 문화

2019년에 경험한 코로나19 팬데믹은 4차 산업혁명 시대가 가져올 문화적 현상을 앞당겨서 압축적으로 경험하게 해주었다. 대면 예배와 모임에 익숙해 있던 교회가 서둘러 유튜브와 Zoom 등을 활용하여 온라인으로 전환하면서 예배에 대한 본질을 생각하게 하는 계기가 되기도 하였다. 디지털 기술과 네트워크의 발전은 우리에게 익숙했던 것을 다시 생각해 보게 함과 동시에 메타버스 시대의 도래와 이어령 교수가 선언했던 디지로그의 삶으로 우리를 인도한다. 더글라스 에스테스의 *SimChurch*는 이러한 시대를 예견하고 선구자적인 질문을 우리에게 던졌다. 에스테스는 다양한 경험과 연구를 통해 우리에게 메타버스 시대의 가상교회 이해를 요청한다. 사실 우리는 새로운 기술을 사용할 때 불안과 두려움이 있다. 더구나 우리는 오랜 기간 아날로그적 삶에 익숙해 있었다. 그러나 새로운 세대를 이해하고 오늘의 문화 속에서 새롭게 적응해야 할 교회를 생각한다면 모험은 불가피하다고 생각한다. 그런 점에서 에스테스는 우리가 잘 아는 내용들의 신학적 본질을 다시 생각하게 하면서 오늘의 시대에 그것이 어떻게 새롭게 이해되어야 하는 지를 제시한다.

정기묵 교수

장로회신학대학교, 선교신학

한국의 독자들에게

미래에 대한 흥미로운 점은, 미래는 우리가 예상하는 것과는 완전히 다른 방식으로 펼쳐진다는 것이다. *SimChurch*를 출판한지 15년이 지난 지금, 신학 및 목회 실천적 측면에서 오프라인 교회에 도전하기도, 그렇게 하지 않기도 하며 계속해서 놀라움을 선사하고 있다. 보편적인 오프라인 교회는 온라인 교회에 얼마나 관심이 있을까? 실제로는 생각보다 훨씬 적다. 그러나 지난 15년을 돌아보면 온라인 교회가 교회의 정체성을 찾고 미래를 개척하는 데 중요한 역할을 할 것이라는 확신이 그 어느 때보다 강해졌다.

5월 말 쾌적하고 따뜻한 날씨의 캔자스에서, 나는 편안한 현관에 앉아 이 글을 쓰고 있다. 트위터의 반응에 정신이 팔리기도 하지만, 나는 새로운 생성형 인공지능을 활용하여, 글쓰기 프로젝트를 위한 기술 개발에 직접 참여하고 있다. 최근에는 금붕어가 로봇을 몰고 거리를 누비는 동영상을 보게 되었다. 이 로봇은 어항을 운반하며, 물고기는 신경 연결을 통해 로봇을 조종한다. 금붕어는 물고기 기준으로 로봇을 운전하는 데는 나쁘지 않지만, 조금 더 정확한 조작을 위해서는 연습이 더 필요해 보인다. 아마 로봇 운전을 처음 해보는 것일테니, 기술이 발전함에 따라 더 나아질 것이라고 확신한다.

나는 *SimChurch*와 *Braving the Future*를 비롯한 후속 에세이와

책을 저술하면서 다음과 같이 언급한 바가 있다.[1] "기술은 부드러운 곡선을 그리며 위로 발전하는 것이 아니라 가파른 경사면과 울퉁불퉁한 틈새의 가장자리를 따라 발전해 간다." 이러한 변화는 우리가 코로나 19 팬데믹에 대한 대응에서 가장 명확하게 확인할 수 있다. 서구 교회들은 예전에는 온라인으로 접속하지 않으리라 생각되던 상황에서 갑작스럽게 온라인에 접속해야 할 상황을 맞게 되었다. 이러한 교회들을 살펴보면, 일부 지역에서 실제로 어려운 상황에 처하거나, 적대적인 당국의 간섭으로부터 자신을 보호하기 위해 교회를 온라인으로 전환한 사례가 대부분이다. 하지만 이런 상황을 비유하자면, 우리는 모두 금붕어처럼 작은 로봇을 타고 다니며 교회의 실천을 추구하는 것과 같다. 물론 여기서 말하는 교회는 온라인 교회가 아니라 하나님의 백성들이 모이는 공동체를 의미한다. 1세기에는 우르르 몰려다니며 예배를 드렸던 교회^{신약성경을 보라}가 오늘날에도 모이는 방법이나 장소에 상관없이 여전히 같은 사명을 수행하고 있다.

기술 프로젝트 이야기로 돌아와서, 몇 달 전 ChatGPT가 출시되면서 이 작업을 처음 시도했으나 원활한 진행이 어려웠다. 그런데 불과 몇 달 만에 다른 플랫폼에서 디자인을 위한 최신 반복 작업이 상당히 개선된 것을 경험하게 되었다. 지난 15년을 돌이켜보면 기술의 큰 발전이 온라인 교회의 디지털 측면의 '품질' 또한 향상한 것을 알 수 있다. 게다가 다른 사람을 제자 삼고 그리스도의 몸을 세우기 위한 예배와 모임의 본질은 과거와 현재 모두 동일하며, 항상 도전과 개선이 필요한 과정임을 인식하고 있다. 기술이 우리에게 더 많은 혜택을 제공할수록, 그 혜택을 하나님 보시기에 선한 일을 하는 데 사용하는 책임이 더 커져야 함을 잊지 않아야 한다.

    *SimChurch*를 읽어주셔서 감사하지만, 그보다 더 감사한 것은 복음을 위해 세상의 새로운 지역에 교회를 개척해 주시는 것이다. 하나님의 풍성한 축복이 여러분의 사역에 풍성한 열매를 맺기를 기도한다.

더글라스 에스테스

2023년 5월

서문

가상교회가 등장하고 있다. 많은 사람이 가상교회에 대해 들어보았거나, 관련 뉴스 보도를 읽은 적이 있겠지만, 그들의 세계를 실제로 탐험해 본 적은 거의 없을 것이다. 지금까지, 가상교회에 관한 대부분의 연구는 제한적이고, 민족학적이며, 사회-과학적인 관점에서 이루어졌다. 그들은 누구이며, 어떤 유형의 사람들과 접촉하며, 사람들이 그들에 대해 어떻게 느끼는지 말이다. 훌륭하다. 하지만 가상교회에 관한 신학과 교회론은? 그들은 교회를 운영하고 교회가 되는 것에 관하여 무엇을 믿는가? 가상교회가 현실 세계에서 우리가 교회를 운영하는 방식을 바꿀 것인가? 인터넷 캠퍼스 예배와 현실 교회 예배가 같은가? 진짜 교회가 인터넷에 있을 수 있는가? 우리가 물어볼 수 있는 질문이 수천 가지가 있다.

좀 더 깊은 질문을 해보자. 온라인 사역에 관하여 이야기 하는 사람 중에는 열린 자세로 인터넷이 새로운 유토피아를 창조할 것이라고 믿는 디지털 낙관주의자도, 또는 눈이 휘둥그레져서 인터넷은 모든 죄의 원천이라고 생각하는 디지철 비관주의자도 있다.[1] 아쉽게도, 교회가 요구하는 것은 가상교회의 장단점을 더 살펴보고, 덜 자극적인 대화를 더 깊이 있게 하는 것이다. 이 책은 그런 방향으로 향하는 작은 발걸음이다. 가상 세계를 주제로 하는 책들에 대한 아마존 Amazon.com 의 독자평을 보면, 가상 세계에 관한 책들은 종종 괜찮은 그림이고 멋진 아이디어이지만, 실속은 거의 없는 조각들이라는 평가가 가장 눈에 띈다. 나의 목표는 다른 방법을 사용하여, 더 깊은 문제와 씨름하고 예측과 추측을 최소화하는 것이다.

이 책을 쓰면서 나에게 커다란 고민거리가 생겼다. 가상 세계에서 신학과 교회론에 대해 어떻게 이야기할 수 있을까? 바로 이 주제들로 인해 많은 그룹이 실제로 의견 대립을 보이고 있는데 말이다. 지난 세기 동안 교회론에 대한 대부분의 작업은 교회를 위한 패션쇼라고 생각할 정도로 유행에 뒤떨어졌다.[2] 결국, 나는 다양한 성향의 기독교인들이 이해할 수 있는 일반적인 글들을 쓰려고 했지만, 나보다 교회론에 정통한 다른 학자들이 노력이 최선이라고 생각했다. 다시 말해, 나로써는 토론의 근거를 마련하기 위한 일반적인 태도를 보이려고 한 것이다.[3] 나는 자유 교회Free Church 목회자이므로, 이 관점이 내 작업의 밑바탕에 깔려 있다. 한스 큉과 마찬가지로, 이 특정한 신학 분야에 관한 책을 쓰는 나의 목표는 "보편성, 폭넓은 긴장에 대한 인식, 복음주의적 집중력을 결합하는 것"이다.[4]

이 책에서 나는 특히 역사적 교회론과 철학에 관한 논의를 간략하게 다루었다. 두 영역 모두 이 논의에 크게 이바지할 수 있지만, 이 책에 넣기에는 내용이 훨씬 더 무거워서 일반 독자들이 접근하기 쉽지 않을 것이다. 여러 곳에서, 철학과 신학의 매우 중요한 부분과 그것들이 새로운 형태의 교회에 관한 우리의 추론에 어떤 영향을 미치는지 암시하려고 노력했다. 바라기는, 이 외에도 이 책이 이런 종류의 토론을 더 많은 영역과 수준에서 만들어내기를 바란다. 우리가 가상 세계 교회에 관해 배우는 것이 현실 교회에 영향을 미칠 뿐만 아니라, 가상 세계 사람들에 대해 배우는 것이 현실 세계 사람들을 어떻게 인식하는지 구체화하는 데 도움이 될 것으로 생각한다.

이 책을 쓴 뒤에도, 여전히 대답보다는 질문이 더 많다. 세계 어느 곳에서나 더 건강한 교회가 되기 위한 질문을 함께 해보도록 하자.

●

모든 책은 질문을 만들어내는데, 이 책은 다른 책들보다 더 많은 질문을 만들어낸다. 가상교회에 대해 기꺼이 대화를 나누고 이러한 이슈들과 씨름해 주신 모든 분께 감사드린다. 개척자 중에 가장 두드러지는 - 마크 브라운성공회 대성당, 팸 스미스i-church와 St. Pixels, 바비 그륀왈드Life. Church, 그리고 브라이언 바실Flamingo Road에게 특별한 감사를 드린다. 또한, 팀 허칭스, 빌 채스테인, 존 해밋, "키 크고 삐쩍 마른 뉴질랜드인" 앤드류 존스, 앤드류 케라가, 그리고 팀 챌리즈 등 인터뷰에 응한 모든 사람에게도 감사드린다.

또한 모든 형태의 교회에 관심을 가지는 이 프로젝트에 대하여 초록 신호등을 켜 준 존더반 출판사Zondervan의 모든 멋진 사람들과, 특히 편집자인 데이비드 프리스David Frees에게 큰 감사를 표한다.

마지막으로, 나는 현실 세계에 있는 우리 교회의 모든 멋진 사람들, 베리에사 밸리 교회 Berryessa Valley, 그리고 데이먼 데이븐포트와 BuildtheVillage.org의 사람들, 크라이스트 더 라이프 루터교회Christ the Life Lutheran Church의 브랜든 메릭, 웨스턴 신학교의 게리 턱과 스태프들, 학생들, 트레버 반 라르, 존더반의 브라이언 핍스와 크리스틴, Life. Church의 브랜든 도날드슨, 스콧 스웨인, 마이크와 후아니타 루이스, 게리와 메리 애플, 렉스 쉬프먼, 스콧과 제시카 브룩셔, EGI 호스팅, 릴리 부테, 제이슨 우즈, 켄 미어스, 마크 하우, 척과 마리브 모리스, 에스테스 주니어, 그리고 친지들 모두에게 감사를 표한다. 어머니 나딘, 그리고 무엇보다도 내 아내 노엘, 아들 와이어트, 그리고 딸 브리짓에게 가장 큰 감사를 돌린다 ― 문구 *와바리키 사나 Mungu wabariki sana!*

역자 주―"당신에게 하나님께서 크게 축복하시기를!"

역자 서문

*SimChurch: Being the Church in the Virtual World*를 한국교회에 소개하는 것은 현실교회를 부정하고 가상교회로 전환해야 한다는 주장에서 비롯된 것이 아닙니다. 오히려, 우리는 현대 사회에서 사람들이 가상 세계에 점점 더 많은 시간을 보내고 있는 현실을 인식해야 합니다. 이러한 변화는 복음을 전파하는 새로운 방법을 모색하고, 하나님 나라의 확장에 적극적으로 참여하고자 하는 우리의 소명에 큰 영향을 미칩니다. 따라서, 이 책을 통해 우리가 모색하고자 하는 것은 현실교회와 가상교회가 어떻게 공존할 수 있는지, 그리고 이 두 형태의 교회가 어떻게 서로를 보완하며 하나님 나라를 확장하는 데 이바지할 수 있는지에 대한 고민입니다.

가상 세계 사역이 현실 세계 사역을 대체하는 것이 아니라, 보완하고 확장하는 역할을 할 수 있다는 인식은 매우 중요합니다. 사람들이 가상 세계에 더 많은 시간을 보내면서, 우리는 복음을 전하는 새로운 기회를 맞이하고 있습니다. 이는 우리에게 가상 세계에서 활동하는 사람들에게 다가가고, 그들과 교류하며, 복음을 전파할 독특한 기회를 제공합니다. 따라서, 현실교회와 가상교회의 공존은 단순히 두 가지 형태의 교회가 나란히 존재하는 것을 넘어서, 서로의 사역을 보완하고 강화하는 데 중점을 두어야 합니다.

특히 이 책이 처음 출간된 지 15년이 넘은 지금도, 한국교회에 여전히 매우 유의미한 도서라는 점은 주목할만합니다. 2009년에 출간되어 시간이 흘러도 그 가치를 잃지 않고 있는 이 책은, 초고령화 문제와 다음 세대에 대한 준비의 필요성을 오랫동안 염려해 온 한국교회에 신선한 도전을 줍니다. 한국교회가 직면한 도전과 기회를 주제로 토론하는 장을 마련하며, 디지털 환경에서 교회가 나아가야 할 방향을 모색하는 데 중요한 이바지를 할 것입니다.

저자는 결론을 맺으며, 우리가 다음 세대의 선교지인 가상 세계를 위한 '사도적 디지털 지식인' apostolic digerati 을 지금이라도 적극적으로 길러내야 한다고 주장하는 데 매우 공감합니다. 이는 단순히 기술을 사용하는 방법을 넘어서, 디지털 환경에서 복음을 효과적으로 전파하고, 신앙 공동체를 구축하며, 사역할 수 있는 깊은 이해와 지혜를 갖춘 인재를 양성하는 것을 의미합니다. 디제라티 digerati 는 가상 세계의 복잡성과 가능성을 이해하고, 이를 통해 신앙의 메시지를 새롭고 창의적인 방법으로 전달할 수 있는 능력을 갖추어야 합니다. 아울러, 우리는 디지털 환경에서 교회가 어떻게 제자도를 실천할 수 있는지, 그리고 가상 세계에서 교회가 어떻게 다음 세대에게 복음을 효과적으로 전달할 수 있는지에 대한 심도 있는 논의를 진행해야 합니다.

마지막으로, 이 책의 번역과 출판에 관심과 지원을 보내주신 장로회신학대학교와 연구지원처 모든 분에게 진심으로 감사드립니다. 특히, 이 책을 처음 접하게 해주신 김도훈 교수님께 감사드립니다. 번역은 제2의 창작이라 할 만큼 힘겨운 작업이었는데, 지칠 때마다 기도로 중보해 주시고 소명이 뚜렷해지도록 도움을 주신 양가 어른들과 아내

현진, 아들 유강, 딸 유빈에게 감사드립니다. *SimChurch*가 한국의 교회와 신앙인들에게 영감을 주고, 가상 세계에서 교회 사역에 대한 새로운 관점을 제공하는 데 이바지하기를 바랍니다. 이 책에서 발견하는 교훈을 삶에 적용하여, 디지털 시대에 복음을 효과적으로 전파하는 데 앞장서길 기대합니다. 우리는 이제 디지털 시대의 새로운 사도적 사명을 받아들이고, 가상 세계에서 교회가 나아가야 할 길을 함께 모색해 나가야 할 때입니다.

남성혁

아차산 기슭에서

헤르마스 Hermas 는 이번 안식일은 뭔가 다르리라는 것을 알았다.

적어도, 그는 그렇게 될 것으로 생각했다. 로다 Rhoda 는 회당에서 예배 드리기 위해 아이들을 준비시키고, 하인들도 회당에 참석하도록 휴일을 주고, 안식일의 자유가 허락하는 선에서 소중한 가족 시간을 보냈다. 회당에 갈 시간이 되자, 헤르마스와 그의 가족은 집 대문을 나서서 그들의 고향인 이고니온 Iconium 의 오래된 도시 거리로 발걸음을 옮겼다.

그의 집 밖에 살구나무가 늘어서 있는 거리의 익숙함이 헤르마스의 마음을 회당으로 향하게 했다. 예배 중 성경 낭독을 듣기 위해 그는 같은 거리를 몇 번이나 걸었는가? 그가 고난을 겪는 동안 매우 친밀한 공동체인 유대교 회당에서 얼마나 많은 위로를 받았는가?

하지만 오늘은 달랐다. 그들은 회당에 가는 것이 아니다. 기독교 교회 모임이 있는 유달리아 Euthalia 의 집에 가고 있었다. 헤르마스는 그 모든 것이 몇 달 전에 어떻게 시작되었는지 기억했다. 디아스포라 출신 유대인 두 명이 이고니온에 있는 다른 회당에 나타나 가르치기 시작했지만, 단순히 토라에 대한 것을 가르치기보다는 "도"the Way 에 대해 가르쳤다. 그 일로 큰 소동이 일어났고, 율법주의자는 그 유대인들 가운데 한 사람과 고함을 지르며 다투게 되었다. 일주일 만에 시장은 진정한 메시아와 하나님 나라 운동에 관한 이야기로 떠들썩했다. 헤르마스는 로다가 신나고 흥분한 상태로 시장에서 집으로 돌아온 날을 기억했다. 바나바 Barnabas 라는 이름의 유대인이 시장에서 도에 관하여 가르쳤고, 로다는 믿게 되었다. 그녀는 헤르마스와 가족들이 유달리아의 집에 있는 교회에서 안식일을 지키기를 원했다. 헤르마스는 마지못해 동의했었다.

　그는 여러 가지 고민이 있었다. 이 "교회"는 어떤 곳일까? 헤르마스는 그가 다니는 회당 기둥의 그늘에 앉아, 때때로 높고 성스러운 장소에서 근처 집들의 지붕을 내다보며 자신의 하나님의 웅장함을 느낄 수 있었다. 하지만 그 집에는 어떤 웅장함이 있을까? 그는 회당의 책임자가 회당에서 토라를 읽을 때 조상들과 연결되는 것을 느낄 수 있었다. 그러나 이 새로운 교회에는 하나님과 어떤 연결점이 있을까?

　곧 그들은 유달리아의 집에 도착했고, 헤르마스는 그의 두려움과 걱정을 숨겨야만 했다. 입구에서 오래된 회당에서 온 몇몇 친구들이 따뜻함과 우정을 드러내며 헤르마스와 그의 가족을 맞이했다. 그들은 집으로 들어갔다. 하나님의 사람들을 위한 새로운 공동체가 시작되었다.

1장

가상 세계 속 교회

오늘, 하나님 백성들의 새로운 공동체 하나가 시작되었다. 우리 현실 도시의 거리에서는 그 공동체를 찾을 수 없을 것이다. 심지어 우리 중 많은 사람은 그것을 교회로 인정하지도 않을 것이다. 우리 모두가 아는 교회는 전통적이거나, 현대적이거나, 대형 교회이거나, 혹은 새로 개척된 교회이다. 겉으로 드러나는 모든 차이점에도 불구하고, 이 교회들은 기본적으로 현대의 물리적 교회의 변형이라는 점에서 동일하다.[1] 현대 교회의 다양한 교파주의자 중 누군가는 항의할지 모르지만, 결국, 그 교회들은 모두 현실 세계에서 유사한 신앙공동체에 해당한다. 각각의 교회는 당신이 열고 들어갈 수 있는 현관문이 있는 건물을 가지고 있고, 당신과 악수하는 이가 있으며, 당신에게 하나님의 말씀을 선포하는 목회자와 교회 지도자들이 있다. 이 건물들은 실제적이고, 만질 수 있고, 물리적으로 존재한다. 차이는 있지만 유사점이 더 많다.

수 세기 동안 일어나지 않았던 변화가 기독교 교회에서 일어나고 있다. 21세기 초에 교회는 스타일, 장소, 느낌, 부피가 달라지는 것이 아닌, 존재하는 세계가 달라지기 시작했다. 벽돌로 이루어진 현실 세계가 아니라, IP 주소와 함께 경험을 공유하는 가상 세계에 새로운 성도들의 모임이 생겨나고 있다. 이런 종류의 교회는 지금까지 보아온 세상의 어느 교회와도 다르다. 그것은 사회적 장벽을 허물고, 전 세계 성도들을 결속시키고, 두 렙돈을 드린 가난한 과부의 헌금으로 하나님의 나라를 건설할 힘을 가지고 있다. 이는 세계 어느 곳에서도 볼 수 없었던 완전히 다른 형태의 교회이다.

가상의 시대

우리는 모두 인터넷, 즉 사이버 공간에 익숙하다. 인터넷은 20세기의 마지막 10년 동안 폭발적으로 발전했다. 사이버 예언자들은 우리가 알고 있듯이 현실 세계의 종말을 예측했는데, 그것은 틀렸음이 드러났다. 인터넷은 우리 사회의 큰 부분을 차지하지만, 현실 세계는 계속 유지될 것이다. 무슨 일이 일어났는가? 이 사이버 예언자들은 폭발의 본질을 오해했다. 모든 혁명적 진보와 마찬가지로, 불확실성과 탐험의 기간이 있으며, 뒤이어 조정의 시간이 바로 온다. 예를 들어, 니콜라 테슬라Nikola Tesla가 1890년대 초에 라디오를 발명했음에도 불구하고, 세계가 그것을 어떻게 사용하는지를 알기까지는 거의 40년이 걸렸다.[2] 인터넷이 20세기의 창조물임에도 불구하고, 우리는 세계가 그것의 능력을 이해하고 충분히 활용하기도 전에 21세기를 맞이했다.

이미 인터넷은 강력한 힘이다. 2007년, 인터넷 사용자가 총 10억 명을 넘었다.[3] 이것은 세계 인구의 20퍼센트를 조금 넘는 것에 불과하지만, 창조 이래 역사상 어느 때도 세계 인구의 20퍼센트 이상이 서로 직접적인 의사소통을 한 적이 없었다. 이 통계 수치만으로도 신학적으로 설득력이 있다. 전자상거래 또한 인터넷 인구 붐을 따라잡았다. 2007년에 2조 달러 이상의 상품이 인터넷을 통해 거래되었다.[4] 불과 몇 년 전만 해도, 책은 동네 서점에서만 살 수 있었지만, 오늘날에는 전체 도서 판매량의 33퍼센트 이상이 온라인에서 팔리고 있다.[5]

이것은 빙산의 일각에 불과하다. 인터넷 초기에는 이메일이나 게시판 시스템과 같은 기본적인 응용프로그램이 일반적이었다. 이러한 초기 응용프로그램은 변화무쌍해 보였지만, 인터넷이 가진 전체 역량의 아주 작은 정도에 불과했다. 오늘날, 자체 출판 디지털 콘텐츠에서 블로그, 위키, 온라인 게임 MMOG[6]에 이르기까지, 새로운 경험의 물결은 초기 응용프로그램을 구시대적인 것으로 만들었고, 세계가 완전히 사이버 역량을 실현하는 시대로 한 걸음 더 다가서게 했다. 만약 1980년에 누군가가 당신에게, 당신만의 영화를 만들거나 당신만의 책을 쓰고 그것을 출판사, 스튜디오, 변호사, 또는 마케팅 담당자의 도움 없이 3천만 명의 사람들에게 서비스를 제공하는 상점에서 팔 수 있다고 말했다면 당신은 그들이 미쳤다고 말했을 것이다.[7] 그러나 이제는 이 모든 것이 가능하다.

이러한 새로운 응용프로그램은 세계를 변화시키고 있다는 점에서 가상 쓰나미의 두 번째 물결일 뿐이다.[8] 현재 일어나고 있는 일의 영향력을 파악하려면, 인터넷을 기술적 도구라기보다는 세계가 상호작용을 하는 근본적인 차원의 패러다임 변화로 보는 것이 중요하다.[9] 예를 들어, 여러분은 휴대전화를 기술적 도구로 볼 수 있다. 즉, 전선이 없는 전화이다. 그러나 그렇게만 보면 중요한 사실을 놓친다. 휴대전화는 우리를 항상 접속 상태로 만들기 때문에 우리 세계의 작은 패러다임 변화이다. 휴대전화로 가족, 친구, 동료, 변호사는 차, 극장, 회의실 또는 화장실에서 우리에게 연락할 수 있다. 휴대전화와 인터넷이 미치는 영향의 차이는, 그 변화의 크기에 있다. 인터넷은 휴대전화의 그것보다 수백 배나 더 큰 패러다임 변화를 일으키고 있다.

우리는 이러한 변화가 교육과 비즈니스 세계 모두에서 이미 일어나고 있음을 볼 수 있다. 많은 미국 공립학교는 현재 초등학생들을 위한 "가상 학교"를 제공하고 있다. 고등교육을 받는 학생은 학교에 출석하고 교실에 앉기 위해 물리적 이동이 필수적이었으나, 오늘날 많은 대학이 가상 교실을 제공하며, 학위를 제공하는 가상 세계 기관도 많이 존재한다.[10] 유명한 하버드대학도 가상 세계에 작은 캠퍼스를 가지고 있다. 마찬가지로, 비즈니스계 또한 화상 회의와 웨비나webinar를 받아들이기 시작했다. 그리고 이것은 시작에 불과하다. 교회는 그 변화를 따라가야만 할 것이다.

이후에는 인터넷Internet이나 월드와이드웹World Wide Web과 같은 용어를 사용할 때 주의를 기울이게 될 것이다. 왜냐하면 그것들이 당면한 디지털 혁명을 모호하게 할 수 있기 때문이다. 그 대신, 우리 주변에서 열리고 있는 가상 세계, 곧 오늘날의 인터넷마저 매우 제한적인 것으로 보이게 만들 가상 세계에 대해 더 말할 것이다. 인터넷의 미래는 다른 사람들에게 이메일을 보내기 위한 도구가 아니라, 많은 사람이 현실 세계에서 보내는 시간만큼이나 많은 시간을 소비할 수 있는 몰입형 세계가 되는 것이다.[11] 향후 몇십 년 동안, 가상 세계는 우리 삶의 많은 부분을 차지하게 되어, 현실 세계와 같은 정도, 혹은 그 이상의 중요성을 차지할 것이다. 가상 세계는 많은 사람에게 현실 세계보다 더 많은 상호작용을 수행하고 더 많은 거래를 수행하는 세상이 될 것이다. 그곳은 그들이 사랑을 찾고, 감정을 달래고, 거래를 하고, 예배하는 장소가 될 것이다.

누군가는 이것을 과장 광고나 공상과학 소설로 치부할 수도 있다. 20세기 초반의 사회 기술 전문가들은 2000년이 되기 전에 우리가 하늘을 나는 자동차와 달 기지를 갖게 되리라 예측하지 않았는가? 그들의 예측을 통해, 우리는 미래를 예측하는 것이 부정확한 일인 것에 동의할 수 있다. 그런데도, 우리가 이야기할 많은 발전은 비록 제한된 방법일지라도 이미 일어나고 있다. 또한 그 변화들이 향후 30년 안에 계속해서 일어날 것이라는 증거도 확실하다. 온라인 사용자 10억 명 중 7천만 명은 이미 가상 세계에 정기적으로 접속하고 있으며,[12] 그 숫자는 계속해서 급격하게 증가하고 있다.[13] 가상 세계는 연간 약 40억 달러의 수익을 창출하고 있다. 냉정하게 통계에 대하여 말하자면, 아무도 가상 세계 주민들이 가상 세계에서 얼마나 많은 시간을 소비하는지 정확히 알지는 못하지만, 적지 않은 수가 *매주 20시간 또는 그 이상*을 소비하고 있으며 더 많은 사람이 그보다 훨씬 더 많은 시간을 소비하고 있다.[14]

세컨드라이프에서는, 지평선 멀리 무엇이 있는지 잘 볼 수 있다. 가상 세계 진화의 두 번째 물결 중 하나인 세컨드라이프는 2003년 시작된 이래 기하급수적으로 성장하고 있다. 그것은 벌써 1,400만 명의 회원을 자랑한다. 세컨드라이프는 단순한 웹사이트가 아니다. 그것은 개인이 아바타 avatar 를 만들고 그곳의 주민이 되는 가상 세계이다. 그리고 현실 세계에서 한 사람이 성취할 수 있는 것과 동일하게 많은 것들을 성취하는 도구이자, 그 이상이다. 2007년 세컨드라이프 주민들은 가상 세계에서 *매일* 150만 달러 이상의 상거래를 했다. 세컨드라이프에는 자체 화폐 린든 Linden 달러, 부동산 시장, 가상 백만장자와 범죄 조직, 가상교회까지 있다.

멋진 예배의 신세계

오늘날, 하나님의 백성을 위한 새로운 공동체가 시작되었다. 그 교회는 현실 세계에서 가상 세계로 진화하고 있다. 이 시점에서, 대부분 교회는 단지 가상 세계의 물결 속으로 그들의 발끝을 담갔을 뿐이다. 그들은 기초적이거나, 변화에 대한 첫 물결의 전조보다는 조금 더 나은 수준의, 제한된 상호작용을 하는 홈페이지를 가지고 있다. 일부는 블로그나 다운로드가 가능한 교육 교재, 또는 설교 팟캐스트를 통한 영적 교육을 제공하며 제 2의 물결을 포착했고, 이전보다는 조금 더 나은 상호작용을 할 수 있게 되었다. 그리고 많은 교회가 가상 세계에서 예배 경험을 만들어냄으로써 미래의 물결에 대비하고 있다.

그러한 교회 중 하나가 바로 오클라호마주 에드먼드에 기반을 둔

라이프처치 Life.Church 이다. 원로목사 크레이그 그뢰셸Craig Groeschel, 담임목사 바비 그뤼왈드Bobby Gruenewald, 인터넷 캠퍼스 목사 브랜든 도날드슨 Brandon Donaldson이 이끄는 라이프처치는 그들의 가상교회에서 몇 가지 주중 예배를 마련하였다. 라이프처치의 예배 중 일부는 인터넷 기반 모델 문자 상호작용을 통한 방송 서비스을 사용하며, 그 외에도 세컨드라이프보다 더 몰입적인 가상교회가 시작되었다. 라이프처치는 부동산을 매입하고, 개발업자를 고용하고, 교회 건물을 짓고 아바타가 매주 교회에 다닐 수 있는 좌석을 만들었다. 2007년, 라이프처치의 인터넷 캠퍼스는 1,400명 이상의 참석자로 가장 높은 수치를 자랑했다.[15] 게다가, 그들의 인터넷 캠퍼스는 2007년에 처음으로 현실에서 실제로 세계 선교 여행을 시작했다. 가상 세계에서만 만났던 사람들이 현실 세계에서 하나님의 나라를 세우기 위해 합류한 것이다.

가상 세계는 무엇인가?

초기 가상 세계는 가상 세계에 대한 간단한 정의조차 없었기에, 일반적으로 그에 대한 많은 혼란이 있었다. 대부분의 연구자는 가상 세계를 특정한 형태의 컴퓨터 매개 통신인터넷 일부뿐만 아니라 다른 디지털 네트워크나 전자 인터페이스도 포함으로 특징짓는다. 가상 세계는 거주할 창조 공간과 사회적 상호작용이라는 두 가지 기본 요소가 있어야 한다는 점에서, 이메일이나 블로그보다 가상현실에 더욱 가깝다.[16] 오해는 사람들이 다만, 사람들이 진짜real나 상상imaginary과 같은 단어를 사용하여 가상 세계를 묘사하려고 할 때 오해가 발생한다. 이것이 가상 세계 선구자인 에드워드 카스트로노바Edward Castronova가 가상 세계가 가짜이거나 진짜가 아니라는 가정을 피하고자 가상 세계들을 "합성 세계"synthetic worlds라고 부르는 이유이다.[17] 가상 세계는 실재하지만, 하나님 대신 사람에 의해 창조된다.

가상 세계의 개념을 이해하는 방법 중 하나는 그것을 다른 세계와 비교하는 것이다. 개념적인 측면에서 세계를 둘러보면 다양한 세계가 있는 것을 빠르게 알 수 있다. 하지만 여기서는 몇 개만 다루고자 한다. 첫째, *현실 세계real world*가 있다. 현실 세상은 이 책을 읽고 있는 당신이다. 성경적 관점에서 보자면, 대부분의 다른 세계들은, 어쩌면 모든 세계들이 현실 세계의 부분 집합이며, 그 세계들은 각각 매우 다른 방식으로 현실 세계와 관계를 맺는다. 가상 세계는 특정 종류의 기술적 매체를 통해, 마치 현실세계에서처럼 사람들이 상호작용할 수 있는, 창조된 공간이다. 오늘날 *가상 세계virtual worlds*의 가장 좋은 예는 세컨드라이프, 월드 오브 워크래프트World of Warcraft, 또는 리니지Lineage와 같은 인터넷 기반 게임환경일 것이다. 가상 세계는 현실 세계와 몇 가지 중요한 면에서 차이가 있지만, 핵심과 본질에 있어서는 현실 세계만큼이나 현실적이다.[18]

이 두 종류의 세계와는 대조적인 여러 종류의 세계가 있다. *허구의 세계fictional world*는 책을 읽거나, 영화를 보거나, 어떤 종류의 상상력을 발휘하면서 독자의 마음속에 창조된 세계이다. 만약 여러분이 J. R. R. 톨킨이나 C. S. 루이스의 작품을 읽거나, 〈트론Tron〉이나 〈엑스맨X-Men〉

을 보고, 이 작품들이 묘사하는 사건들을 마음속에 그려낸다면, 여러분은 허구의 세계를 위한 기초를 놓게 된다.[19] 허구의 세계는 가능성의 방식이고 가상 세계는 현실의 방식이기 때문에, 허구의 세계가 가상 세계와 다른 것이다.

상상의 세계 imaginary world 는 현실 세계와 단절된 또 다른 세계이다. 그 예로는 아스가르드 Asgard 역자 주-북유럽신화에 등장하는 천상세계 나 아스트랄계 the astral plane 역자 주-요가에서 말하는 육체와 분리된 영적세계 와 같은 꿈이나 신화적인 장소들이 있다. 가상 세계는 상상의 세계일 수 있지만, 반드시 그런 것은 아니다. 물리 법칙을 따르거나 동물 아바타를 허용하지 않는다는 부분에서, 가상 세계는 상상의 세계라고 하기에는 부족한 면이 있다. 다시 말하면, 가상 세계는 상상이 될 수 있지만 반드시 그런 것은 아니다. 가상 세계와 상상의 세계를 동일시하다가는, 가상 세계에서의 신앙과 교회에 대한 결론이 부정확해지기 때문이다.

마지막으로, *증강 세계* augmented world 는 기술을 통해 발전된 현실 세계의 한 종류이다.[20] 이에 대한 좋은 예시로, 어디에서나 통신이 가능한 RFID Radio Frequency Identification 장치, 홀로그램 기술 또는 사이버네틱스 사용이 있다. 가상 세계는 창조된 공간에서 발생하는 반면 증강 세계는 현실 세계에서 비롯되므로 두 세계는 서로 구분된다.

다시 한번 정리해 보자. 우리는 현실 세계에 살고 있다. 우리는 디지털 인터페이스를 통해 가상 세계로 들어갈 수 있다. 합성된 공간에 살면서 현실 세계의 다른 사람들과 교류할 수 있다. 가상 세계는 현실 세계의 증강된 형태가 아니고, 전형적인 허구의 세계도 아니며, 그럴 수도 있지만 반드시 상상의 세계일 수도 없다. 이 논의에서 가장 중요한 점은, 합성 공간에서 가상 세계는 현실 세계의 어떠한 형태를 뛰어넘는 유형일 가능성이 높다는 것이다.

라이프처치는 결코 혼자가 아니다. 믿어지지 않겠으나, 최초의 가상교회는 웹의 출현 이전인 1985년에 만들어졌다. 이름 없는 선구자 성도 집단이 문자 전용 인터페이스를 통해 함께 예배했다. 그 이후, 다른 개척자들은 가상 세계 인터페이스의 급속한 변화 속에서 천천히 더 많은 교회를 개척해 왔다. 일부 추정에 따르면 2000년까지 약 30개의 가상교회가 있었다고 한다.[21] 이러한 초기 가상교회의 대부분은, 기술이 있는 개인이 지원을 거의, 또는 전혀 받지 못한 채 개척한 것이다. 이 모든 것이 2004년에 바뀌었다. 영국 감리교회의 후원을 받아, 바보들의 교회 Church of Fools 라고 불리는 실험적인 3D 가상교회가 출범했다. 바보들의 교회는 실험이었기 때문에 4개월 동안만 운영했다. 하지만 그 절정기에는 41,000명의 사람이 예배에 참여했다.[22] 오늘날 이미 두 개의 대형 가상교회가 확인되었고, 하이브리드 스트리밍을 고려하면 더 많을 수도 있다. 가상 결혼식, 가상 성찬식, 가상 세례식, 그리고 현실에서 실제로 세계 선교 여행을 하는 가상 소그룹들이 있다. 영국성공회의 아이-처치 i-church 에서 성 힐다의 기독교인 고스족 교회 세컨드라이프, 세컨드라이프의 영국 성공회 성당주 7회 예배를 드리며 성장하는, 그리고 수백 개의 가상교회에 이르기까지, 교회는 가상 세계에서 빛과 소금의 역할을 하기 시작했다.[23]

교회 이후의 교회

가상교회에 회의적인 사람들은 왜 사람들이 가상교회 출석을 선택했는지, 혹은 이 문제 자체의 중요성에 대한 의문을 품을 수 있다. 그들은 가상교회가 라디오 설교나 텔레비전 목회 사역들과 같다고 생각할 수 있으며, 그러한 사역들이 현대 교회의 일부이며 실제로 크게 다르지 않다고 생각할 수도 있다. 그러나 그들의 생각은 틀렸다. 라디오나 텔레비전 사역과 대조적으로, 가상교회는 21세기 인류의 발전을 이끄는 두 개의 무한한 격류, 즉 기하급수적 속도의 기술 성장과 포스트모더니즘의 산물이다. 이 두 거대한 흐름의 합류는 가상교회가 성장할 수 있는 비옥한 삼각주를 만들고 있다. 이 교회들은 녹화되고 팟캐스트된 현실 교회의 그림자가 아니라 완전히 새로운 것이 될 것이다.

가상 세계의 가상교회의 한 예시

현대 교회 사역에서 라디오와 텔레비전의 역할은 발전해 왔다. 라디오와 텔레비전은 소통을 위한 수단이지만, 본질적으로는 단순한 방송매체이며, 그것들의 가장 큰 특징은 단순한 일방적인 독백을 방송한다는 것에 있다. 그것들은 현대 시대의 산물로써 교회와 목회를 위해 엄청난 동력을 생산했지만, 현대인은 결코 교회를 텔레비전 프로그램이나 라디오 쇼와 혼동하지 않을 것이다. 비록 벽돌로 이루어진 교회에 출석하는 것보다 어쩌면 더 자주, 텔레비전에서 자신이 가장 좋아하는 목사를 보거나 라디오에서 설교를 듣는다 할지라도, 현대인은 그런 "사역들"을 교회와 혼동하지는 않는다. 그들은 시끄러운 상자 속의 2D 목사가 그들의 목사라고 결코 느끼지 못할 것이다. 그들 중 대부분의 사람들이 교회에 대한 소속감이 라디오 설교를 듣기 위한 헌신과 같은 것을 의미한다고는 절대로 느끼지 않는 것처럼 말이다.[24]

그러나 포스트모더니즘이 세계의 기본 관점이 되면서, 교회의 개념이 확대되고 경계가 희미해지고 있다. 포스트모더니즘이 "모든 것이 상대적이다"라는 의미만을 전달하지는 않으며, 이는 이진법 추론과 같은 양자택일에 기초하여 의사결정이 이루어지지 않음을 의미한다. 예를 들어, 포스트모던 문화에서는 누구든 기독교인이나 불교도, 둘 다 또는 둘 다 되지 않기를 선택할 수 있으며, 심지어는 두 영성의 이질적인 혼합이나 동질적인 혼합 상태 중 하나를 그 어떤 제한없이 선택할 수도 있다. 같은 사람이 현실 세계나 가상 세계의 교회 중 하나의 구성원이 될 수 있으며, 두 세계 모두의 구성원이 될 수도, 되지 않을 수도 있고, 그 사이 어딘가에 있을 수도 있다. 이것은 일부 독자들에게 비논리적으로 보일 수도 있지만, 장담하건대, 그렇지 않다.[25]

가상 세계는 빠르게 3D가 되어 몰입감을 준다. 일반적으로 라디오와 텔레비전은 일방적인 독백적 매체이지만, 가상 세계의 경험은 상호작용적이고 몰입적이다. 가상 세계 참여자들은 단순한 방송이나 독백이 아닌, 진정한 협업 경험을 만들어내는 양방향적 대화와 "집단지성" hive minds 을 만든다. 앞으로 더 많은 사람, 특히 밀레니얼 세대와 그 이후에 태어난 각각의 사람들에게 가상 세계에서의 상호작용은 현실 세계에서의 관계보다 훨씬 더 진실하고 덜 어색하게 다가올 것이며, 실제로 많은 젊은이들이 사회적 관계를 형성하는데에 있어 가상 세계에서의 상호작용을 선호하고 있다.[26] 다가오는 10년 동안 가상 세계가 점점 더 현실화함에 따라, 점점 더 많은 사람이 그들의 영적 요구를 충족시키는 것을 포함한 일상적인 상호작용을 위해 가상 세계를 이용할 것이다.

확실하게 해야 할 것은, 나는 절대 가까운 미래에 현실 세계의 교회는 더 이상 존재하지 않을 것이고 모든 영적인 것들은 가상 세계에서만 나올 것이라고 말하는 것이 *아니다*. 이런 일은 절대 일어나지 않을 것이다. 다만, 앞으로 사회의 일부 사람들이 현실 교회 뿐 아니라 가상 교회의 구성원도 되리라는 것이다. 기술 지향적인 성향을 지니거나, 주류에 속하지 못하는 상황의 사람들을 포함한 많은 이들이 유연성, 투명성, 다양성 및 그 외 가상 교회가 가지는 선천적인 강점으로 인하여 가상 세계에서의 예배를 선호하게 될 것이다. 그들은 먼저 가상 세계에서 영적인 경험과 대화를 모색할 것이며, 그 이유에 대해서는 다음 장에서 논의하고자 한다. 현실 세계의 교회도 변할 것이다. 가상 세계가 계속해서 영향을 끼치기 때문이다.

우리의 가상 지평선

오늘날, 가상 세계의 가장자리에 하나님의 사람들에 의해서 새로운 공동체가 시작되었다. 주후 1세기에 하나님을 따르던 사람들이 보다 충실한 신앙공동체를 찾아 회당을 떠나 가정교회를 찾았던 것처럼, 다음 세대들도 현실 세계의 교회를 떠나 가상 세계의 교회로 갈 준비가 되었다. 유대교 회당에서 교회로 옮겨간 디아스포라 그리스도인들이 교회의 신학을 중요하게 여기고 필요로 하였듯이, 가상교회의 출현으로 인한 가상교회의 신학 또한 필요하게 되었다. 이러한 중요한 작업을 가상 세계의 실용적이지만 불규칙한 조류에 맡겨서는 안 된다.

이 책에서는 가상 세계에 있는 교회와 관련된 많은 신학적 이슈에 대해 알아볼 것이다. 처음부터 분명히 할 것은, 나는 답을 제시하는 것을 넘어, 문제를 제기하려고 한다. 이것은 대화의 시작이지 재진술이 아니다. 세컨드라이프 성공회 대성당을 책임지고 있는 마크 브라운 사제가 인정하며 내게 말했듯이, 우리가 교회에 대해 알고 있는 것은 3% 정도이며 나머지 97%는 끊임없는 시행착오를 통해 알아가야만 한다. 우리는 해답을 가지고 있지 않을 뿐 아니라, 마크에 의하면 "매뉴얼이 없다." 교회의 본질과 관행에 대한 오랜 논쟁을 고려하고, 북미와 유럽, 아시아의 전통적인 교회 간의 차이를 고려한다면, 이 모든 논의를 포함하는 가상교회의 신학을 만들어내는 것은 거의 불가능한 일처럼 보인다. 이에 앞으로의 논의를 위해, 세가지 영역^{신학, 선교, 윤리}에 대해 조사하고자 한다. 그리고 가상교회에 가장 중요한 몇 가지 이슈들을 선정했다. 신학적인 영역에서 우리는 가상교회의 본질, 목적, 가능성, 그리고 한계를 논하려고 한다. 가능한 한, 다른 신앙의 전통을 고려하려고 노력할 것이다. 하지만 대부분은 일반적인 수준에서의 통찰력을 제공하고 그에 따른 질문을 제기할 것이다. 선교적 영역에서는 아바타의 역할, 가상 영성과 가상 사역, 그리고 가상교회의 공동체의 발전에 초점을 맞출 것이다. 마지막으로, 윤리적 영역에서는 가상 정체성, 개인의 영성, 틈새 사역의 위험과 한계와 같은 문제를 다루고자 한다.

다음 장으로 넘어가기 전에 하나 더 생각해 볼 것이 있다. 기독교 교회는 가상 세계에서 활동하는 7천만 명 중 1퍼센트에도 못 미치는 사람들만을 끌어들이고 있다. 이것은 가상 세계 참여자들이 지구상에서 가장 큰 미전도 종족인 것을 의미한다. 바보들의 교회 설립자 중 한 명인 사이먼 젠킨스는 "누군가가 새로운 마을을 만들었는데, 아무도 그곳에 교회를 지을 생각을 하지 않는 것과 같다. 매우 부끄러운 일이다"라고 주장한다.[27] 우리는 할 일이 아주 많다.

사이버 중심 교회

　목회자로서 안식년이 가진 장점 중 하나는 다른 교회를 방문할 수 있다는 것이다.

　짧은 안식년 동안, 나는 방문할 교회 목록에서 우선순위에 있는 교회에 방문할 계획을 세웠다. 가는 길과 예배 시간 등을 알아본 후, 나의 바쁜 일정 중에도 시간을 내어 방문했다.

　주일 아침, 교회로 걸어가면서도 그 방문이 어떻게 진행될지 알 수 없었다. 그 교회는 나와는 다른 교단에 속해 있고, 내가 전에는 가본 적 없는 세계의 일부였으며, 심지어 나는 그 경험이 어떤 느낌을 선사할지 알지 못했다. 새로운 교회에 가는 것이 어떤 기분인지 여러분은 알고 있는가. 바로, 미지의 상황에 대한 큰 두려움이었다.

　지금은 그 교회 건물이 꽤 크고 눈에 띈다는 것을 알고 있지만, 길을 따라 걸어가면서 처음에는 그 교회를 알아보지 못했다. 그 건물은 유럽의 장엄한 대성당을 약간 축소시켜 만들어 놓은 것이다. 놀랍게도, 회색 돌담이 그 건물을 싸늘하거나 불편하게 느끼도록 하지는 않았다.

현관으로 들어서려 할 때, 바로 안에 목사님이 있는 것을 보았고 사람들이 도착하자 인사하는 소리가 들렸다. 앗! 나는 아직 그럴 준비가 되지 않았기 때문에, 급하게 뒷걸음쳐서 교회 게시판의 안내문을 읽기 시작했다. 안내 게시판에는 교회의 신앙과 목적을 나열해 놓았는데, 그것이 나를 훨씬 더 편하게 해주었다.

목사님이 인사하시던 장소를 떠날 때까지 밖에서 서성거렸고, 곧 예배 시작 준비가 된 듯하였다. 나는 마침내 그 건물로 들어갔다. 그곳의 분위기는 호의적이었다. 전에 성당 같은 분위기에서 예배를 드린 적은 한두 번뿐이었고, 그 경험에서의 예배는 마치 공연 같았다. 예배가 시작하려 했기 때문에, 더 이상 그 건물을 둘러보는 것을 멈추어야 했다.

휴, 물론 평소에는 그렇지 않지만 나는 뒤쪽 좌석을 찾았다. 한 젊은 여자와 어색할 정도로 가까이 앉았다는 것을 깨닫고 당황해서는, 일어나 거리를 두고 다시 앉았다. 다른 남자가 내 옆에 앉았고, 예배가 시작되었다. 그 예배는 내게 익숙한 것보다 훨씬 더 예전적이었지만, 괜찮았다. 적어도 내가 익숙했던 것과 비교한다면 비록 설교가 너무 짧긴 했지만, 목사님의 말씀은 내가 기대했던 것보다 훨씬 좋았다. 그것은 정통적이고 성서적이며 의미가 있었다. 예배가 끝날 무렵, 교회 직원 중 한 명이 비둘기 떼를 회중석 위로 날려 보냈고, 비둘기 떼는 앞쪽에 열려 있는 창문과 정문으로 날아서 빠져나갔다. 그건, 전에는 본 적 없는 광경이었다.

축도가 끝난 후, 나는 몇몇 사람들에게 인사를 했고, 목사님이 모든 사람을 배웅하기 위해 건물 앞으로 나서는 것을 보았다. 밖으로 나갔을 때, 몇몇 참석자들이 모여서 세계 각지에서 온 사람들의 억양에 관해 농담하고 있었다는 것을 발견했다. 10분 정도 대화에 참여했지만, 시간이 지났다는 것을 깨닫고, 작별 인사를 하고 앞마당을 빠져나왔다.

이는 세컨드라이프에 있는 가상의 교회인 성공회 대성당을 처음 방문한 이야기이다.

●

가상교회에 관해 이야기할 때, 중요하고도 논쟁적인 주제가 있다.

 가상교회는 예수 그리스도의 교회에 대한 진정한, 참된, 그리고 타당한 표현인가?

가상교회는 예수 그리스도의 교회에 대한 진정한, 참된, 그리고 타당한 표현인가?

세컨드라이프에 있는 성공회 대성당을 방문했을 때, 그것이 정말 진짜처럼 보여 매우 놀랐다. 그것은 나의 가상교회 첫 방문이었다. 나는 그곳에 들어설 때 약간의 낯섦을 느꼈기에, 돌아다니면서 안내판을 읽고, 안내 인쇄물을 집어 들었다. 목사님과의 대화를 피하려고, 단지나 혼자 있을 장소를 찾은 것이다. 이웃들에게 인사하며, 무난히 기독교 예배를 보고 듣고 경험했다. 예배가 끝난 후 나는 사람들과 교제했다. 다른 개신교 예배를 방문했을 때에도 할 수 있는 거의 모든 것을 다 했다. 유일한 차이점은 교회 그리고 내가 가상 세계에 있었다는 점이다.

하지만 그게 진짜였을까? 그렇다. 경험의 차원에서, 그것은 진짜 경험이었다. 몇몇 사람들은 가상 세계가 진짜가 아니라고 주장하지만,[1] 나는 그곳에 있었고, 그곳을 가짜라고 주장하는 이들은 그곳에 없었다. 나는 그것이 현실 세계의 사람들과 사물들에 대한 증명 가능한 영향을 미칠 뿐 아니라, 경험적 측면에서도 진짜를 선사했다고 말하고 있는 것이다. 다른 많은 사람들은 가상교회의 현실성을 증언한다.[2] 사실, 나는 가상교회가 현실이 아니라고 말하는 기독교인들에게, 세컨드라이프에서 타 종교 사원에 가서 절을 하고 우상을 숭배하는 것도 진짜가 아니라고 할 수 있는지 질문을 던져보고 싶다. 건강한 기독교인은 그것이 "너무 현실적"이라는 것을 금방 깨닫게 될 것이기 때문에, 나의 이 도전적인 질문을 받아들이지 않을 것 같다. 여기서 이 문제를 더는 논의하지 않겠다. (다음 장에서 간단히 짚어 볼 것이다.) 우리가 할 일은 가상교회가 기독교 교회의 참되고 진정한 표현일 수 있는지 신중히 생각해 보는 것이다. 교회에 대한 판단 기준은 프로그램이나 사역에 대한 것보다 훨씬 더 엄격하다. 우리는 이것을 오늘날 제2의 물결인 가상교회 경험뿐만 아니라, 가까운 미래와 그 너머의 가상교회 경험에도 비추어 볼 필요가 있다. 우리는 이 문제를 다음 두 장에서 직접 다룰 것이고, 그다음 책의 나머지 장에서 간접적으로 다룰 것이다.

여기서 주의해야 할 소소한 점이 있다면, 교회의 본질에 대한 논쟁의 수준이 너무 첨예해서 다음 몇 페이지는 다소 무겁다는 것이다. 그냥 참고 인내하기 바란다. 그러면 곧 모든 것이 끝날 것이고, 그러면 더 즐거운 토론이 될 것이다.

세컨드라이프의 성공회 대성당 주일 저녁예배 모습

교회의 가상과 진실

가상교회의 진정성을 결정하려고 하는 것은 빙하를 오르는 것과 같다 — 구경꾼들에게는 어리석게 보이고 등반하는 사람들에게는 몹시 어려운 일이다. 꽤 많은 장애물이 놓여있기 때문인데, 장애물 중 첫째는 가상 세계의 본질에 관한 질문이다. 만약 가상 세계가 내가 믿는 바와 같이[3] 현실 세계의 한 측면 또는 확장이며, 만약 이 생각이 합리적이고 증명할 수 있다면, 우리는 가상 세계에 진정한 교회가 존재할 수 있다고 논리적으로 주장할 수 있다. 둘째, 교회의 본질에 대한 문제가 있다. 교회론, 또는 우리가 교회에 대해 믿는 것은 신학에서 다소 위험한 영역이다.[4] 교회론은, 특히 교회에 대해 토론discuss하는 것보다 교회의 본질을 행하는 것을 선호하는 복음주의나 좌파 개신교 전통에 속하는 사람들에 의해 위험한 것으로 여겨진다.[5]

교회론이 위험한 또 다른 이유는 교회의 개인적 특성에 있다. 우리는 모두 우리의 어린 시절, 가정적 배경, 또는 의미 있는 지극히 개인적인 경험에서 비롯된 생각과 의견으로 교회에 대한 논의에 접근한다.[6] 내가 어렸을 때 돌아가셨던, 교회의 평신도였던 할아버지를 떠올려 본다. 만약 할아버지가 오늘 여기에 있었다면, 그는 내가 목회한 교회가 진짜 교회라는 것을 거의 인정하지 못할 것이다. 그는 우리 교회의 형태와 씨름할 것이다. 마찬가지로, 예전에 내가 아프리카 부족 교회를 방문했을 때에도, 나는 거대한 문화적 변화로 인해 똑같은 문제를 겪었다. 한스 큉은 "우리의 교회 개념은 기본적으로 언제든지 그 시대의 교회 형태에 의해 영향을 받는다"고 이야기한다.[7] 가상 세계의 문화를 생소하게 여기는 이를 포함하여 많은 현대인이 단지 그들에게 익숙한 교회의 형태가 아니라는 이유만으로 가상교회의 진위를 거부하고 싶을 것이다.

현 상황을 살펴보자.[8] 가상 세계의 필연성은 마지못해 받아들이지만, 가상교회에 대한 생각은 경멸하는 신-러다이트neo-Luddites들이 있다.[9] 많은 작가와 사상가들은 하나님 나라를 위한 가상 세계의 힘을 이해하지만, 가상교회들이 그들 자신의 권리에 맞는 진정한 교회라고 믿지 않는다.[10] 이들 중 몇몇은 가상교회가 교회 밖 사역이 될 수 있다고 제안한다.[11] 또한 다양한 이유를 들며 많은 학자와 이론가들이 가상교회를 온전히 받아들이지는 않고 있지만, 그것의 타당성을 완전히 부정하고 있지도 않다.[12] 그리고 가상교회가 진정한 하나님의 교회가 될 수 있다고 진심으로 믿는 사람들이 있다.[13] 이제 알아보자.

개선된 교회 Church Refined

영어단어 *church* 교회는 "주님의" the Lord's를 의미하는 초기 게르만어 헬라어에 뿌리를 둔에서 유래되었다. 그것은 기독교인들이 예배용으로 사용하는 건물을 가리킨 것일 가능성이 높으며, 모든 것을 고려해 볼 때, 하나님의 백성을 가리키는 신약성서의 주요 단어인 *ekklesia*에 대한 좋은 번역은 아니다.[14] 현대 영어에서, 우리는 아마도 *ekklesia*를 "교회"가 아닌 "마을 회합" 또는 "모임/집회"로 번역할 것이다. 여러분은 *ekklesia*의 어원이 "불러내어진 사람/것"을 의미한다고 들었을지 모르겠지만, 이것은 사실이 아니다. 그것은 주석적 오류이다.[15] *ekklesia*는 단순히 시민모임, 집회 또는 마을 회합이며, 신약성서의 의미에서, 그것은 하나님 나라의 시민들을 가리킨다.

교회를 위한 이 간단한 용례 외에, 성경은 결코 ekklesia의 개념을 정의하거나 범위를 정하지 않는다. 대신, 성경은 "그리스도의 몸"이나 "성령의 공동체"와 같은 다양한 비유들을 사용하여 교회에 관해 이야기한다.[16] 결과적으로 교회를 설명하는 한 개념을 다른 개념들을 배제하는 정도로 특권적 위치에 두는 것은 불가능하다.[17] 이러한 다양한 은유들은 교회의 부수적 요소에 대한 서로 일치하지 않는 다양한 의견으로 이어진다. 사실, 성경에 나오는 교회에 대한 사고가 구체적으로 제시된 것이 아니라 가상 세계를 묘사하는 데 사용할 수 있는 "비유적 구조"로 제시되어 있다는 것은 역설적이다.[18]

교회의 본질에 대한 역사적이고 오랜 논쟁 중 하나는, 교회의 보편성이나 지역성에 대한 개념이 교회에 관한 토론에 있어서 가장 중요한가에 대한 것이다. 보편적 교회라는 개념은 지역 교회보다 더 모호하기 때문에, 어떤 집단이 교회라는 것을 증명하기 위해서는, 그 교회가 보편적 교회의 관점에 부합하는가를 확인하면 된다는 것이 일반적인 접근법이다. 그런데 이 접근법의 문제점은 신약성서에서 *ekklesia*라는 단어 사용의 약 85%가 지역 교회를 가리킨다는 점이다. "신약성서 사용에서의 초점은 지역 교회에 있다."[19] 물론, 신약성서에 등장하는 지역 교회와 보편적 교회 단어 사용의 비율이 왜곡되어 있다고 주장할 수도 있다. 왜냐하면 성경에 등장하는 거의 모든 *ekklesia*의 용례가 때때로 지역 교회에 보내는 편지에서 등장하기 때문이다. 어쨌든, 나는 이 글에서는 이 단어를 보편적 교회 담론의 용례로 사용하지 않을 것이다. 지역 교회가 이 토론에서 중요한 것은 대부분 가상 세계에 있는 지역 교회들이 따를 패러다임이기 때문이다.[20]

우리가 더 이야기를 풀어 가기 전에, 어떤 사람들은 "가상교회란 무엇인가?"라고 궁금해할 것이다. 가상교회를 현실교회의 웹사이트와 혼동하지 않는 것이 중요하다. 가상교회는 웹사이트_{건물 또는 장소}, 팟캐스트_{의례화된 기관} 또는 블로그_{교제 또는 활동}가 아니다. 가상교회는 예수 그리스도를 믿는다고 공언하는 사람들이 정기적으로 모여 하나님 나라를 건설하기 위해 부여된 의미 있는 공동체가 존재하는 장소이며 — 구체적으로 가상교회는 합성된 세계에 모여 있는 그리스도에 대한 신앙을 고백하는 사람들의 모임이다. 이쯤에서, 우리가 이해할 수 있는 두 가지 유효한 정의에 대해 합의해 보자. 첫째, 교회를 *하나님 나라를 건설하는 일을 하는 의미 있는 공동체에 살고 있는 하나님의 사람들을 위한 지역화된 집합체*localized assembly로 넓게 정의하자. 어떤 면에서, 무엇이 교회가 아닌지 동의하는 것이 아마도 더 중요할 것이다. 교회는 건물이나 장소, 의례화된 기관, 또는 교제나 활동이 아니다. 둘째, 가상교회를 *하나님 나라를 건설하는 일을 하는 의미 있는 공동체에 살고 있는 하나님의 사람들을 사실상 가상으로 지역화된 집합체*virtually localized assembly로 넓게 정의하자.

가상교회는 현실교회를 보완하는 것에 불과한가?

가상교회를 낯설어하는 이들이 가지는 공통적인 가정은 가상교회가 주일 아침 예배 외에 영적 성장의 기회를 제공하는 소그룹의 기능처럼 현실교회를 그저 보완한다는 점이다. 예를 들어, 하이디 캠벨은 온라인 종교에 관한 최근 책에서, 최소한 그녀가 연구하던 시기에 그녀가 독자들에게 지속적으로 강조하기를, 대부분 가상교회 참석자는 가상교회를 구별된 교회로 보기보다는 실제 세계에 존재하는 교회의 보조수단이라고 본다고 한다.[21] 그냥 그 관점을 받아들이고, 이야기를 끝내는 것이 어떤가? 그 편이 모두가 행복하지 않은가? 그러나, 그럴 수 없는 몇 가지 이유가 있다.

첫째, 핵심을 놓치고 있기 때문이다. 내가 알고 있는 모든 가상교회의 참여자들은 그들의 교회가 어떤 방식으로도 보조적이라고 생각하지 않는다. 이것은 좋은 것일 수도 있다. 몇천만 명으로 채워진 가상 세계가 있다면, 그곳에도 실제 교회가 있어야 하지 않을까? 비유를 들자면, 두바이의 개발자가 주거지와 휴양 시설을 팔기 위하여 인공섬을 만들었다. 이 인공섬에 기독교인이 교회 — 소그룹이나 보조수단이 아닌 실제 교회 — 를 세우기를 원하는 것이 중요하지 않을까? 그렇다. 가상 세계도 마찬가지이다. 합성된 세계가 실제 교회를 가질 수 없다면 그곳은 복음이 전해질 수 없는 세계가 될 수 있다. 그 세계에는 그리스도의 지상명령도, 하나님 나라도, 가상교회도 없다. 그뿐 아니라, 현실 세계의 교회도 또한 사라질 것이다. 이렇게 생각해 보라. 내 현실교회의 한구석에다가, 젊은 목사가 나오는 다르지만 정통적인 교파의 교회를 개척한다면 질투가 나기도 쉽고 그의 교회를 헐뜯기도 쉬울 것이다. 부끄럽게도 우리 세상에는 늘 이런 일이 있다. 하지만 우리는 참으로 같은 팀이다. 한 가상교회 목사는 최근 열린 대규모 목회자 회의에서 자신에게도 가장 인상 깊었던 것은, 왜 "그들"다른 목사들이 가상교회에 반대했는가에 대해, "그들은" 가상교회가 그들의 교인들을 훔칠까 봐 두려워하기 때문"이라고 털어놓았다. 그러나 정반대의 경우가 있다. 많은 가상교회는 복음으로 사람들에게 다가간다. 이 사람들은 현실교회에는 절대로 가지 않겠지만, 시간이 지나면 안전한 현실교회에 참가하는 것에 관심을 가지게 될 것이다.

이것이 스타벅스 현상일 수 있을까? 통념상으로 스타벅스가 어떤 동네에 입점하면 그 동네 카페가 죽을 것이라고 생각하지만, 연구 결과는 그 반대 현상이 나타난다는 것을 보여준다. 실제로 스타벅스 때문에 소규모 자영업자도 성장한다.[22] 가상교회가 모든 교회에 유익을 끼칠 수 있을까? 더 많은 실제 교회가 개척되는 것뿐만 아니라 더 많은 가상교회가 개척되는 것을 보는 것은, 동시에 우리의 불안감을 극복하고 하나님이 우리가 전파하는 그분이 되시도록 하는 것이며, 이는 실제 모든 목회자의 소명에도 부합한다. 항상 좋은 교회는 더 많을 수록 좋지 않은가!

둘째, 잘못된 질문이기 때문이다. 이 질문에서 암시하는 것은 교회 안에 있는 우리가 얌전히 있어야 하고, 착하게 행하며 경계선을 넘지 말아야 한다는 것이다. 내 생각에 우리 대부분은 그것이 우리를 어디로 이끌지 동의하는 것 같다. 교회는 그리스도를 위해 모든 시대와 세대에 대해 그 경계를 확장해야만 한다. 이것은 우리에게 현실교회와 가상교회 중 하나를 선택하라는 것이 아니라, 모든 사람이 함께 하나님 나라를 위해 일하도록 현실 세계와 가상 세계의 교회 모두에게 요구되는 것이다. 가상교회를 보조적으로 규정하는 것은, 그들에게 가작 혹은 참가상을 주는 것과 같다. 물론 그것도 좋기는 하지만, 이런 규정은 가상교회가 필요로 하는, 지지도 건설적인 비판도 아니다. 가상교회가 필요로 할 수 있는 한 가지는 현실 교회와 건강하고 건설적인 대화를 나누는 것이다. 교회 역사상 거의 모든 새로운 교회 그룹이 전통적인 형태의 교회로부터 경멸을 받았던 것과 마찬가지로, 가상교회가 경시되어서는 안된다.

성경으로부터 가상으로

가상교회가 진정한 교회로서 인정받기 위하여, 우리는 성경에 비추어 가상교회를 알아볼 필요가 있다. 제한된 지면으로 인하여 이 책에서는 교회와 관련된 모든 구절을 검토하는 것이 허용되지는 않지만, 세 가지 중요한 성경의 용례를 고려할 것이다. (1) 복음서에 나타난 기독교 공동체, (2) 사도행전에 나타난 초기 예루살렘 교회, (3) 소아시아의 개별 교회에 보내는 신약 서신서에 나타난 교회들이다. 또한 우리가 성경에 나오는 모든 성경 구절들을 자세히 살펴볼 필요가 없다는 것을 기억하는 것도 중요하다. 왜냐하면 교회에 대한 거의 모든 논의는 가상 세계와 현실 세계 교회를 비교하거나 구별하는 물리적 변수에 관한 것이 아니라 영적인 삶, 마음, 영혼의 문제이기 때문이다.

토론의 분명한 출발점은 예수님이 추종자들에게 하셨던 "두세 사람이 내 이름으로 모인 곳에는 나도 그들 중에 있느니라" 마 18:20 는 유명한 말씀이다. 이 진술은 기독교 공동체에 대한 예수님의 책임에 대한 설명으로 결론이 나지만, 교회의 본질 자체에 대한 선언은 아니다.[23] 그래도 우리는 두 가지 중요한 원칙을 주목해야 한다. 첫째, 교회는 단순한 제자들의 모임이 아니라, 예수님의 권위에 의한 제자들의 모임이다 엡 4:15, 23-24 . 만약 아내와 내가 교회에서 쇼핑몰까지 가족을 데리고 가서 점심을 먹는다면, 우리는 교회가 아니다. 물론, 우리는 여전히 보편적 교회의 일부이다. 그러나 우리는 신약성경 전반에 걸쳐 보이는 지역적인 신자들의 모임은 아니다. 우리가 지역 교회가 되기로 합의하고, 지역 교회에 대한 성경적 우선권을 지키며, 그 집단의 권위가 그리스도의 머리 되심에 순종해야 우리 자신을 교회라고 부를 수 있다. 둘째, 더 중요한 것은, 마태복음에서의 이 구절은 교회가 교회 되기 위해 결정적으로 필요한 것을 나타낸다. 교회는 하나님의 임재 없이 교회가 될 수 없다엡 2:22. 예수님 없이는, 교회도 없으며 성령 없이는 교회도 없다. 예수님이 이 말씀에서 암시하는 바는 교회로써 우리가 모여 참 교회가 되기 위해서는, 예수님이 하나님의 아들로서 하나님의 완전한 영광 속에 있어야 한다는 것이다.[24] 그러므로 가상교회도 교회라고 주장하려면, 현실 세계가 되었든 가상 세계가 되었든 상관없이, 단순히 그리스도인들과 관련된 자발적인 모임으로는 될 수 없다. 그들은 그리스도의 임재 가운데, 그리스도를 위하여 함께 모여야만 한다.

요한복음 4장에 등장하는 한 이야기는 교회가 중심된 논의는 아니지만, 우리의 연구에 특히 중요하다. 이 이야기는 예수님이 사마리아에 있는 동안 우물가에서 이름 없는 여성과 논의한 내용을 담고 있다. 당시의 율법주의적 유대인들이 사마리아 여성을 부정하다고 무시했기 때문에, 사마리아 여인은 처음에는 예수님의 주장에 회의적이었으나, 서서히 믿기 시작한다요 4:9, 39. 그녀는 예수님이 예언자일지도 모른다는 것을 인정한 후요 4:19, "우리 조상들[사마리아인을 뜻하는]은 이 산에서 예배를 드렸지만, 당신 유대인들은 [예수처럼] 우리가 예배해야 할 곳이 예루살렘에 있다고 주장한다"는 약간 특이하고 맥락에서 벗어난 말을 한다. 이 사마리아 여성이 즉석에서 질문했는지,[25] 아니면 단지 화제 전환용으로 질문했는지는 말하기 어렵다.[26] 이 사마리아 여성은 예수님이 유대 율법의 소수민족에 대한 비우호적인 해석에 기초한 대답을 시작할 것이라고 예상했을 것이다 ─ 그녀는 예배를 위한 특별한 장소를 소유하는 것에 대해 자랑하는 유대인들에게 익숙해 있었다.[27] 그러나, 예수님은 그녀에게 "이 산에서도 말고 예루살렘에서도 말고 너희가 아버지께 예배할 때가 이르리라 … 아버지께 참되게 예배하는 자들은 영과 진리로 예배할 때가 오나니 곧 이 때라 아버지께서는 자기에게 이렇게 예배하는 자들을 찾으시느니라" 요 4:21-23고 말한다.

예수님의 뜻밖의 대답은 여러 가지 의미를 드러낸다. 첫째, 하나님에 대한 진정한 예배는 다시는 특정한 지리적 위치에 얽매이지 않을 것이다.[28] 사마리아 여인은 예배의 본질에 관한 잘못된 이해 때문에 스스로 열등한 지위를 받아들였지만, 예수님은 "이 산에서도 말고 예루살렘에서도 말고"라는 이중 부정을 사용하여 지리적 위치를 진정한 예배의 문제에서 제거해 주신다. 둘째, 원어로 예수의 응답은 믿는 자들이 무엇을 해야 하는지를 언급하고 구체적으로 설명한다.[29] 예수가 사마리아 여인을 가리킨 것은 틀림없는 사실이다. 참된 예배는 지리적 위치에 의해 그리고 외부적 종교 규범에 따라 좌우되지 않고, 예배자 모임에 성령이 임재하는가에 달려 있다 마 18:20.

요한복음 4장이 교회 그 자체에 대한 것이 아니라 기독교 예배 전반을 염두에 두고 있다고 주장하는 사람도 있을 것이다. 그러나, 서구인의 사고방식에서 흔히 볼 수 있는 것처럼 신약성서가 개인주의적 예배를 규정하지 않기 때문에 그러한 주장은 잘못된 이분법에서 유래한다. 예수님의 말씀을 읽는 가장 좋은 방법은 액면 그대로 받아들이는 것이다. 참된 예배자는 지리적 요소가[30] 아닌 성령으로 함께 예배드리는 자들이다. 우리가 이미 개인주의적 예배 이해를 설명했기 때문에, 요한복음 4장은 가상교회의 생존능력과 타당성에 대한 강력한 주장이 된다. 진정한 성경적 교회는 성령과 함께하는 것으로 정의되는 것이지, 한 곳에 한정되거나 장소에 의해 정의되는 것이 아니다.

사도행전 2장 42-47절에서는 오순절 이후 예루살렘에 있는 교회에 대한 세밀한 묘사를 남기고 있으며, 초기 교회에서의 독특한 상황이었던 급진적인 이타주의와 연합을 묘사하고 있다. 많은 사람이 역사적이고 특별한 상황을 고려하지 않고 이것을 현대 교회를 위한 완전한 패러다임으로 적용하려고 잘못 시도한다.[31] 이 주장은 전체 구절의 맥락을 고려하지 않기 때문에 유효하지 않다. 만약 사도행전 2장의 문맥을 벗어난 해석의 옹호자들이 현대 교회가 예루살렘의 성전에서 예배를 드려야 한다거나, 이적과 기사를 행하는 사도들이 있어야 한다고 강요하지 않는 한^{행 2:45에서와 같이}, 그들은 현대 교회가 급진적인 공동체의 형태로 운영되어야만 한다고 주장할 수 없다.[32] 우리는 여기서 사도행전 2장의 공통적인 잘못된 해석이나 이상화하는 모든 문제를 해결하지는 않겠지만, 한 가지 논점을 주장할 것이다. 즉, 사도행전 2장에서 언급된 일상적인 *코이노니아*, 친밀한 공동체는 가능한 것이며 심지어 가상교회가 그러한 곳이다^{가상교회 구성원의 증언에 근거함}.[33] 가상교회가 *코이노니아*를 가지고 있다는 증명은 가능하지만, 현실교회와 같은 정도의 *코이노니아*인가? 우리는 이 문제를 다음 장에서 살펴볼 것이다. 독자 중 많은 이가 가상교회가 어떻게 식사를 함께 나눌 수 있는지, 특히 성찬식에 대해서 궁금해할 텐데, 이는 5장에서 다루겠다. 지금으로는 가상 세계가 사도행전 2장의 방식으로 우리가 친밀한 공동체를 가지는 것을 방해하거나, 다른 성도^{교회에서 연합}를 사랑하고 이타적인 모습을 보여주는 것을 막지 않는다고 말할 수 있다. 우리가 발견하게 될 것처럼, 장단점이 있다. 가상 세계의 어떤 측면은 어떤 종류의 공동체 경험을 제한하지만, 다른 측면은 실제로 다른 형태의 공동체 경험을 장려한다.

우리가 살펴볼 성경의 마지막 예는 신약의 서신서에 나오는 교회에 대한 몇 가지 주장에서 나온 것이다. "그리스도의 몸"이나 "하나님의 백성"과 같은 더 의미 있는 은유들은 대부분 가상교회와 양립할 수 있다. 『신약성서의 교회 이미지』*Images of the Church in the New Testament*에서 폴 미네어 Paul S. Minear 는 교회를 위한 96개의 성경적 은유 목록을 작성했는데, 이 중 어느 것도 가상교회의 진위를 부정하거나 거부하지 않는다. 이러한 은유들 대부분은 우리가 이야기한 것, 즉 그리스도의 머리 되심 아래 모인 성도들에 기반을 두고 있다. 일부는 건축 또는 건설의 이미지를 사용한 은유 고전 3:10-11, 엡 2:19-22 이지만, 각 이미지는 성령을 통해 하나님이 하시는 일을 비유한 것이지, 결코 물리적 건물을 말하는 것이 아니다 벧전 2:4-5. 34 『사이버목회』*eMinistry*의 저자, 앤드류 케라가 Andrew Carea-ga 는 히브리서 10장 25절 "모이기를 폐하는 어떤 사람들의 습관과 같이 하지 말고 오직 권하여 그 날이 가까움을 볼수록 더욱 그리하자" 을 인용하여 가상교회를 반대하는 온라인 토론에 관한 이야기를 들려준다. 35 신약성서 원어에서, 이 구절은 교회 모임을 상황화하기 위해서 특이하고도 다소 종말론적인 언어를 사용한다. 이 구절은 일부 유대적 그리스도인들이 당대 율법주의 유대교로 돌아가고 싶은 유혹에 빠졌을지 모르지만, 헌신적인 성도들은 예수님의 재림을 바라며 계속해서 모였음을 암시한다. 이 구절은 현대 교회 모임에 관한 것이라기보다는, 떨어져 나가지 않고 단결하여 하나님의 계획을 기다리는 것에 대한 것이라고 보아야 한다. 어느 쪽이든, 이 구절은 가상교회를 무효화하지 않는다. 어떤 것이든, 현실 세계와 가상 세계 모두에서 가능한, 정기적 예배와 공동체가 연합하는 시간을 장려한다. 우리가 다음 장에서 논의할 것처럼, 일반적으로 이해되는 히브리서 10장 25절은 유사한 조건과 상황에서는 우리에게 익숙한 현실교회보다 가상교회가 *훨씬 더* 적합할 수 있다. 특히 가상교회가 얼마나 자주 또는 얼마나 오래 만날 수 있는지에 대한 제한이 훨씬 적다고 생각한다면 말이다. 경험적 증거는 가상교회 성도들이 우리가 전형적인 현실교회에서 기대할 수 있는 것보다 평균적으로 더 참여적인 것을 보여준다. 예를 들어, 세컨드라이프 성공회 대성당과 아이-처치 i-Church 는 모드 사역 일정을 매주의 출석률보다 정기적인 참여율을 더 고려하여 결정한다. 이것은 지역적 특성에 기초하여 하나님의 백성으로서 연합해야 한다는 성경적 부르심이다.[36]

　　마지막으로, 바울의 두 가지 유사한 진술은 우리의 주의를 끈다. 바울은 골로새에 있는 교회에 이렇게 편지한다: "이는 내가 육신으로는 떠나 있으나 심령으로는 너희와 함께 있어 너희가 질서 있게 행함과 그리스도를 믿는 너희 믿음이 굳건한 것을 기쁘게 봄이라" 골 2:5 바울은 고린도에 있는 교회에 이렇게 편지한다. "내가 실로 몸으로는 떠나 있으나 영으로는 함께 있어서 거기 있는 것 같이 이런 일 행한 자를 이미 판단하였노라. 주 예수의 이름으로 너희가 내 영과 함께 모여서 우리 주 예수의 능력으로 이런 자를 사탄에게 내주었으니 이는 육신은 멸하고 영은 주 예수의 날에 구원을 받게 하려 함이라" 고전 5:3-5. 우리는 이 어려운 글들이 의미하는 바를 가감하지 않고, 그 의미를 정확하게 해석하기 위해 주의할 필요가 있다. 우리가 알고 있는 것은, 바울이 육체적으로는 떠나 있지만, 성령의 능력을 통해 연합되어 있는 두 지역 교회에 편지를 쓰고 있다는 것이다.[37] 바울이 "육신으로는 떨어져 있지만, 영으로는 함께 있다"고 말할 때, 그는 형이상학적인 차원에서나, 뉴에 이지적 차원에서나, 정신적 차원에서 이런 말을 하는 것이 아니다. 그는 단지 그가 그들과 연합되었음을 의미한다. 그는 여전히 이 지역 교회와 함께 예배를 실천할 뿐만 아니라 교회 훈련에도 참여하고 있다. 바울은 비록 지리적으로 가깝지는 않을지라도, 자신이 이러한 지역 교회의 일부라고 믿는다고 해도 과언이 아니다.[38] 바울이 이런 말을 한 번만 하는 것이 아니라 두 교회에, 두 가지 다른 상황에 대해 두 번 분명히 밝힌다는 점도 흥미롭다. 요컨대 바울은 지리나 공간이 교회에 참여하는 것을 제한할 수 있는 요소로 보지는 않는 것 같다.[39] 가상교회의 타당성을 판단하기 위해 성경 본문을 조사하면서 알아낼 수 있는 성경 말씀의 핵심은, 성경이 교회를 공간적 또는 지리적 용어로 정의하지 않는다는 것이다. 미네어는 그것을 가장 잘 요약한다: "교회의 경계를 정확하게 계산하기를 갈망하는 많은 현대인에게 이것은 신약성서의 부담스러운 특징이다…. 교회는 교리적 또는 제도적 측정으로 제한될 수 없는 신성한 신비이다."[40] 신기술 반대파들을 불편하게 하는 점은 순전히 성경에서 말하는 근거만으로는 가상교회를 배제하는 것은 거의 불가능한 일이라는 점이다. 신학과 전통을 근거로 하면 어떨 것인가?

전통으로부터 가상으로

좋든 싫든 혹은 기꺼이 인정하든 인정하지 않든 우리가 교회에 대해 믿는 우리의 전제 대부분은 교회 전통에서 비롯된다. 내가 안식년을 보내는 동안, 나는 미국에 있는 주요 교파 신학교에서 신학을 가르치는 좋은 친구와 점심을 먹었다. 미국식 중화 닭요리와 포춘 쿠키를 먹으면서, 나는 그에게 가상교회의 타당성에 반대하기 위해 악마 측 변호인 역할을 맡아 달라고 부탁했다. 우리의 모의 토론에서 흥미로웠던 것은 내가 기대했던 것과는 반대로 그 친구는 교회 전통과 교리로 계속 돌아와 가상교회의 사상을 공격했다는 것이다. 물론 문제는 이것이다. 당신이 현대적 토론을 위해 교회 전통에 두는 가치는 내가 생각하는 가치와 엄청나게 다를 수 있다는 점이다. 우리는 심지어 사이가 안 좋을 수도 있다. 우리의 교단적 맥락과 교회적 배경은 정말 큰 차이를 보인다.

자유교회 목사로서 내가 교회 전통을 소중하게 생각하는 것은 그것이 성경을 더 잘 이해하고 해석할 수 있게 해주기 때문이다. 여러분 중 일부는 내가 교회에 대해 상당히 빈곤한 견해를 가지고 있다고 느낄 것이다! 하지만 나는 역사에 등장하는 모든 형태의 교회를 소중하게 여긴다. 그러므로 가상교회를 지역 교회의 유효한 유형으로 논의하는 것도 교회 역사와 전통에 비추어 이루어져야만 한다. 물론 내가 모두를 만족시킬 수는 없으므로, 앞의 논의에서와 마찬가지로 가장 중요한 교회의 유형을 몇 개 선택했다. 대부분은 초기 교회에서 비롯되었거나 개신교 신학을 대표하는 것들이다.

성경에 대한 우리의 조사와 마찬가지로, 가상교회의 진정성을 확인하기 위해 교회 전통으로 눈을 돌리면 상당히 복잡한 문제들이 발생한다. 1,500년 동안 교회사에서 목회자들과 신학자들은 우리가 교회됨의 요소들에 관하여 논쟁할 수 있을 만큼 체계적인 교회론을 발전시키지 않았다. 프로테스탄트 개혁의 선두 주자만이 조직적인 교회론을 만들어냈다.[41] 종교개혁 이후 개신교의 급속한 분열과 현대성에 의한 중세적 지식의 파괴는 교회라는 신학적 주제에 좁게 초점을 맞춘 다수의 관점을 만들어냈다. 니콜라스 힐리 Nicholas Healy 는 이러한 좁은 견해들을 "청사진 교회론"이라고 부른다. 왜냐하면 그 견해들은 교회를 설명하는 청사진이나 기초 역할을 하는 것을 추구하기 때문이다.[42] 이러한 사고방식은 개신교 이외의 신학자들에게도 영향을 끼쳤지만, 오늘날 개신교 단체들에서는 다수의 다른 이들이 동의할 만한 교회에 대한 개신교다운 견해를 정의하는 것이 불가능하다.[43] 그러므로 우리는 성경이나 초기 교회의 가르침에 근거해 교회가 그와 같은 요소를 가져야 한다고 말하는 사람은 거의 항상 불안정한 기초에 근거한다고 말할 수 있다.

가상교회는 교리사의 관점에서 "교회의 표지"들을 갖출 수 있을 것인가?

교회에 대한 가장 초기 논의 중 하나는 1세기 후반 안디옥의 감독이었던 이그나티우스의 편지에서 찾아볼 수 있다. 서머나 교회에 보낸 편지에서, 이그나티우스는 교회의 의도와 권위에 비추어 "감독이 나타날 수 있는 곳에는 [하나님의] 사람들이 있게 하고, 예수 그리스도가 있는 곳에는 교회 전체가 있게 하라"고 정의한다.[44] 그는 교회를 물리적 조직이 아니라 목양되는 모임으로 본다. 2세기 초 서머나 감독이었던 폴리카르푸스는 빌립보 교회에 보내는 편지에서, 독자에게 교회가 그 도시에 "이방인으로 거주한다"는 것을 상기시킨다.[45] 그는 구약성경의 은유를 사용하여 교회가 물리적 세계를 초월한다는 것을 상기시킨다.[46] 2세기 후반의 리옹 주교인 이레네우스는 교회를 오직 성령과의 연합으로 묘사했다.[47] 3세기 초, 카르타고 신학자인 테르툴리아누스는 "세 사람이 있는 곳에는, 그들이 평신도라 할지라도 교회가 존재한다"면서, 이그나티우스의 의견을 반복하고, 교회를 삼위일체적 권위^{마 18:20과 비교하여 숫자 3이 암시하듯이} 안에 있는 평범한 사람들의 집합체로 특징지어 준다.[48] 3세기 중엽, 알렉산드리아 출신의 신학자인 오리게네스는 교회를 "모든 성도의 모임"이라고 묘사하고 있으며 "많은 신자의 총합으로 구성된 것"이라고 쓰고 있다.[49] 3세기 후반, 카르타고 주교인 키프리아누스는 교회가 여러 부분으로 존재하지만 모든 부분이 함께 협력하여 그리스도의 참된 교회를 이룬다고 설명하며 교회의 일치를 옹호했다.[50] 교회에 대한 각각의 설명들에 비추어 볼 때, 가상교회는 실현 가능한 교회로 보인다. 사실, 초기 교회 교부들은 위치나 구조가 아닌 건강한 교리, 참된 영성, 그리고 사도적 권위의 장소로 교회를 크게 강조했다. 그들에게 교회는 물리적 모임이라기보다는 매우 영적인 모임이었다.[51]

교회사를 통틀어 교회의 속성을 말할 때 자주 인용되는 것은 교회의 초기 신조들이다. 사도들에게까지 거슬러 올라가는 사도신경은 교회를 "거룩함"으로만 분류하는데, 이는 신조 자체가 주로 예수님에 초점을 두고 있기 때문이다.[52] 비슷하게, 니케아 신조도 교회를 '하나의, 거룩한, 보편적, 사도적'이라는 네 가지 형용사로 묘사하고 있다. 언뜻 보기에는, 이 속성 중 어느 것도 가상교회를 무효화시키지 않을 것이다. 가상교회는 다른 교회들과 연합할 수 있고, 그 사람들과 영혼을 거룩하게 하며, 하나님의 계획 전체를 대표하기 때문에 보편적이고^{이것은 나중에 더 논의하겠지만}, 그리고 그 의도가 예수와 그 제자들처럼 세상에 보내지는 것이기 때문에 사도적이다. 물론, 교회를 정의하기 위해 이 신조들을 사용하는 데 있어 가장 큰 어려움은 이 네 단어가 진정으로 무엇을 의미하는지 알아내는 것이다. 신학자들은 2천 년 동안 그들의 견해에 대해 충분한 합의점을 찾지 못하고 논쟁해 왔다.[53] 그 논쟁은 그들에게 남겨두겠다.

초기 교회 교부들로부터 종교개혁 사이의 거의 천 년 동안, 교회에 대한 개념은 영적 공동체에서 물리적인 크리스텐덤으로 발전했다. 이 개념은 히포의 유명한 감독인 아우구스티누스가 교회를 일시적인 세상의 도성 세계에 대항하는 영원한 하나님의 도성에 비유한 것에서 비롯되었을 것이다.[54] 아우구스티누스는 또한 교회를 구원과 신성한 사랑의 사회로 인식했다.[55] 특히 어거스틴의 철학적 금욕주의 성향에 따르면, 그의 많은 개념은 가상교회와 양립할 수 있는 것으로 보인다. 그 후에 중세 시대 교인들은 그의 제국적 교회로서의 영감을 선택하고 그것을 증폭시켜 고도로 제도화된 조직을 만들었다페트루스 롬바르두스와 토마스 아퀴나스의 작품에서 보듯이. 중세 교회의 사상은 거의 모든 분야에서 유행이 지났기 때문에, 다음으로 넘어가겠다.

종교개혁은 교회의 개념을 발전시키는 데 있어 커다란 변화였다. 보헤미아 출신의 종교개혁 선구자, 얀 후스는 로마 가톨릭 교회의 경직된 교회 구조에 반대하며 교회가 신앙인의 자유로운 모임이라는 사상을 내세웠다.[56] 독일 개혁가 마틴 루터는 교회를 "목자의 음성을 듣는" 신자들의 모임으로 보며, 얀 후스의 사상과 초기 신조들을 대체로 따랐다.[57] 루터는 공동체community 나 집회assembly 를 선호하며, 교회church 라는 단어를 좋아하지도 않았다. 그는 말년에 자신의 추종자들이 교회를 "순수하게 복음이 선포되고, 성례전이 복음에 따라 행해지는 모든 신자의 모임"이라고 규정하는 것을 지지했다.[58] 우리가 만약 이 고전적인 루터의 정의를 받아들인다면, 가상교회는 공동체의 영역과 복음의 선포에 있어서 루터의 정의를 계승할 수 있지만, 성찬이나 직제와 관련해서는 문제에 직면하게 될 것이다.[59] 만인 제사장이라는 루터의 개념은 개신교 신학에서 중대한 발전이었고, 그것은 우리가 가상 세계에서 발견하는 것을 포함한 전형적인 교회 공동체의 발전을 이끌었다.

스위스의 개혁가 쟝 칼뱅은 루터파의 아우크스부르크 신앙고백 위에 자신의 교회론을 세웠지만, 가시적 교회의 구조에 대해서는 루터 및 후스와 대조적이었다. 그는 새롭게 탄생한 개신교회에 질서를 더하는 데 열심이었기에, 루터가 제시한 두 가지 교회의 속성에 하나를 더하는 것도 당연하게 여겼다. 순결한 예배와 적절한 성례전의 집행뿐만 아니라 올바른 교회의 치리가 그것이다.[60] 이 교회의 세 가지 속성은 초기 현대 교회의 고백에서 인기를 끌게 되었고, 오늘날에도 여전히 많은 교회가 그것들을 고수하고 있다. 올바른 교회의 치리라는 이 세 번째 속성은 가상교회가 품을 가능성이 상당히 크며, 이를 6장과 8장에서 좀 더 자세히 논의할 예정이다.

과거와 달리 교회의 본질에 대해 세세함을 논하는 것이 현대 신학의 특징 중 하나이다.[61] 그러나 여기서 우리가 최근의 이론들을 모두 다룰 방법이 없기에, 단지 몇 가지 핵심내용만을 다루고자 한다. 교회의 최근 이론 중 하나는 코이노니아로서의 교회인데, 이는 주로 로마 가톨릭과 정교회 학자들 사이에서 널리 받아들여지는 입장이다.[62] 성찬과 관련된 교회론은 성부, 성자, 성령이신 하나님은 오직 거룩한 성례에 거하시기 때문에, 참된 믿음, 예배, 그리고 심지어 인간의 존재도 교회의 성례 안에서만 일어날 수 있다고 주장한다. 그것은 처방이라기보다는 아이디어에 가까워서, 성찬에 대한 교회론은 대부분은 아니더라도 일부 가상교회 이념과 양립할 수 있는 것으로 보인다. 교회에 대한 또 다른 현대 이론은 교회의 지향점이 선교로서의 교회여야 한다는 주장이다. 성공회 선교사인 레슬리 뉴비긴은 교회가 단지 의무에 있어서만 아니라, 그 본질에 있어서 선교적이라고 주장했다. 뉴비긴의 사상은 서구 교회를 제국주의로 비판하기 때문에, 기독교의 흔적 없이 새로운 세계에 참여하는 가상교회의 역동적인 정신과 매우 잘 맞다.

우리는 세 사람의 사상만 더 살펴볼 것이다. 20세기 유명한 신학자인 칼 바르트는 개혁신학의 핵심을 자유교회의 감각으로 끌어들이는 교회론 — 말씀과 성령으로 인도되고 세상으로 보냄 받은 하나님의 공동체 — 을 주창했다.[63] 바르트의 교회에 대한 상징적 정의는 "교회는 그것이 일어날 *때*저자의 강조"에 공간적, 지리적 경계에 제한받지 않는 하나님 백성들의 능력이라고 인정한다.[64] 한스 큉은 그의 권위 있는 저작 『교회』 *The Church* 에서, 하나님의 사람들은 한 번에 무너지고 회복되는 타락한 세상에서 순례자들의 교제인 현실적이고 만질 수 있는 교회를 형성한다고 주장함으로 강력한 비전을 심어주었다. 큉은 그리스도의 몸 안에 있는 모두가 하나님이 주신 은사를 사용할 수 있도록 힘을 실어 달라고 요구한다. 가상 세계의 협업적 성격을 감안할 때, 가상교회는 현실교회가 꿈도 꾸지 못했던 방식으로 교회를 향한 큉의 꿈을 이룰 수 있을지도 모른다. 마지막으로, 교회에 대한 나의 견해인 자유교회가 있다. 이러한 교회 전통의 참여자이자 실천자로서, 나는 가상교회가 하나님 나라에 기여할 많은 것을 가지고 있다고 믿는다. 나는 유명한 자유

교회 사상가인 릭 워렌을 언급하고자 한다. 그의 저서 『목적이 이끄는 교회』는 새천년이 바뀔 무렵 교회의 실천에 가장 큰 영향을 끼쳤다. 교회에 대한 워렌의 성경적 이해는 교회가 전도, 예배, 제자도, 교제, 목양의 다섯 가지 속성이나 목적을 가져야 한다는 것이다. 우리가 보게 될 것처럼, 가상교회는 이러한 각각의 목적을 달성할 수 있다.

성경적 증거에 대한 우리의 조사와 마찬가지로, 교회 역사에서도 가상교회의 사상을 강하게 지지하거나 강하게 반박하는 것은 거의 없다. 하지만 분명 이러한 신참 교회들이 그리스도를 위하여 가상 세계에 도달하기 위해, 공동체를 건설하면서 반드시 고려해야 할 많은 통찰이 교회 역사에 존재한다. 대체로 교회가 역사의 진로를 넘나드는 실수나 잘못된 방향 전환을 많이 한 것처럼, 가상교회도 성장하면서 많은 시행착오를 겪게 될 것이다. 다행인 것은 가상교회가 실제 교회와 공유된 역사를 많이 배울 수 있다는 점이다.

심처치 The SimChurch

2000년에 유명한 컴퓨터 게임 디자이너인 윌 라이트Will Wright 는 삶에 관한 게임을 만들었다. 심즈The Sims 는 혁명적이었다. 사용자는 현실에서는 재미있지 않은 평범한 것들을 가상 세계에서만큼은 재미있게 하는 사람이 되어 논다. 당시 나 자신을 포함한 많은 사람이 게임이 실패하리라 생각했지만, 그 대신, 이 게임은 현재 역사상 가장 잘 팔리는 컴퓨터 게임이 되었다. 현실 세계에서 가상 세계로의 변화는 어떻게 한건지 우리가 당연하게 여겼던 것들을 의미 있는 것으로 변화시켰다.

교회는 2천 년 동안 주거지 주변에 자리 잡아 왔고, 우리 사회는 이를 당연하게 여긴다. 우리가 탈기독교 세계에서 복음의 진리를 전하려 할 때, 교회로서의 새로운 청사진을 작성할 필요가 있을 것이다. 교회 문화가 지금의 시간과 장소를 위한 교회 재구성으로부터 우리를 제지하지 못하도록 해야 한다.[65] 가상교회는 우리가 당연하게 여겨왔던 교회를 재창조하여, 점점 더 많은 가상 세계의 사람들 앞에 내세우고 있다. 우리는 이에 놀라지 말아야 한다. 다시 말해, 기독교 교회의 역사는 전통만큼 혁신으로 점철되어 있다. 모든 해답을 가진 것은 아니지만 팔을 걷어붙이고 시작한 개척자들 덕분에 대부분의 혁신이 시작된다. 우리가 교회의 혁신에 대하여 어떻게 느끼든지, 가상교회는 많이 존재하고, 성장하고 있으며, 여기에 머물기 위해 있다.

이 장에서는 교회에 대한 성경적, 역사적 관점을 간략히 조사했고 가상교회의 타당성에 반하는 주장을 할 만한 증거를 거의 찾지 못했다. 물론 신약성서의 저자들과 교회 교부들은 이 문제를 전혀 상상하지 못했지만, 교회 안에서 시간과 공간으로 무한히 일하시는 하나님의 능력에 대한 신뢰는 의미가 크다고 우리는 분명히 말할 수 있다. 즉, 가상교회가 진짜 교회가 아니라고 주장하는 사람은 성경의 맥락이나 대다수 교회의 역사적 지지 없이 그렇게 주장해야 한다. 가상교회가 정당성을 위해 애쓰면서 직면하는 심각한 질문이 없다는 것은 아니지만, 이 문제를 양자택일의 문제로 생각하지 않는다면 해결하는 데 도움이 될 것이다. 현실교회 대 가상교회, 침례교회 대 장로교회가 되어서는 안 된다. 우리 모두는 그리스도 몸의 각 부분으로 은혜를 확장해 가는 교회로서 서로 조금 다를 수 있지만, 여전히 같은 주, 같은 성령, 같은 복음, 같은 믿음을 따른다.

현실 세계든 가상 세계든, "하나의 동일한 복음을 받은 모든 개별 공동체는 모두 같은 사명과 같은 약속을 받는다. 모두 같은 성부의 은혜를 받고, 같은 주를 가지며, 같은 성령으로부터 그들의 은사와 사역에 영감을 받는다. 그들은 하나의 같은 신앙을 믿고, 같은 세례에 의해 성화되며, 같은 식사에 의해 새로워진다고 믿는다."[66]

그러나 가상 세계의 교회가 진짜 교회가 될 수 있다는 사실은 단지 교회라고 부르는 특정한 가상의 집단이나 가상의 건물만이 진짜 성경적 교회라는 것을 의미하지는 않는다. 현실에서처럼, 교회가 되는 것은 이름뿐만이 아니라 더 많은 것을 필요로 한다. 누군가가 세컨드라이프에 아름다운 교회 건물을 만들고 예배를 드리기로 결정했다고 해서 그들이 진정한 교회를 시작했다고는 할 수 없다. 우리는 이것을 좀 더 깊이 탐구할 필요가 있다. 가상 세계에서 *교회가 된다*는 것은 무엇을 의미하는 것일까?

원격현존^{telepresent} 하는 하나님의 백성

원격현존 telepresent 하는 하나님의 백성

21세기에 가장 주목을 받는 교회는 가상교회가 될 것이다.

2004년 5월 19일, 41,000명 이상의 사람들이 영국에 기반을 둔 가상의 교회인 바보들의 교회 the Church of Fools를 방문했다. 이 사실은 미국과 한국에서는 화제를 불러일으켰는데, 유럽 언론에서는 이에 대해 불꽃을 튀기며 취재했다. 유럽에 사는 41,000명의 사람이 교회에 관심을 가질 것이라고 누가 생각이나 했겠는가? 런던 타임스로 시작하여 BBC와 CNN에 이르기까지 뉴스 매체들이 이 기사를 다루었다.

우리 대부분은 탈기독교 정신이 북미보다 서유럽에서 훨씬 더 강하게 퍼졌다는 것을 알고 있다. 매주 일요일, 서유럽에서 훨씬 더 강하게 퍼졌다는 것을 알고 있다.[1] 내가 영국에서 대학원생으로서 보낸 첫날이었다. 시장에 가는 길에, 고딕양식 나이트클럽과 최신 유행하는 사무실 단지로 개조된, 돌과 스테인드글라스 창문이 있는 아름다운 교회 건물들을 지나쳤다. 세계의 다른 지역들과 비교했을 때, 유럽의 교회는 임종을 맞이하고 있는 것 같았다.

그렇다면 무엇이 41,000명의 사람을 가상 세계 안의 교회로 모이게 했을까? 아마 그 중 많은 사람이 언론의 과대광고나 호기심에 이끌려, 심지어는 문제를 일으키기 위해 왔을 것이다. 하지만 41,000명 모두가 그랬을까?

바보들의 교회 실험의 설계자들은 3개월 동안만 예배를 진행할 계획을 세웠다. 그러나 교회에 합류한 사람들은 교회 지도자들에게 교회를 더 오래 열어 달라고 열렬히 청원했다. 많은 사람이 이 작은 세계를 신성한 공간으로 여겼다. 바보들의 교회 지도부는 재정적인 문제로 예배를 계속할 수 없었음에도, 일반 성도의 요청에 응하기 위해, 또 개인 예배와 묵상을 위해 "건물"을 계속 유지하기로 하였다.

대서양 양쪽에서 바보들의 교회가 화제가 되는 동안, 바보들의 교회 개척팀 사이에서는 또 다른 주목할 만한 일이 벌어졌다. 바보들의 교회 개척팀은 주로 기독교인이 아닌 사람들에게 복음으로 다가갈 교회를 준비했고 그렇게 교회를 시작했다. 하지만 그들은 가상 세계 개척에서 예상치 못한 것을 발견했다. 바로 현실 공동체이다.[2] 이 공동체는 꽃을 피웠고 계속 성장했다.

세계 각국에서 온 사람들이 지금은 활동하지 않는 바보들의 교회의 개척자들에게 또 다른 교회를 만들어 달라고 청원했다. 곧 그들은 성 픽셀 St. Pixels 를 개척했다. 성 픽셀이 교회가 되기 이전에도 등록된 교인은 1,500명이 넘었다. 그것이 실제든 가상이든 어떤 세계에서도 인상적인 결과이다.

성 픽셀은 2008년에 문을 열었고, 그 공동체는 계속 성장하고 있다. 성 픽셀의 자매 웹사이트 중 하나는 사람들이 익명으로 교회를 평가할 수 있는 웹사이트이다. 성 픽셀에 관해 물었을 때. 한 익명의 예배자는 그 교회에 대해 가장 좋은 것은 "아마 공동체 의식일 것입니다. 이상하게 들리겠지만, 정말 효과가 있어요"라고 말했다.[3]

●

전 세계에 흩어져 있는 사람들이 기계 앞에 앉아 어떻게든 진정한 공동체를 형성할 수 있다는 것은 불가능해 보인다. 그리고 우리가 컴퓨터를 들여다본다고 해서 이런 터무니없는 주장을 이해하는 것은 불가능하다. 컴퓨터는 답을 가지고 있지 않다. 답을 가지고 있는 것은 사람이다. 서로 다른 배경을 가진 사람들이 만나 교회를 형성할 수 있게 하고, 적을 돕거나 가족공동체를 연합할 수 있게 하며, 기술을 이용해 공동체를 만들 수 있게 하는 것이 하나님께서 설계한 인간 관계적 본성이다. 공동체를 만드는 것은 기술이 아니라 사람이다.

**가상공동체는 정말 효과가 있을까?
어떻게 가상교회가 기독교 공동체에게 새로운 활력을 불어넣을 수 있을까?**

가상공동체는 정말 효과가 있을까? 어떻게 가상교회가 기독교 공동체에게 새로운 활력을 불어넣을 수 있을까?

일반적으로 과학과 기술 혁명은 점진적으로 일어나지 않고 파도처럼 일어난다.[4] 파도의 문제는 당신이 그것에 적응할 시간을 주지 않는다는 점이다. 처음 1분 동안 당신은 뽀송뽀송할 수 있지만, 그다음 1분은 흠뻑 젖는다. 가상 세계의 공동체도 마찬가지이다. 빠르게 증가하는 세계 인구는 가상 세계에 점점 더 몰입하고 있다. 그리고 전통적인 교회의 많은 지도자들은 가상 세계에 참여하는 것을 실제 공동체로 여기지 않기 때문에 차라리 파도가 닿지 않는 높은 곳에 무미건조하게 머물러 있기를 원하는 것 같다.

가상교회가 진정으로 참된 지역교회가 되기 위해서는 참된 교제와 공동체를 갖추어야 한다. 가상교회가 이야기의 소재로 등장할 때마다 마주치는 가장 흔한 질문 중 하나는 가상교회가 진정한 공동체가 될 수 있느냐는 것인데, 이것은 회의론자들이 제기할 만한 가상교회에 대한 가장 큰 반대이기도 하다. 내가 만난 대부분의 회의론자는 사람들이 교회로서 적절히 연합하기 위해서는 물리적 실체가 필요하다고 주장한다. 결국, 그들은 가상교회 참석자들이 어떻게 그들의 동료 성도들에게 거룩한 입맞춤^{벧전 5:14}을 할 수 있겠는지 묻는다.[5]

그렇다면 실제 공동체가 되기 위해서는 물리적으로 존재해야만 하는가? 아니면 중요하긴 하지만 필수는 아닐 수 있을까? 이 질문에 답하기 위해 우리는 공동체 본질을 살펴보고 공동체가 존재하는 것 이전에 존재하는 것 자체가 무엇을 의미하는지 이야기해야 한다. 고대와 현대, 도시와 시골을 빠르게 비교하여 살펴보면, 이 단어들 사이의 분명한 차이를 찾아볼 수 있다. 그런데도 우리 대부분은 우리의 문화적 배경에 따라 존재와 공동체의 본질에 대해 가정한다. 우리가 다가오는 기술적, 사회적 변화의 흐름 속에서 디지털에 익숙한 세대에게 목회하기 위해서는 단순히 존재하는 것 이상의 노력이 필요할 것이다. 우리는 원격현존하는 하나님의 백성이 될 필요가 있다.

바보들의 M.U.S.H.

초기 가상 세계는 MUD다중 사용자 Multi-User DUNGEN였다.⁶ MUD는 다중 사용자가 게임을 하거나 사회적 관계망을 형성할 수 있도록 만들어진 가상의 공간이다. MUD는 1970년대 후반에 처음 개발된 텍스트 기반의 모험 게임으로, 운 좋게 충분한 접속이 가능했던 초기 컴퓨터 연구자들을 위한 것이었다. 인터넷에서 Zork 게임을 하는 것을 생각해보라.⁷ 시간이 흐름에 따라, MUD에서 시작하여 1세대와 2세대 및 후속세대 온라인 게임들이 다양하게 출시되었다. 오늘날에는 에버퀘스트 Everquest, 월드 오브 워크래프트, 또는 반지의 제왕 온라인과 같은 대규모 멀티플레이어 온라인 게임 MMORG 혹은 MMORPG이 있다. 이 게임들은 각각 수백만 명의 헌신적인 플레이어로 구성된 수만 개의 커뮤니티를 가지고 있다. 또 다른 후속세대 파생물 가운데 다중 사용자 공유 환각 M.U.S.H.: Multi-User Shared Hallucination 역자 주-여러 사용자가 동시에 접속할 수 있는 텍스트 기반 온라인 게임이 있다. 이는 사용자의 상상력에 의해서만 제한되는 다중 사용자 동시 접속게임이다.

가상교회는 단순히 M.U.S.H., 즉 하나의 거대한 공유 환각인가? 많은 회의론자들은 교회의 형태에 대해, *어떤* 형태의 교회도 M.U.S.H.라고 생각한다. 기독교인들은 우리가 사랑하는 교회와 하나님에 대한 믿음이 환각이 아니라 진짜라고 증언하기 좋아한다. 동시에, 이 기독교인들은 가상공동체를 비현실적이라고 비판한다. 하지만 가상교회와 인터넷 캠퍼스에서 실제 공동체가 발견됨을 증언하는 기독교인들의 일치된 목소리는 어떻게 해야 할까? 연구에 따르면 사람들은 가상교회에서 진정한 공동체를 발견하고 있을 뿐만 아니라[8] 심지어 일부 사람들은 그들의 합성된 교회가 현실 교회보다 *더 훌륭한* 공동체 의식이 있다고 증언한다.[9]

그리고 가상 관계에 대한 논점은 무엇인가? 왜 많은 사람이 슈퍼마켓에서 이웃을 피하고자 큰 노력을 하는 동시에, 온라인 상에서는 전혀 알지 못하는 낯선 사람에게 다가가서 대화를 시작하려고 하는 것일까? 나는 내성적인 사람이다. 내가 가장 좋아하는 레스토랑은 나와 웨이터들만 있는 식당이다. 하지만 왜 현실 세계의 나 자신에서 가상 세계의 아바타 자신으로 바꿀 때, 나는 나의 근처에 있는 다른 아바타와 대화해야 한다고 느낄까? 무엇이 가상 세계의 커뮤니티가 과감히 말하자면 중독성이 있게 하는가?

겉보기에는 중독성이 있는 가상공동체의 성격은 모든 사람에게서 작용하는 두 가지 강력한 힘으로부터 비롯된다. 첫째, 그것은 다른 사람들과 관계를 맺고자 하는 내재적인, 하나님께서 주신 필요와 소망에서 비롯된다. 이것은 삼위일체적이다. 곧 하나님의 속성을 닮았다. 비록 우리가 이러한 필요를 억누르더라도, 모든 사람이 다양한 이유로 특정한 시간에 그러하듯이, 우리는 결국 이러한 필요를 충족시키기 위해 어떤 형태로든 다른 사람들과의 관계를 추구한다. 아마도 우리 각각의 삶에서 우리가 안으로 끌어당기는 것과 하나님께서 우리를 바깥으로 부르시는 것 사이에 끊임없는 긴장이 존재한다고 말하는 것이 더 나을 것이다. 혹은 우리 삶에 관계적인 공백이 있을 때, 누군가 혹은 무언가가 그것을 채우기 위해 달려들 것이라고 말하는 것이 더 나을지도 모른다.

둘째, 가상공동체의 중독성은 우리가 인간으로서 존재를 어떻게 이해하는지에서 비롯된다. 우리는 가상 세계에서 상호 작용의 익명성으로부터 시작할 수 있지만, 가상 세계는 사실 익명성 그 이상이다. 나는 전에 가본 적이 없는 도시에 갈 수 있고, 평상시와 다르게 잘 차려입고 생김새도 다를 수 있고, 익명으로 지낼 수 있지만, 그렇다고 해서 지나가는 사람들에게 내 인생 이야기를 자유롭게 들려줄 수 있다는 것은 아니다. 멀리, 그냥 아무도 없는 식당을 찾아볼 뿐이다. 아울러, 합성된 인공의 가상 세계는 익명성에서 기인하는 감정을 제공하는 동시에, 우리가 현실 세계에 "존재"할 때 가지고 있는 물리적 연결고리와 두려움을 제거해 준다. 이는 "선택적 관계" 즉, 인간관계의 기회를 창출하여, 하나님 형상을 닮아 관계의 더 심오한 깊이를 추구할 수 있도록 해준다 — 우리가 다시 관계를 형성하기를 기대하지 않는 사람들과 우리를 매우, 때로는 지나치게 친밀해지도록 한다.[10] 선택적 관계는 단지 비밀스러울 뿐만 아니라 구획화되고 격리되어 있으므로 익명의 관계 이상이다. 이러한 현상을 일으키는 것은 익명성이나 전자 매체가 아니라, 존재의 변화이다.

존재의 본질

가상 세계에서 공동체가 번창하기를 원한다면, 우리는 존재에 대한 우리의 학습된 이해를 자세히 조사해야 할 것이다. 서구 세계에서 길러지고 교육받은 사람 대부분은 존재présence 나 존재하는 것being present 을 육체적 행위라고 생각한다. 초등학생 때, 우리는 선생님이 출석 확인을 할 때 "present"출석/현재라고 대답하는 법을 배웠다. 왜냐하면 우리의 몸은 거기 있었기 때문이다. 우리의 정신이 교실 바깥에서 자유롭게 뛰어다니고 있더라도 말이다. 우리는 우리의 마음혹은 영혼이 방황하더라도 우리의 몸이 어디에 있든지 존재하는 것으로 생각하도록 배워왔다. 존재를 단순히 우리 몸의 위치로 정의하는 것은 현대 서구 세계의 이해의 기초 중 하나이지만, 그것은 하나님이 주신 생각이나 성경의 개념이 아니다.[11] 서양인들의 존재에 관한 생각은 대부분 현대 서구 세계관의 아버지 중 하나이며, "나는 생각한다. 그러므로 나는 존재한다"로 유명한 인물 데카르트에게로 거슬러 올라간다.[12] 그의 영향력 있는 저서 『제1철학에 관한 성찰』Meditations on the First Philosophy 에서, 데카르트는 우리가 정신-신체 이원론이라고 부르는 것의 전제를 제시한다. 즉, 인간은 몸과 마음혹은 영혼의 두 가지 구별되는 부분을 가지고 있다는 개념이다.[13]

몸과 마음의 분리에 대한 그의 사상이 서구 세계관에 놀라운 영향을 미쳤지만, 데카르트가 그의 『제1철학에 관한 성찰』에서도 초강력 악마가 꿈 같은 세상을 만들어 사람들의 마음 속에 그들을 유혹할 수 있다면 어떤 일이 일어날지 궁금해했다는 것은 덜 알려진 사실이다. 이 꿈같은 세상에서, 이 사람들은 그들의 감각을 포함한 마음에만 접근할 수 있었고, 그들의 몸에는 접근할 수 없었다.[14] 이 꿈같은 세상은 진짜일까? 데카르트는 그들의 인식마음이 그들에게 무엇을 말해 주든 간에 그것은 진짜일 수 없다고 결론을 내렸다. 사람들이 확신할 수 있는 것이란 오로지 자신들의 물리적 본질육체뿐이기 때문에, 세상에 대해 인식한 내용들은 오롯이 상상일 것이다.[15] 다시 말해서, 우리가 세상을 아는 데 있어서 중요한 것은 우리가 인지할 수 있는 것이 아니라 우리가 만질 수 있는 것이다. 비록 우리가 꿈에서 보고, 듣고, 냄새를 맡을 수 있을지라도, 우리의 감각이나 마음이나 영혼은 궁극적으로 우리를 잘못 인도할 것이다. 세상에 대한 데카르트의 생각은 몸과 마음을 분리할 뿐만 아니라, 그들에게 서로 다른 두 가지 속성을 부여한다. 오직 육체만이 현실 세계와 상호작용할 수 있고, 영혼은 상호작용할 수 없다. 그래서 서구 사회는 진짜인 것물리적 실험으로 증명할 수 있는 것과 상상의 것우리가 정신이나 마음의 눈으로 보거나 인식하는 것 사이에 단절이 있다고 믿게 되었다. 17세기 데카르트의 사상이 최첨단 철학이었지만, 우리가 육체적 경험 밖의 어떤 것도 알 수 없다는 생각은 특히 신앙심이 깊은 사람들에게 항상 도움이 되는 것은 아니다히 11:1.[16]

우리 세계를 우리가 인지하는 방법에 대한 데카르트의 사상은 너무나 강력해서 모든 현대 서구 사상을 뒷받침한다. 설상가상으로, 선량한 기독교인들을 포함한 서양인은 데카르트의 사상을 정신과 육체를 올바르게 말하는 방법으로 당연하게 받아들인다.[17] 다시 말해서, 서양인이 자라고 교육받는 방식 때문에, 그들은 어릴 때부터 우리가 육체로 경험하는 것이 현실의 기본 형태라고 배운다. 혹은 더 구체적으로, 우리가 어떤 것이 현실임을 어떻게 아는지 서양인이 기독교인이 되면, 그들 대부분은 영적인 부분이 물리적 증거로는 "입증된 실제"가 될 수 없다는 사실로 인해, 하나님의 관여와 섭리를 위한 자리를 만들기 시작하면서, 어느 정도 이전 관점을 포기해야 한다.[18] 따라서 우리가 존재에 대해 이야기할 때, 서구 세계관은 특정 장소나 시간에 존재하며 자신의 환경을 인식하고 그것과 관계를 맺는 것을 물리적 활동으로 이해하고 지지하도록 우리에게 영향을 미친다.[19] 물리적 세계와 가상 세계 모두에서 존재에 대해 토론할 때, 우리 서양인들은 중립적 렌즈나 성경적 렌즈가 아닌 데카르트의 렌즈를 통해 존재에 대한 감각 다른 사람들과 어떻게 관계를 맺는가와 사회에 대한 이해까지 포함하여 을 평가하도록 배웠다는 것을 기억해야 한다.[20]

데카르트의 거대한 영향력은 현대 시대를 여는 서구의 존재 이해를 규정하는 일련의 법칙들을 만들어 냈지만, 21세기 초반에 이르러 이 법칙들이 무너지기 시작하고 있다. 비평가들은 이러한 법칙들을 가상교회에 대한 비판에 무의식적으로 사용하고 있으며, 이 비판들은 성경적 가치가 아닌 현대의 가치관에 뿌리를 두고 있다. 우리가 존재에 대한 현대적 표준 관점을 따른다면 어디에나 또는 언제나에 대한 물리적 경험, 나의 기도 생활, 전화 통화, 우주에 있는 우주 비행사를 TV로 보는 것, 온라인 게임 등은 모두 상상적 경험으로 간주되어 실제가 아닌 것으로 여겨진다. 왜냐하면 이 경험들을 내 몸으로 완전히 체험할 수 없기 때문이다.[21] 즉, 비록 내가 이 경험들을 인식할 수 있다고 해도, 그것들은 내 몸을 통해 중재되지 않기 때문에 서양의 세계관에 따르면 나는 그것들이 실제인지 환상인지 확실히 알 수 없다.[22] 우리가 현대 서양 세계관에 얼마나 몰입해 있는지 확인하기 위해 몇 가지 예를 들어보겠다. 교회에 출석한다는 것은 무엇을 의미하는가?

일요일 아침에 예배를 드리러 오지만 그날 오후에 열리는 댈러스
카우보이스의 축구 경기에 대해 생각하면서 시간을 보낸다
면, 나는 예배에 참석한 것인가?

초대형 교회에 가서 위층 구석의 좌석번호 84K에 앉아 머리 위
LCD TV로 목사를 본다면 나는 예배에 참석한 것인가?

예배 시간에 교회 자모실에서 봉사하면서 스피커로 들려오는 목
사님의 말씀을 듣는다면 나는 예배에 참석한 것인가?

일요일 아침에 다리가 부러져 병원에 입원하게 되어, 예배 중 기
도와 목사님의 말씀을 라디오로 듣게 된다면, 나는 예배에 참
석한 것인가? 이 사례에 대해서는 좀 더 주의를 기울여야 한다. 당신이 성경보다 현대 철학
에 얼마나 더 많은 영향을 받아왔는지 알 수 있을 것이다. 골 2:5; 고후 5:6-9; 12:2-3 참조

일요일 아침에 다리가 부러져서 병원에 입원했는데 노트북이 있
어서 세컨드라이프에 로그인하여 성공회 성당에서 예배에 참
석하면, 나는 예배에 참석한 것인가?

현대 세계관에 따르면 이 모든 것에 대해 "그렇다"고 동의할 수 없
지만, 성경에 따르면 모든 사람에게 대답은 "그렇다"이다. 흥미롭게도
첫 번째 예는 가장 덜 성경적이고 가장 서양적인 것이며, 많은 독자가
가장 강하게 동의할 것이다.

우리의 학습된 서구적 존재 관점의 큰 문제 중 하나는 성경에서 말
하는 사실 외에도, 현대의 의사소통 방법, 특히 컴퓨터를 매개로 하는
커뮤니케이션이 순수하게 물리적인 상호작용에 국한되지 않는 새로운
형태의 경험을 어떻게 창조할 수 있는지를 고려하지 않는다는 것이

다.[23] 이러한 방법들을 이해하는데 있어서 존재에 관한 관점의 변화를 설명하기 위해, 최근의 사상가들은 *원격현존*telepresence 라는 용어를 만들었다. 원격현존은 일반적으로 기술의 도움을 통해 공간적 또는 지리적 거리를 두고 존재하는 것으로 정의된다. 말하자면, 원격현존의 개념은 성경적인 존재 관점이 아니라, 오히려 데카르트의 이상과 맞지 않는, 기술적으로 향상된 경험을 더 잘 고려하기 위해 현대 서구적인 존재 관념을 바꾸거나 바로잡으려는 최근의 시도이다. 원격현존이라는 개념이 없다면, 현대의 서구적 관점은 인간이 달 위를 걸었다는 것을 어떻게 알 수 있는지 증명하거나 경험하는지를 정당화하거나 의미 있는 이메일 대화도 할 수 없다. 그 결과, 원격현존이라는 개념은 많은 신학적 관심을 불러 일으키고 있는데, 이는 교회 안에서 하나님의 임재에 대해 교육받은 서양인들에게 그것이 영적으로 잘 소통할 수 있는 원격현존으로 여겨질 수 있기 때문이다. 결국, 우리는 하나님께서 육체적으로 계시지 않음에도 불구하고 예배 중에 충분히 존재한다고 생각한다 - 엡 2:22. 서구 근대주의의 엄격한 방식에 젖어있던 우리는 세계의 반 바퀴를 돌면서도 누군가를 위해 기도할 수 있다는 것을 금방 잊어버린다. 비록 우리가 그것을 완전히 이해할 수는 없음에도, 그것은 현실이다. 왜냐하면 하나님을 묵상하는 것처럼 우리의 영적 중보가 우리의 육체적 공간에 한정되어 있지 않기 때문이다 마 18:18; 고전 14:32. 누군 가는 "사람이 지구 반대편의 누군가를 위해 기도한다고 해서, 기도하는 사람이 다른 사람과 함께 있는 것은 아니다"라고 말할지도 모른다. 이것은 서구적 생각에서 기인한 것이다. 그러나 기도하는 사람이 "거기"there 에 있는 것은 아니지만, 영적인 것은 어떨까? 예를 들어, 우리가 누군가에게 "내 생각과 기도가 당신과 함께 있다"고 말한다면, 그것은 단지 인사치레일까, 아니면 우리가 진심을 말하는 것일까? 만약 우리가 기도하는 동안 기도하는 사람에 대해 성령의 도우심으로 알거나 경험하게 된다면? 우리는 함께 한 것인가? 이러한 유형의 질문들은 존재, 앎, 중보기도에 대해 믿을 수 없을 정도로 복잡하고 미묘한 문제를 제기하지만, 여기서 나의 요점은 단지 현대 서구적 이상의 부적절함요 17:20-26; 마 28:20b을 보여주는 것이다. 모세부터 발람, 바울에 이르기까지, 성경은 존재에 대한 현대적인 관점에 도전하고 우리의 현대 사상을 재고하도록 강요하는 상황들로 가득 차 있다계 1:10; 고후 12:2-3; 출 12:32; 민 23-24. 21세기 동안, 가상 세계는 우리에게 존재와 공동체를 재발견할 기회를 준다.[24]

P2P 공동체

컴퓨터 매개 통신과 가상 세계 상호 작용의 핵심은 P2PPeer-to-Peer, 사용자 대 사용자 통신이다. 본질적으로 P2P 통신은 한 사람이 한 명 이상의 다른 사용자와 연결할 때 발생한다. 가상 환경에서 네트워크 연결점은 거의 무제한으로 사용자 간 통신을 허용한다. 네트워크 연결점은 교회 공동체의 본질이기도 하다. 교회에 대한 우리의 개인적인 정의와 상관없이, 아무도 사람 없이 교회를 정의하지는 않는다. 진정한 교회를 위한 최소한의 요소 중 하나는 사람들이 그리고 하나님께서 존재한다는 것이다. 사람과 하나님이 있으면 교회 공동체가 가능해진다.

우리는 사람들이 가상 세계에 실제로 존재할 수 있다는 것을 보아왔다. 따라서 만약 우리와 다른 사람들이 함께 모여서 가상 세계에서 같은 장소에 있다면, 우리는 진정한 공동체를 만들 수 있다. 이 실제 공동체는 진짜 교회의 가능성을 허용하고, 진짜 하나님이 우리와 함께 있도록 한다. 또는 신학적으로 더 정확하게 하려면, 우리는 하나님의 영이 가상 세계로 우리보다 앞서 가시고, 우리는 단지 그곳에서 그분을 만난다고 말해야 한다. 우리가 아바타를 쓰든, 채팅방을 쓰든, 홀로그램 가상현실을 쓰든 문제가 되지 않는다. 중요한 것은 우리가 현재 예배, 교제, 제자도, 사역, 그리고 전도 등의 목적으로 하나님의 다스림 아래 공동체에 연합해 있다는 점이다.

한스 큉은 우리에게 "*에클레시아*는 한번 만들어지고 세워지고 영원히 변하지 않는 것이 아니다. 그것은 반복된 구체적인 사건, 특히 하나님을 예배하는 목적의 모임이라는 사실로 *에클레시아*가 된다."[25] 이것은 우리의 에클레시아가 어떠하든, 사실이다. 우리는 하나님 앞에서 함께 존재할 때 교회, 공동체, 하나님의 백성이 된다.

가상에서 지역으로

사람들은 가상 세계에 모일 수 있고, 실제 존재함으로 하나님의 진짜 공동체를 구성할 수 있을 뿐만 아니라, 이렇게 구성된 가상 세계의 공동체는 지역 교회가 된다. 여러분 중 일부는 이미 내가 제정신이 아니라고 생각한다는 것을 안다. 여러분의 생각이 어떠하든지, 그것이 믿음교회 the Church of the Simple Faith 이건, ALM 사이버교회이건, 플라밍고 로드 인터넷 캠퍼스이건, 각각의 가상공동체는 그리스도에게 속한 지역교회이다.

어떻게 가상교회가 지역교회가 될 수 있는가? 당신이 그렇게 질문하니 기쁘다. 만약 당신이 *지역*이라는 단어를 사전에서 찾아본다면, "특정 장소에 속하거나 존재하는 것" 혹은 더욱 특별하게 "이웃^{근처}에게 속해 있는 것"을 의미한다고 할 것이다.[26]

영어에서는 지역성을 공간 및 지리와 연관시키지만, 이들이 같은 의미를 지니는 것은 아니다.[27] 이런 일은 항상 일어나는데, 예를 들어 대부분 사람에게 그들의 지역교회를 설명하라고 요청하면, 그들은 대부분은 "그곳^{where}은 …하는 장소입니다"라고 대답할 것이다. 더 나쁜 경우에는, "그것은 …하는 건물입니다"라고 대답할 수 있다.[28] 그러나, 어디^{where} 보다 누가^{who}, 무엇을^{what}, 왜^{why}가 더욱 교회에 관한 것이 아닐까? 가상교회에 대한 우리의 의견과 상관없이, 교회다움이 이루어질 때까지, "어디"라는 장소의 힘을 강등시켜야 한다.[29] 지역교회가 지역적인 것은 지리 때문이 아니라, 함께 하나님을 찾는 곳에 속한 하나의 특정 집단이기 때문이다.

진짜 공동체

진짜 공동체란 무엇인가? 이 질문은 이 책의 범위를 벗어나지만, 가상교회와 관련된 최소한 몇 가지 개념을 간단히 살펴볼 수 있다. 우선, 공동체라는 단어를 성경 원어에서 발견되는 어떤 하나의 단어와 동일시하는 것이 아니라, 오히려 성경에 나오는 모든 공동체의 사례에 비추어 사용하려고 한다. 이처럼 가상교회는 실제적이고 건강한 공동체에 대한 성경적 정의에 부합할 수 있다.

이것은 인터넷에 있는 모든 기독교 모임들이 진짜이거나 건강한 공동체의 자격이 있다는 것을 의미하지는 않는다. 아마도 더 좋은 표현은 모든 기독교 공동체가 똑같지는 않다는 것이다. 예를 들어, 실시간 참여 being present 는 실제 공동체에 필수 요소인 것 같다. 이 예에서 원격현존의 개념이 중요한 역할을 하는데, 왜냐하면 원격현존 예배자들은 같은 시간과 장소에 모여 있기 때문이다. 하지만 만약 한 예배자가 교회 웹사이트 팟캐스트에 접속한다면, 다른 누군가가 그곳에 있었는지, 언제 있었는지 알 방법이 없으니 집단 존재도 없고 따라서 공동체도 없다. 팟캐스트가 있는 교회는 팟캐스트로 커뮤니티를 만들고 있다고 주장할 수 있지만, 팟캐스트가 만드는 커뮤니티 형태는 현실적이고 건강한 커뮤니티와는 거리가 멀어 보인다. 유사하게, 이메일이나 편지로만 구성된 커뮤니티는 완전한 의미의 커뮤니티가 아니다. 결국은, 건강하고 성경적인 공동체의 필수 요소는 참여라고 해도 무방하다. 만약 한 무리의 사람들이 모두 웹사이트에 로그인해 있다 할지라도 어떤 식으로든 상호작용을 할 수 없다면, 공동체는 실제로 존재하지 않는다.

우리가 말할 수 있는 또 다른 예는 공동체의 긍정적인 형태와 부정적인 형태이다. 기독교인으로서 우리는 코븐 coven: 마법사 모임 을 부정적인 형태로, 작은 집단을 긍정적인 형태로 본다. 그러나 기복적 관심을 가지는 작은 그룹은 급격히 부정적인 쪽으로 기울게 된다. 같은 방식으로, 정통

복음을 선포하고 예수께서 걸어가셨던 것처럼 다른 구성원들이 함께 걷는 구성원을 가진 가상교회는 공동체의 긍정적인 형태지만, 기도에서 가십거리로 변질되는 기독교 채팅방은 더 부정적인 형태의 공동체다. 웹사이트나 팟캐스트와 대조하여, 가상교회가 기독교 공동체의 건강한 형태가 되려면 사람들이 참석하고 참여하는 긍정적인 형태가 되어야 한다.

*Life.Church의 인터넷 캠퍼스 : 오클라호마에서
파키스탄에 이르기까지 사람들의 원격현존 공동체를
가능케 하는 다중 접속 장면*

가상교회는 장소이기 때문에 지역교회이며, 예수의 머리 되심 아래 함께 참석한 사람들의 특정 모임이기 때문에 교회이다. 데이비스^{W. D. Davies} 는 예수가 이스라엘의 지리적으로 얽매인 신학으로부터 하나님의 백성을 해방했다고 지적한다_{요한복음 4장}.³⁰ 지리에 얽매이거나 제한되

지 않기 때문에, 교회의 지역성도 진정한 교회가 되는 데 필수적 요소는 아니다. 우리는 이것을 바울의 서신서에서 분명히 볼 수 있다. 바울은 지역교회를 엄격한 지리나 물리적 주소가 아니라, 지역성의 느슨한 추정으로 구별하는 것 같다. 그래서 바울은 "멀버리 가"Mulberry Street, 역자주: 닥터 수스 Dr. Seuss 가 쓴 어린이들을 위한 작품 *And to Think That I Saw It on Mulberry Street* 를 패러디 한 것으로, 멀버리는 뉴욕 맨하튼의 번화가에 있는 교회에 편지를 쓰지 않고, 고린도나 로마에 있는 교회에 편지를 썼다. 이 도시에 여러 교회가 있었음에도 불구하고 말이다. 그가 골로새와 에베소에 있는 교회에 편지를 썼을 때, 그는 아마도 더 많은 개별 교회들을 언급했을 것이다.[31] 더 나아가 바울은 우리가 영어로 하는 것처럼 "고린도의 교회"라고 말하지 않고, 문자그대로 "고린도에 있는 하나님의 교회, 즉 고린도에 있는 교회"라고 쓰고 있다고전 1:2. 교회의 지역성을 구성하는 것은 공동체, 국민, 그리고 그들의 하나님의 현존존재이다.

존재에 대한 전통적인 이해를 재고하는 것은 대중교통 시대에 훨씬 더 중요해졌다. 캘리포니아에 있는 베리에사 밸리 교회Berryessa Valley Church가 초대형 교회는 아니지만, 샌프란시스코나 오클랜드처럼 먼 곳에서 정기적으로 교회에 오거나 심지어 반정기적으로 오시는 분들은 끊임없이 놀라워 한다. 솔직히 지리적으로는 말이 안 되지만 그래도 그 참석자들은 우리와 함께 공동체 속에 참석하게 되고 우리 지역교회의 한 부분이된다. 어떤 이들은 같은 도시나 같은 지역과 같은 물리적 장소에 우리와 함께 모이는 것이 지역교회를 구성하는 것이라고 제안할 수 있다. 왜냐하면 가상교회와는 달리 사람들이 모두 같은 물리적 공간에 모여 있기 때문이다. 그러나 지역교회를 이런 식으로 정의한다는 것은 가

——————— 심처치 SimChurch : 디제라티 digerati 와 가상교회

상 세계는 실제 합성 공간이라는 점을 잊은 채, 여전히 물리적 위치나 건물의 관점에서 교회를 정의하고 있다는 것을 의미한다. 존 해밋^{John} Hammett 은 성경은 가정교회와 시 전체 교회를 모두 교회로 지칭하기 때문에 지역교회를 바라보는 시각은 유연하지만, "각 지역 교인들은 그 자체로 완전한 *에클레시아*"라고 설명한다.[32] 가정교회와 시 전체 교회는 지리적, 공간적 특성이 다르지만 둘 다 지역교회이다.

전 세계에서 사람들이 와서 참석하고 아이-교회와 성 픽셀과 같은 가상교회에서 공동체의 일원이 된다. 이러한 가상교회는 지리적 측면에서 교회로서 존재하는 것이 아니라, 합성된 공간에 존재하는 신자들의 지역적 교회이다. 이러한 합성 공간들은 모든 종류^{신성하고 세속적인}의 공동체가 생겨나는 21세기 공공 광장으로 빠르게 변모하고 있다.[33] 이 새로운 가상 광장들은 진정한 공동체에 대한 사람들의 필요성뿐만 아니라 그들이 고향이라 부르고 많은 소유권을 가질 수 있는 진정한 지역적 장소에 대한 그들의 욕망으로 인해 생겨나고 있다. 월터 브루그만^{Walter} Brueggemann 은 현대인들이 단순히 "무정부적인 공간"이 아니라 "의미 있는 장소"를 소유하고자 하는 욕구 — 즉, 가상 세계에서 우리가 볼 수 있는 진정한 욕구 — 를 이야기했다.[34] 우리가 가진 것은 어떤 이유에서든 실제로 존재하는 가상 세계로 들어온 사람들이며, 그들은 함께 하나님의 백성이 될 수 있는 진정한 교회 공동체를 형성하고 있는 자들이다.[35] 그들은 "하나님의 교회, 세컨드라이프에 있는 교회"^{또는 가상 세계의 다른 어떤 지역}이며, 각각 그 자체로 완전한 *에클레시아*이다.

가상 커뮤니티 프로토콜

원격현존의 교회 공동체와 관련된 공통적인 우려는 그들이 개인주의와 고립주의를 조장함으로써 사람들에게 해를 끼친다는 것이다.[36] 사회 일부에서는 가상 세계의 영향력이 우리의 삶에서 증가할수록 삶이 더 좋아지기는 커녕, 오히려 더 나빠질 것이라는 두려움을 품고 있다. 좋은 의도에서 기독교인들과 교회 지도자들은 때때로 사람들이 실제 생활보다는 컴컴한 방에 앉아 컴퓨터 화면을 들여다보고 있거나, 사람들이 점점 더 다른 사람들과 떨어져 단절된 삶을 살게 될 것이며, 점점 더 진정한 교회 공동체에 대한 희망으로부터 멀어지게 될 것이라는 두려움을 표현한다.[37] 하지만 이것이 사실일까? 아마 그렇지는 않을 것이다. 문제는 찬란한 과거의 세계가 오늘날보다 덜 단절되고 덜 고립되어 있었다는 주장과, 기술 발전이 세계의 악화에 기여하고 있다는 주장이 함의하고 있는 가정에 근본적으로 결함이 있다는 점이다. 전형적으로, 이러한 사고방식은 마을을 실제 공동체로, 도시를 단절과 상처로, 가상 세계를 *피노키오*에 나오는 쾌락의 섬으로 관념화하고 있다.[38] 이러한 가정의 근본적인 문제는 인류 역사의 각 시대는 지역사회를 발전시킬 때 각각의 특징들이 서로 다른 강점과 약점을 가지고 있다는 것을 알지 못하는 데에 있다. 마을은 사람들이 가까운 물리적 거리를 유지하도록 두었을 수도 있지만, 농촌의 시골스러움은 나름의 고립주의를 만들어 냈다.[39] 세상이 어떻게 될지는 오직 하나님만이 아시며, 요한계시록에 대한 여러 모호한 해석에도 불구하고 하나님은 우리에게 그 사실을 알려주시지 않는다. 가상 세계가 사람과 공동체를 개선할 것인지, 아니면 일부 선한 의도를 가진 사람들이 주장하는 것처럼 해가 될 것인지에 대해 확언하는 것은 불가능하다. 분명, 가상공동체는 어떤 영역에서는 해가 될 것이고, 다른 영역에서는 유익이 될 것이다. 인류가 창조하는 모든 것과 마찬가지로 장단점이 있을 것이다.

가상교회 공동체는 신자들 간의 연결고리를 개선할 수 있는 매우 실질적인 가능성을 가지고 있다. 활기찬 마을 사람들이 가상 세계에 모일 수 있게 함으로써, 가상공동체는 도시화를 능가할 수 있다. 전화와 같은 이동 통신 기술이 "사람들을 하나로 묶었다"는 것처럼, 가상 세계도 교회를 하나로 연결할 수 있는 가능성이 상당히 크다. 이 초기 단계에서, 연구는 서로 상충되는 결과를 보여준다. 가상 세계를 예배에 사용하는 사람들은 공동체에서 성장하는 반면, 가상 세계를 죄악스러운 목적으로 사용하는 사람들은 더 고립되는 경향이 있다.[40] 이에 대해 우리가 다른 무언가를 기대할 수 있을까?

현실 세계든 가상 세계든 공동체를 만드는 것은 어렵다. 내가 목회하는 현실교회에서, 우리는 급진적이고 매우 강력한 공동체 창조의 엔진을 발명했다. 우린 그걸 '포틀럭' potluck 이라고 부른다. 포틀럭은 공동체를 만들지만, 사람들이 갈망하는 공동체, 진정한 교회를 본보기로 삼는 공동체를 만들지는 않는다. 가상교회가 공동체 구축을 위해 컴퓨터 매개 통신의 연결성에 의존하는 것만으로는 충분하지 않다. 가상성이 "커뮤니티를 연결성으로 착각하도록 유인할 수는 없다"는 더글러스 그루투이스의 주장은 설득력이 있다.[41] 포틀럭과 컴퓨터 매개 통신은 사람들을 연결하는 데 아주 좋지만, 거기서 멈춰서는 안된다. 가상교회는 현실 세계의 자원을 활용하는 한이 있더라도, 공동체를 형성하기 위한 방법을 찾아야 한다. 다시 말하지만, 중요한 것은 기계가 아니라 사람이다.

가상공동체가 없는 가상 연결의 한 가지 위험은 의도치 않은 허구적 공동체 imaginary community 의 생성이다. 이 맥락에서 허구적 공동체란, 활발한 참여자들이 있는 공동체라고 생각되는 공동체에 한 사용자가 로그인했지만, 실제로는 자신만이 그 시간에 존재하기 때문에 텅 빈 공간에 있는 것을 가리킨다.[42] 잘 알려진 예로, 레이크랜드 교회와 같은 현실교회들은 그 현실 세계의 예배를 재생하기 위하여 웹사사이트의 정적인 스트리밍 기술을 사용하며, VitualChurch.com과 같은 가상교회는 예배를 사전 녹화하여 사용자들이 직접 원하는 예배를 선택할 수 있는 서비스를 제공한다. VirtualChurch.com은 3,650억 개 이상의 다양한 예배 서비스 조합을 자랑한다. 우리는 주문형 on-demand 설교와 예배 서비스를 독특하게 제공할 수 있는 스트리밍 기술과 무작위 생성기의 힘에 박수를 보내지만, 그러한 기술들은 공동체를 육성하지는 못한다 당신은 예배에 참석하지만, 당신은 혼자일 것이다, 레이크랜드 교회 웹사이트에 저장된 예배 보기 공동체 없음, 선택적 포럼 일부, 아마도 제한된 공동체과 함께 Life.Church 인터넷 캠퍼스 방송 서비스에 접속하는 것, 그리고 세컨드라이프 성공회 성당에 참가하는 것 "포틀럭을 제외한 모든 것"이 있는 공동체에는 차이가 있다.

우리는 문제 있는 구성원처럼 행동하여 이러한 차이점을 증명할 수 있다. 레이크랜드 교회의 인터넷 예배를 망치기 위해 할 수 있는 일은 아무것도 없다. 그것은 고정적이고, 공연이며, TV같고, 나는 관객일 뿐이다. 실시간 채팅창에서 불쾌한 발언을 반복함으로써 다른 사람들의 Life.Church의 경험을 방해할 수는 있지만, 예배 자체에 영향을 미칠 수는 없다. 반면, 나, 다른 사람들, 그리고 목사님도 실제로 참석하는 성공회 성당에서는 내가 원하기만 한다면 온갖 추잡한 소리를 지르면서 예배를 망칠 수 있다. 다른 사람들도 내게 조용히 하라고 할 수 있고, 목사님도 현실 교회에서처럼 성당을 나가라고 할 수 있다.[43] 내가 가상교회에서 진짜로 싸운다면, 그것은 내가 진짜 교회에 있다는 증거 아닌가?

인터넷 캠퍼스는 가상교회와 같은 것인가?

대부분의 경우엔 그렇다. 비록 모든 사람이 *인터넷 캠퍼스*라는 용어를 같은 방식으로 사용하는 것은 아니지만 말이다. 북미에서는 소수지만 빠르게 증가하는 교회들이 문어발 개척[multisite] 교회 모델을 따라 가상교회를 만들고 있다. 이들 교회는 단독 가상교회를 세우는 대신 모교회의 여러 지교회 중 하나로써 가상교회를 만들고 있다. 가상교회에 대한 이러한 접근 방식의 초기 예로는 Life.Church와 플라밍고 로드 교회가 있으며, 두 교회 모두 현실 세계와 가상 세계에 여러 개의 예배 장소를 가지고 있다.

교회에 대한 논리적 정의에 맞는다면 인터넷 캠퍼스는 가상교회이다. Life.Church나 플라밍고 로드 교회와는 대조적으로, 일부 교회들은 인터넷 캠퍼스를 가지고 있다고 주장하지만, 이들은 가상교회의 정의에 맞지 않는 것처럼 보인다. 이 캠퍼스들의 일반적인 형태는 녹화된 예배를 일주일 내내 24시간 스트리밍하는 교회들이다. 물론, 스트리밍이나 팟캐스트는 근본적으로 잘못되지 않았다. 이는 TV 전도나 녹음

혹은 녹화된 설교를 듣는 것에 비유할 수 있다. 그러나 TV로 예배를 시청하거나 유명한 목사의 설교를 팟캐스트로 듣는 것은 공동체를 만들지 않기 때문에, 이러한 사례들은 어느 것도 교회라고 규정하기 어렵다. 이런 의미에서 팟캐스트에 인터넷 캠퍼스라는 이름을 붙이는 것은 오해를 불러일으키게 된다. 흥미롭게도 플라밍고 로드 교회는 방송 TV 예배^{화면상 포럼 댓글이 달린}와 인터넷 캠퍼스가 있지만, 인터넷 캠퍼스를 교회로 여기지는 않는다. 차이점은? 공동체 존재 여부이다.

인터넷 캠퍼스는 컴퓨터 통신으로 원격현존하는 기독교 공동체를 건설한다는 점에서 가상교회이다. 성경을 가르치고, 성례전을 행하며, 교회 훈육을 실천할 수 있다는 점에서 가상교회이다. 그러나 만약 허구적 공동체 속 개인들의 집합일 뿐이라면, 그것은 가상교회가 아니다. 인터넷 캠퍼스를 방송이나 스트리밍과 구별하고, 교회의 가상 형태로 만드는 것은 하나님의 사람들의 원격현존이다.

가상 세계에서 진짜인 동시에 건강한 기독교 공동체를 만들기 위해서는 교회가 전반적으로 제자훈련 자료^{스트리밍된 메시지와 팟캐스트 서비스}와 실제 교회^{가상 세계에서 능동적으로 교회가 되는 실제 사람들의 정기모임}를 구분할 수 있는 방법을 찾아야 한다. 이것은 특히 인터넷 캠퍼스의 증가하는 추세와 함께 사실로 보인다. 이러한 구별이 없다면, 많은 사람은 가상 세계에서 공동체를 구성하는 것에 대한 잘못된 이해 때문에, 고립주의와 개인주의를 경험하게 될 것이다. 가상교회에 대한 참여도가 낮을수록, 한 사람이 예배 중에 여러 가지 일을 하거나, 방해받아 파편화된 교회 경험을 하거나, 아예 교회를 경험하지 못할 가능성이 커진다. 좋은 의도를 가진 교회 지도자들이 가상교회의 문을 두드리지만, 대부분은 사람들이 그들의 설교를 이용할 수 있도록 블로그에 게시하고, 웹사이트를 유지 관리하는데 그칠 가능성이 커지게 되는데, 그러면 그들은 자기도 모르게 온라인 공동체를 막게 된다. 하지만, 이러한 유형의 온라인 공동체는 참여와 상호작용이 부족하여 현실 세계나 가상 세계의 교회에서 볼 수 있는 건강한 형태의 커뮤니티와는 거리가 먼 경우가 많다.

가상교회가 단순한 방송 송출이 아니라 부르심으로 연합한 실제 공동체라면 지역사회에 혁신적인 변화를 일으키고, 고립주의와 개인주의의 벽을 허물 수 있는 잠재력이 있다. 생각해 보라. 현실 세계의 목회자로서, 나는 교회 안에 성경적 모임을 세우는 것을 돕는 일에 일주일에 두 시간 정도 할애한다. 평균적으로 사람들은 훨씬 더 적은 시간을 할애한다. 물론 대부분 사람이 교회를 예배드리는 장소로 잘못 인식한다는 문제가 있다. 이러한 상황에 대해 나는 현실적이기 때문에, 돈키호테가 풍차에 돌격하는 것처럼, 현실 세계에서 무모한 행동을 하지는 않는다. 반면에 가상교회는 이 인식을 한 번에 뒤집을 만한 힘을 가지고 있다. 우리는 마이스페이스^{MySpace}, 페이스북, 트위터와 같은 소셜 네트워크 서비스의 인기와 힘, 그리고 그들의 사용자들이 얼마나 정기적으로 연결되어 있는지를 본다. 가상교회는 문을 닫지 않으며, 회원들이 직장, 집, 학교에서 로그인 상태를 유지하면서 네트워크로 연결된 교회 커뮤니티의 다른 사람들을 지원하고, 경청하고, 기도하고, 격려하고, 토론하고, 사랑하기 때문에 24시간 연중무휴로 활동할 가능성이 크다. 내가 만난 대부분 가상교회 목회자는 사역에서 깊은 관계적 측면을 강조했다. 아마도 사도행전 2장 이후 처음으로, 우리는 단순히 교회를 운영하는 것이 아니라 교회됨의 본질에 가장 근접하는 형태의 교회를 갖게 되었다.

앞 장에서 언급했듯이, 나는 가상공동체가 현실 공동체를 대체할
수 있거나 대신할 수 있어야 한다고 제안하는 것이 아니다. 그것은 요
점이 아니다. 오히려 가상교회는 그리스도의 더 큰 몸 안에 있는 또 다
른 형태의 지역교회일 뿐이다. 그리고 여느 공동체와 마찬가지로, 이
공동체 또한 강점과 약점을 가지고 있다.[44] 그러나 원격현존하는 사람
들이 교회로 모이면 하나님은 거기에 계신다.

성육신적 아바타

에노스 안델^{Enos Andel}을 처음 만났을 때, 나는 그를 어디선가 본 듯한 느낌이 들었다. 내가 상상했던 모습과 비슷하긴 했지만, 정확히 일치하지는 않았다. 에노스는 중간 정도의 키에 평균 체격에 가상 세계에서 너무 많은 시간을 보내서 약간 살이 찐 체격이었다. 짙은 갈색 머리에, 면도를 하지 않은 얼굴에 덥수룩한 수염과 또렷한 눈매를 가졌다. 그다지 세련되지는 않았다. 그의 얼굴은 따뜻하지 않았고, 진행 속도가 느려지거나 무언가를 멈추고 기다려야 할 때마다 약간의 짜증이 묻어나는 표정이었다. 참을성이 없어 보였다. 그는 항상 입던 옷차림, 즉 짙은색 클럽 셔츠와 청바지에 갈색 샌들을 신고 있었다.

나는 정신 없이 바빠 누군가와 친해지는 데는 도움이 되지 않는 어떤 사교모임에서 에노스를 처음 만났다. 그는 호스트의 요청을 들어주

느라 너무 바빴다. 두 번째로 만났을 때는 초교파 교회에서 만났지만 역시나 그는 매우 사업적이었다. 세 번째로 만났을 때는 좀 더 호의적 태도를 보였는데, 정기 예배 중이었다. 에노스는 예배가 끝난 후 몇 명과 잡담을 나누다가 불안감이 극에 달해 손만 흔들고 자리를 떠났다. 한 달 정도 후에 다른 초교파 교회에서 그를 다시 만났다. 늦은 시간이었고 캠퍼스는 물론 주변 거리와 건물도 모두 한산했다. 햇빛은 이미 회색빛으로 변해 차가워졌다. 비정규 시간에 교회에 도착해 여러 건물 사이를 이리저리 걸어 다니던 그는 길을 잃은 것이 분명했고, 아마도 담당자를 찾으려는 것 같았다. 저 멀리 잔디밭에는 여러 사람이 커다란 분수대 옆에 앉아 있었다. 나는 에노스가 그들에게 다가가는 모습을 지켜보았다.

내가 분수에 가까이 다가갔을 때, 하나님의 존재와 우주의 다른 신비에 대해 조용히 대화하는 듯한 매력적인 젊은 여성 세 명이 눈에 들어왔다. 에노스가 다가오면서 그들의 대화를 얼마나 들을 수 있었는지 모르지만, 자신을 회의론자라고 밝힌 한 여성이 일어나서 그를 향해 걸어왔다. 그녀는 신체적으로 눈에 띄었다. 굳이 말하자면 키가 크고, 날씬하고, 비율이 좋고, 길고 검은 머리에, 파란 눈을 가지고 있었다. 그녀는 그의 앞에 잠시 멈추어 섰지만 아무 말도 하지 않았다. 에노스는 그녀 앞에서 잠시 멈추었고 여자들은 대화를 멈췄다. 그는 또한 아무 말도 하지 않았고, 적어도 나는 아무것도 들을 수 없었다. 잠시 시간이 흘렀다. 나는 그의 마음을 읽을 수 없었지만, 그 짧은 순간 동안 그가 혼란스러운 다차원적 갈림길에 있었다는 것을 장담할 수 있었다. 그러자 에노스는 어떤 이유에서든 말없이 여자들에게 목례하고 돌아서 분수와 교회의 텅 빈 캠퍼스를 벗어나 도로 위로 향했다.

내가 에노스를 마지막으로 본 것은 일주일 후 우리가 우연히 그리스 정교회를 동시에 방문했을 때였다. 추운 날, 밖에 눈이 내려 교회의 비잔틴 건축물은 거의 신비로움을 드러내고 있었다. 에노스는 교회 벽의 바닥에서 천장까지 배치된 정교한 이콘에 심취해 있었다. 나는 그를 그곳에 두고 왔지만, 그는 내가 그 건물을 떠났다는 것을 눈치채지 못한 것 같았다.

내가 에노스 안델이다. 에노스 안델은 세컨드라이프의 내 아바타이다. 그가 더 나를 잘 드러내는지 아니면 내가 더 에노스를 잘 드러내는지, 나는 아직도 모른다. 그와 내가 앞으로 어떻게 가상 세계를 경험하게 될지는 두고 볼 일이다.

가상 세계에서 교회가 된다는 것은 가상 세계로 들어가는 것을 의미하며, 가상 세계로 들어가 항해하기 위해서는 어떤 의미에서 아바타를 사용하거나, 아바타가 될 수 있는 사람이 필요하다. 내가 참석해서 가상교회의 공동체에 참가하면 아바타로 참여한다. 지구상 수백만 명의 사람들은 일하거나, 쇼핑하거나, 잠을 자거나, 먹거나 하는 것만큼 많은 시간을 아바타처럼 살아간다. 앞으로 10년 안에 선진국에 사는 사람이 일상 활동에 아바타를 정기적으로 사용할 것이라는 연구 결과가 나왔다.[1] 아바타에 관한 모든 것들이 교인들에게 많은 흥미를 유발하지만, 우리가 가상 세계의 사람들에게 다가가려면 아바타를 먼저 이해해야 한다.

아바타는 하나님을 알 수 있는가? 하나님의 백성들은 영적 성장을 아바타로 경험할 수 있는가?

가상 정체성

앞장에서 사람들이 가상 세계에 입장할 때 그들의 존재는 실재한다고 설명했는데, 현대 서구 세계관의 엄격한 관념에서 말하는 것은 아니다. 우리는 컴퓨터 매개 커뮤니케이션을 사용하여 우리의 활동을 확장해 가상 세계에 존재하며, 가상 공동체가 존재하고 번영할 수 있도록 하는 것이 우리의 실존이다. 그러나 그것은 그리 간단하지 않다. 왜냐하면 가상 세계에는 우리와 다른 사람들 사이를 분리하는 층이 있기 때문이다.[2] 가장 눈에 띄는 층 중 하나는 각 개인이 자기표현을 위해 아바타를 사용하거나 심지어 정체성 형성을 위해서도 아바타를 사용하는 것이다. 아바타는 가상 공동체가 형성되는 유일한 통로이기 때문에, 아바타는 "가상 세계의 중심"에 서 있다.[3]

가상 세계에서 아바타는 근본적으로 "가상 환경 내의 자아 표현이다."[4] 내가 세컨드라이프와 같은 3D 가상 세계에 들어가면, 나는 아바타를 통해 나를 볼 수 있고, 세컨드라이프의 다른 거주자들 역시 아바타를 통해 나를 본다. 내 아바타는 고해상도이며 가상 세계에서 나를 대표할 수 있도록 완전히 사용자 지정이 가능한 모습이다. 하지만 그것 뿐만이 아니다. 아바타는 또한, 많은 사람들이 연습 삼아 선택했을 가능성이 있는 새로운 정체성의 가능성을 나타낸다. 삽처럼, 어떤 사람들에게 아바타는 단순히 일을 성취하기 위해 사용되는 도구이다. 내가 세컨드라이프에 처음 가입했을 때, 나의 첫 시도는 기본적으로 실제의 "나"를 아바타로 표현하는 것이었다. 아마도 성의 없는 모습이었을 것은 나도 안다. 그러나 어떤 사람들에게는 실제의 자신과는 다른 아바타를 만들고자 하는 욕망이 있고, 자신과 다른 아바타 정체성을 만들어서 역할극을 하려는 욕구도 있다. 그들에게 아바타는 완전히 새로운 정체성처럼 자기와는 완전히 다른 사람을 의미하기도 한다.

이렇게 생각해보자. 일요일에 내가 현실 교회에서 아침 예배를 드리고 나서, 교회에서 온 사람들과 점심을 먹으러 외출한다면, 사람들은 내가 더글러스일 뿐만 아니라 더글러스 목사라는 사실을 잘 알고 있다. 내가 "목사"를 나의 진짜 정체성으로 여기지 않아도, 사람들은 그것이 나의 진짜 정체성인 것처럼 나에게 말한다. 그리고 나 역시도 대부분의 경우에는 실제로 내가 그들에게 어떻게 말하고 싶은가 보다는 "목회자스럽게" 그들에게 대답한다. 이러한 유사성은 가상 세계에서도 마찬가지인데, 사람들은 보디빌더나 엘프, 혹은 토스터 오븐같은 아바타를 선택하고 사용할 뿐만 아니라 종종 자신이 보디빌더나 엘프, 혹은 토스터 오븐인 것처럼 행동하거나 때로 더 정확하게는 그렇게 살아가는 것을 선택하기도 한다.

더 구체적인 예시를 보자. 나는 세컨드라이프에 살고 나는 에노스 안델의 역할을 맡아 그가 된다. 사람들이 나에게 말할 때, 그들은 나를 더글러스가 아니라 에노스라고 부른다. 내가 교회에 가면 사람들은 "안녕, 에노스!"라고 말한다. 나는 에노스의 옷을 골라서 에노스가 어디로 가는지 결정할 수 있지만, 그의 정체성은 나와는 다르다. 이것은 하나 이상의 아바타를 가진 사람들에게 훨씬 더 명백해진다. 여러 개의 아바타를 가진 사람들은 자연히 각각의 아바타에 대해 별개의 정체성을 창조하는 경향이 있다.

어떤 사람들은 새로운 성격을 가진 아바타를 만드는 정도까지에는 이르지 않을 수도 있지만, 아바타가 더 현실적으로 보일수록 사람들이 그들에게 기본적인 정체성을 부여할 가능성이 더 높다는 것은 사실이다.[5]

육신이 없는 삶

공상과학소설 『뉴로맨서』*Neuromancer* 의 작가이자, 사이버 공간Cyber-space 이라는 단어의 창안자인 윌리엄 깁슨William Gibson 은 우리의 가상 형태를 "데이터로 만든 육신"이라고 부른다.[6] 다른 방식으로 말하자면 가상 세계에서 우리 존재는 우리 마음, 정신, 영혼이 실제의 육체 속에 "담겨" 있는 것처럼, 일종의 "몸"에 담겨 있어야 한다는 것이다.[7] 가상 세계의 거주자들은 그들 자신을 나타내기 위해서 뿐만 아니라, 다른 사람들이 볼 수 있는 정체성을 형성하기 위해서도 몸을 사용한다. 이 몸이라는 말은 일부 교회 사람들이 가상 세계에 대해 우습게 느끼도록 만드는 가짜영적 언어pseudospiritual language 의 한 형태이다. 하지만 그것은 중요하지 않다. 그 이유는 이렇다. 만약 여러분이 이 책을 읽고 있다면, 여러분이 아바타에 대해 무엇을 느끼든 간에, 여러분은 이미 적어도 하나 이상의 아바타를 가지고 있다. 사실 이 책을 읽는 여러분 중 98%는 이미 여러 개의 아바타를 가지고 있다. 이상하지 않은가? 내가 증명해 보겠다.

인터넷과 가상 세계는 마치 육체 없는 뇌가 이상한 전자 창공을 떠다니는 것처럼 나쁜 평판을 받지만, 그것은 공상과학이지 현실이 아니다.[8] 한 사람이 가상 세계에 로그인하면, 그 사람은 네트워크화된 공동체에 원격현존하게 된다. 가상 세계에서 사람이 "순수한 정신" 상태로 존재할 수는 없다. 인간은 그런 식으로 작동하지 않는다. 대신 그 사람은 아바타인 "가상 몸체"를 가지고 있어야 한다. 아바타를 유형화하고 커뮤니티의 다른 사람들과 구별하기 위해서이다. 아바타는 가상 세계의 사람들이 서로를 식별하는 역할을 한다.

당신이 이메일 주소를 가지고 있다면, 당신은 아바타를 가지고 있는 것이다. 이메일 주소가 douglas@simchurch.com이든 ilovemillivanilli@gmail.com이든 상관없이, 이것은 가상 환경 내의 당신에 대한 기본적인 표현이자 기본 수준의 아바타로써 가상의 정체성을 형성한다. 최초의 아바타 중 일부는 훨씬 더 단순했다. 가상 세계가 처음 등장했을 때, 연구자들과 과학자들은 텍스트 기반 세계에서 자신을 식별할 방법이 필요했고 그렇게 할 수 있는 라벨을 만들었다. 그것들을 1970년대의 트럭 운전사를 주인공으로 하는 3류 영화에서 나오는 "핸들"handle: 호출명 이라고 생각해 보라. 이 호출명이나 아바타가 없다면 컴퓨터 매개 통신은 불가능할 것이다. 단순한 텍스트 기반 게시판에서 시작하여, 가상 세계가 커뮤니티에서 여전히 인기 있는 2D 표현에서 세컨 드라이프와 같은 3D 공간으로 발전하면서, 자신을 표현하는 품질과 정체성을 만드는 능력도 향상되었다. 오늘날 우리가 말하는 아바타는 호출명에서 다듬어진 사진으로, 그리고 몸 전체와 고해상도 표현에 이르기까지 발전하였다. 진화가 거듭될수록 가상 정체성을 형성하는 힘이 세졌을 뿐만 아니라, 기술이 낯설게 느껴지는 사람들 사이에서는 불확실성도 커졌다.

현실을 직시하자면, 아바타가 되기 위한 기독교인들의 큰 딜레마 가운데 하나는 "아바타"라는 단어가 기독교가 아닌 타종교에서 유래했다는 점이다. 그 단어의 본래 의미는 우리의 믿음 체계와 모순된다. *아바타*는 "강림"이라는 뜻의 산스크리트어에서 온 것으로, 힌두교 신학에서는 신이 인간 형태로 내려와 현현한다는 의미를 담고 있다. 따라서 크리슈나와 라마는 인간의 모습으로 지상에 온 동일한 신 비슈누의 중요한 아바타이다. 하지만 기독교인들은 아바타를 부인하며 믿지 않는다. 메시아인 예수는 아바타가 아니었다. 왜냐하면 그는 신의 현현으로 이 땅에 오지 않았기 때문이다. 예수님은 메시아다. 왜냐하면 성자 하나님이 어떤 식으로든 신성을 포기하지 않고 인간이 되었기 때문이다요 1:14. 그는 인간으로 탈바꿈된 것이 아니다. 그는 인간이었다. 우리는 이것을 강림이 아닌 성육신이라 부른다. 왜냐하면 예수는 육신을 입은 것이 아니라, 육신이 되었기 때문이다. 한편 우리는 힌두교의 종교 예술에서 신의 강림을 다룬 것, 그 중에서도 하나 이상의 신성한 아바타가 다양한 활동을 하는 사람들로 나오는 장면을 종종 볼 수 있다. 이 신성한 아바타는 보통 사람들과는 다르게 자주 표현된다. 예를 들어, 비슈

누의 아바타 중 하나인 크리슈나는 어두운 파란색으로 비추어져, 보는 이들에게 이것이 인간의 육체에 담긴 신성한 존재인 것을 알게 한다. 가상 세계에서 아바타는 단순한 물체가 아니라, 다른 사람에게 자신의 정체성을 알리는 역할을 한다. 곧 정체성을 창조하는 데 도움이 되는 호출명, 프로필, 또는 서명이 있을 뿐이다. 어떤 사람이 가상교회에서 아바타를 이용해 하나님을 예배한다고 해서 성경적이지 않거나 기독교적이지 않은 것은 아니다.

그러나 일부 사람들은 여전히 납득할 수 없을 것이다. 성서적 관점보다는 존재의 의미에 대한 우리의 학습된 감각과 훨씬 더 많은 관련이 있는 이원론적인 영육의 분리 개념은 가상교회를 계속 괴롭히고 있다.[9] 일부 전통주의자들은 가상교회 참석자들이 그들의 육신을 따로 남겨두기를 원한다는 개념을 제기한다. 가상교회에 대한 주제로 토론하는 블로그나 포럼을 접할 때마다, 가상교회를 주장하고 아바타로 예배를 드리는 것이 그저 현대식 영지주의의 한 형태일 뿐이라고 답글을 올리는 사람이 항상 있다.

정말 그럴까?

사실 그렇지 않다. 우리는 종종 기독교인들이 현대 신앙 운동이 고대 이단과는 다르다고 말하는 것을 듣는다. 몇몇 경우에는 타당한 이유가 있으며, 유사점도 존재한다. 다만 이 경우 가상교회의 실천과 신학을 영지주의 사상과 비교하는 데는 많은 종류의 문제가 있다. 가장 큰 어려움은 사실 영지주의 사상 그 자체는 존재하지 않는다는 것이다. 영지주의는 널리 알려졌지만 잘 이해되지 않고 잘 알려지지 않은 개념들의 잡동사니이다. 영지주의에 대해 막연하게는 할 말이 많으나, 구체적으로는 매우 적다.[10] 우주를 떠돌던 악마와 싸우기 위해 사악한 육체의 감옥에서 빠져나와 영들을 자유롭게 하기 원하는 고대 이단 종파, 곧 영지주의와 원격현존 예배는 어떻게든 관련이 있다고 말하지만 정확한 것은 거의 없다. 의사소통과 현존을 용이하게 하기 위해 기술을 사용하는 것은 모든 육체를 거부하는 것과는 거리가 멀다. 사실, 영지주의와 주류 가상교회나 인터넷 캠퍼스 사이에는 신학적이거나 실제적인 유사점이 없다. 이 교회들 중 거의 대부분이 개신교 주류로부터 그들의 신학과 선언 모델을 가져왔다.

보다 유익하고 사려깊은 관심은 가상교회가 보다 플라톤적인 형태의 기독교를 길러내는 것은 아닌가에 대한 질문이다. 플라톤의 사상은 서양인들이 믿는 거의 모든 것의 밑바탕에 깔려 있다. 그들이 그것을 인정하든지 인정하지 않든지, 다수의 서양 기독교인은 그들의 세계관을 순수한 성경의 가르침보다 플라톤의 철학에 기초한다. 플라톤의 사상은 아우구스티누스, 아타나시우스, 토마스 아퀴나스 같은 중요한 기독교 신학자들에게 영향을 미쳤으며, 이들 각각의 사상은 많은 현대 신학의 밑바탕에 깔려 있다. 인격에 관한 한, 플라톤은 사람들이 서로 다른 두 개의 세계, 곧 변화무쌍한 물리적 세계와 안정적이고 이상적인 천상 세계에 동시에 속한다고 믿었다. 그는 사람의 영혼은 천상 세계 즉 우월한 세계에 속하고, 사람의 몸은 우리가 지금 살고 있는 열등한 세계에 속한다고 믿었다. 플라톤은 플로티누스와 같은 그의 후대 추종자들처럼 물리적인 세계를 부정하지 않았다. 그는 단지 행동보다 이데아를 더 특별하게 여겼다.

점점 더 많은 사람들이 가상 세계로 이주하고 거주하면서 더욱 세

심처치 SimChurch : 디제라티 digerati 와 가상교회

밀하고 개인화된 아바타를 만들어갈수록, 우리의 물리적인 몸보다 정신과 마음에 더 많은 특권을 부여하게 되어 교회를 더욱 플라톤화하는 유혹이 커지고 있다.[11] 우리는 이것이 사회적 행동이나 실제적인 사역보다는 대단한 토론과 이상적인 개인적 도덕에 중점을 두고 있는 것을 볼 수 있다. 그러나 정통 성서신학은 육체에 대한 영혼의 특권을 부여하지 않는다. 성경에 따르면, 우리의 몸, 마음, 영혼, 그리고 정신은 모두 사람을 구성하는 일부이다.[12] 질적인 차이는 있지만 본질적인 구별은 아니다. 영원한선재하는 영혼이란 없다. 우리는 하나님이 창조한 "피조물로써 창조에 포함되어 있으며",[13] 구원받을 수 있고, 그분의 창조세계 안에서 영원을 상기시키는 시간을 보낼 수 있지만, 이것은 우리 영혼에 내재된 소유권이나 가치에 의한 것이 아니라, 하나님의 은혜 때문이다. 사실, 우리 몸은 우리 영혼과 마찬가지로 구원받을 수 있고롬 8:23 이 땅에서 하나님의 임시로 거하시는 처소이다고전 6:19. 물론, 이러한 생각은 플라톤에게는 터무니없다고 생각될 수 있다. 플라톤과 데카르트의 철학이 서양 정신에 깊이 박혀 있더라도, 우리가 하나님의 교회를 그에 맞추려고 할 때 이러한 철학은 우리를 배반하게 된다.

가상교회가 육체보다 정신과 영혼을 우선시할 위험이 있다면, 그것은 철학적 주제 때문이 아니라 교회의 모든 반복되는 일상마다 서로 다른 강점과 약점을 가지고 있기 때문일 것이다. 현실 교회에서 일요일에 나와 예배팀은 사람들과 노래하고 춤추고 말하고 손을 흔드는 데 아무런 문제가 없다. 우리가 걱정하는 것은 과연 우리가 그들을 마음과 진심으로 예배에 참여시키고 있는가이다.[14] 우리는 현실 교회의 많은 목사와 지도자처럼 우리의 예배를 디자인한다. 경험에 비추어 보면, 평균적으로 가상교회에 다니는 사람들은 전형적인 현실교회처럼 마음과 뜻이 적어도 연결되어 있어서 가상교회가 구성원들의 몸을 참여시키기 위해 교회를 설계해야 할 것이다. 성경은 우리가 몸으로 하나님을 찬양해야 한다고 우리에게 말한다 고전 6:20; 롬 12:1 참조. 몸의 참여는 건강한 가상교회에서도 충분히 가능하고 합리적이지만, 이를 위해 추가적인 노력이 필요하다. 우리가 현실 교회에 있든 가상교회에 있든, 우리는 사람들이 모든 마음, 뜻, 정신과 힘을 다해 하나님을 사랑하고 섬길 수 있도록 도와야 한다고 부름을 받았다 눅 10:27.

다중 우주의 가면

이제 아바타의 본질을 이해했으니, 가상교회에서 아바타가 어떤 역할을 할 수 있을지를 살펴보자. 이번 장의 첫머리에서 나는 다음과 같은 질문을 던졌다: "아바타들이 하나님을 알 수 있을까?" 아니다. 아바타는 사람이 아니기 때문에 예배를 드릴 수도 없고, 제자화 될 수도 없고, 구원을 받을 수도 없다. 그러나 반드시 그렇지만도 않다. 아바타는 가상 세계에서 사람의 이름과 정체성, 즉 상징이다. 다만 아바타 그 자체가 하나님을 알 수 없는 것은 사실이지만 실제 사람들의 픽셀화된 표현과 정체성에 불과하기 때문에, 사람은 하나님을 아는 정체성을 지닌 아바타를 만들 수 있다는 것은 분명하다. 다시 말해, 사탄주의자 아바타에 지루함을 느낀 세컨드라이프 사탄주의자가 언젠가 기독교인 아바타를 만들기로 결심할 수도 있다. 사탄주의자는 아마 아바타를 통해 기독교인처럼 말하고 행동하며 하나님을 아는 척까지 할 것이다. 그래서 어떤 의미에서 아바타는 — 그들 뒤에 있는 실제 사람을 통해서 혹은 아바타 정체성을 통해서 — 예배할 수 있고, 제자가 될 수 있고, 구원을 찾을 수 있다. 그러나 엄격히 말하면 아바타가 구원받는 것은 불가능하다. 구원을 받는 것은 그 아바타 뒤에서 활동하는 사람이다.

또 다른 질문이 이어진다. 하나님의 사람들이 아바타로서 영적인 성장을 경험할 수 있을까? 이 질문은 대답하기가 그리 간단하지 않다.[15] 아바타를 사용하는 사람들은 예배하고 훈육받고 구원을 찾을 수 있다. 아바타 형태로도 그렇게 할 수 있다. 사실, 아바타로서 하나님을 예배하는 사람들은 현실 세계에서 아바타 없이 예배하는 사람들만큼이나 쉽게 하나님을 예배할 수 있다. 현실 세계의 사람들은 다른 표현 방식을 가지고 있다는 것을 기억해야 한다. 우리는 이것에 대해 7장에서 더 이야기하겠다. 가상 세계는 아바타로 가득 차 있다. 그곳을 통해 사람들은 그들의 다양한 플랫폼으로 하나님을 찬양할 수 있다. 수치상으로 말하면, 가상 세계는 이 땅에서 가장 미개척지이다. 이에 관하여 무엇이라도 해보자.

사람이 자신을 위한 프로파일, 호출명, 그리고 캐릭터를 만들 때, 그것은 그들의 일부가 된다. 그들의 존재에 대한 본질적인 의미에서가 아니라 상징적으로 말이다. 이것은 현실 세계에서도 동일하다. 우리는 우리의 이름, 우리가 좋아하는 옷, 또는 개인적인 애장품을 중요시한다. 그것들은 우리가 독특한 정체성을 만드는 데 도움을 준다. 만약 내가 내일 아침 잠자리에서 일어났을 때 내 동의 없이 내 웹사이트나 이메일 주소를 팔았던 운영자들이 발견된다면, 나는 강등된 등급으로 인하여 분노할 것이다. 그들은 내 가상 신분을 훔쳤다. 우리 대부분은 이

사할 때 휴대폰 번호가 변경되기를 원하지 않는다. 현재 사용 중인 아바타를 폐기할 가능성이 있는 사용자의 숫자는 어느 정도 있겠으나, 앞으로 꾸준히 줄어들 것으로 보이고,[16] 고품질의 3D 아바타가 인기를 끌수록 우리는 아바타를 우리 자신의 자연스러운 확장으로 보게 될 것이다.[17] 온라인뿐 아니라 오프라인에서도 마찬가지로, 아바타는 우리의 개인적 정체성의 중요한 부분을 형성할 것이다.[18] 디지털 세대로 태어난 대부분 사람에게는 아바타를 잃어버릴 가능성조차 매우 고통스럽다.[19] 아바타 표현이 우리 본질에 가까울수록, 우리는 그것을 우리 자신의 확장으로 본다. 내가 ilovemillivanilli@gmail.com보다 douglas@simchurch.com를 더 소중히 여기는 것처럼, 대부분 사람이 매우 실제적이고 가상 세계를 초월하여 자신을 표현하는 데 훨씬 더 관심을 기울이게 될 것이다. 사실, 한국과 같은 일부 문화권에서는, 사용자가 아바타를 꾸미는 것이 이미 큰 사업이 되었고, 어떤 사람들은 최신 유행을 따르는 완벽한 아바타를 만드는 데 수천 달러를 소비한다.

온라인에 관한 자극적인 뉴스 보도들은 우리에게 인터넷 상의 모든 사람이 그들의 신분을 속이고 화면 위 이름이나 아바타 뒤에 숨어 있다고 믿게 한다. 하지만 우리는 모두 이 뉴스가 대체로 2퍼센트 정도의 이상한 사람들에 초점을 맞춘다는 것을 알고 있다. 내가 대화한 가상교회의 모든 목사는 그들의 경험으로부터 신분을 속이는 가짜가 일반적인 것이 아니라 예외적이라는 것을 발견했다. 물론, 자신의 신분을 숨기고 다른 다수의 사람들을 위한 파티를 방해하고 싶어하는 장난꾸러기들은 몇 명이든 항상 존재할 것이며, 순수하지만은 않은 사람들도 항상 있을 것이라는 사실을 부정하는 것은 아니다. 우리는 가상교회에서 뭔가 다른 걸 기대해야 할까? 아니다. 왜냐하면 우리는 현실 세계에서 같은 정체성 문제에 직면하기 때문이다. 현실 세계에서도 가상 세계와 마찬가지로 윤리적 이유가 아니더라도 자기 정체성의 숨기거나, 자신의 정체성 특정 부분을 숨기려는 사람들이 있다. 예를 들어, 여러분의 현실 교회에 있는 수많은 사람들이 일상생활에서 그들의 진정한 영적 정체성을 숨기고 있다는 점을 충분히 장담할 수 있다. 그들이 일하러 가고 쇼핑몰에 가며, 저녁을 먹으러 가고 공원을 산책하는 동안 만나는 대부분 사람이 그들이 그리스도를 따르는 자인지 아니면 로키^{역자주-북유럽 신화에서의 파괴의 신}의 추종자인지 전혀 알지 못한다. 서양인의 대부분이 중산층의 진지함과 수용성 뒤에 숨는다. 심지어 목회자들도 식료품점에서 교인들과 마주치지 않기 위해 교회와 떨어진 곳에 집을 사서 신분을 숨기기도 한다. 인간이 사는 모든 세계에는 정체성 문제가 있으며, 앞으로도 계속 있을 것이라 해도 과언이 아니다.[20] 이 모든 것과 대조적으로, 가상 세계는 내가 예수님을 위해 내 삶을 살고 있다는 것을 위협적이지 않으면서도 정직하다는 것을 어렵지 않게 밝힌다. 내 아바타 프로필에 접근하는 모든 사람은 내가 세컨드라이프 기독교인이며 몇몇 가상교회의 일원이라는 것을 알고 있다. 숨길 수는 있지만, 숨기기는 쉽지 않다. 가면은 신분을 감출 수도, 정체성을 드러낼 수도 있다. 가면은 현실 세계와 가상 세계 모두에 존재한다. ^{더 자세한 내용은 7장에서 설명하겠다.}

예수님을 위한 라이프로깅

우리가 디지털 혁명의 다음 물결에 직면함에 따라, 정교하거나 지능적인 라이프로깅이 선두에 설 것이다. 라이프로깅은 "일상적인 경험과 사물과 사람을 위한 정보를 캡처, 저장, 배포하는 것"이다.[21] 몇 세대 전, 라이프로깅은 가족 구성원의 출생, 결혼, 사망 날짜를 가족 성경에 쓰는 것을 포함했다. 오늘날, 우리가 쓰는 블로그나 우리가 만드는 개인 웹사이트처럼 우리가 행하는 라이프로깅들 중 일부는 의도적이다. 하지만 컴퓨터는 우리 모두의 많은 부가적인 정보를 기록한다. 우리가 그것을 깨닫든 깨닫지 못하든, 우리의 이메일, 업로드된 사진, 우리의 포럼 게시물들은 모두 우리의 미래 세대를 위한 삶을 기록한다. 당신의 3대 후손은 당신이 이 책에 대해 어떻게 느꼈는지 아마존 리뷰를 통해 알게 될 것이다.[22] 솔직히 말해서, 나는 나의 고조부모님 성함이 무엇인지, 그분들이 읽고 좋아했던 ^{또는 싫어했던} 책이 무엇인지 전혀 알지 못한다. 영구적인 라이프로깅의 전망은 우리가 어떻게 사는 것이나 어떻게 교회가 되는가에 어떤 영향을 미칠까?

현실 세계에서 가면을 쓰는 것이 더 쉬운지 가상 세계에서 가면을 쓰는 것이 더 쉬운지를 보통 사람들에게 묻는다면 거의 모든 사람이 가상 세계라고 말할 것이다. 뉴스 매체와 화려한 일화들이 이러한 생각을 더 확신하게 했다. 그러나 앞서 논의한 바와 같이, 이것이 반드시 사실은 아니며, 미래 기술이 발전함에 따라 점점 더 사실이 아니게 될 것이다. 나의 가상으로서의 존재는 감추기 어려운 나에 대한 사실들을 기록한다. 세컨드라이프에서, 언제 내가 온라인에 접속하는지, 그리고 내가 어디에 있는지는 누구나 알 수 있다. "가상교회… 음, 나는 그냥 둘러보고 있었을 뿐이다." Fatwallet.com에서, 내 식별정보를 아는 사람은 내가 기독교 서점에서 판매를 한 사람을 위해 긍정적인 평점을 남겼다는 것을 볼 수 있다. "이뻐, 좋은 거래였어!" 마이스페이스에는, 교회 친구라면 누구나 "예수님은 당신을 사랑하십니다!"라는 글을 세상이 볼 수 있도록 올릴 수 있다. "아, 음, 나는 종교적인 친구가 몇 명 있다. 모든 사람이 그렇지요?"

현실 세계에서 우리는 사람들이 예수 그리스도의 복음에 부합한 삶을 살도록 독려한다. 가상교회는 가상 세계에서 같은 방식으로 사람들을 독려 할 수 있다. 어떤 세계에서도 일치된 삶을 사는 것은 충분히 가능하다. 두 세계 모두에서, 사람들은 같은 이유로 같은 방식의 마스크를 쓰고 싶어 한다. 유일한 차이점은 마스크의 질이다.[23] 두 세계 모두에서 다른 사람들은 우리의 행동과 살아가는 방식을 볼 것이다. 우리가 어떻게 사는지가 우리 주변의 많은 사람의 믿음을 형성할 것이다[벧전 2:9-12]. 어떤 면에서는, 내가 하는 많은 말과 행동이 누구나 검토할 수 있도록 "기록으로" 남기 때문에 가상 세계에서야말로 더 위험이 크다.

한 세컨드라이프 사용자는 "[가상교회에 등록한 후] 세컨드라이프를 사용하고자 하는 개인적인 욕망은 같았지만, 저의 아바타의 '생활방식'을 바꾸기 시작했습니다. 저는 아바타에 대해 더 잘 알게 되었습니다. '성인용'이라고 표시된 지역의 클럽과 카지노를 거니는 것이 그다지 편하지 않았습니다." 또 다른 이는 "일요일에는 돈을 벌 기회를 찾는 것을 그만두고, 대신 예배에 참석할 수 있을 만큼만 세컨드라이프에 로그인했습니다. 마치 제 아바타가 좀 더 기독교적인 생활방식으로 옮겨간 것 같았어요"라고 증언했다.[24] 하지만 우리가 자신의 삶의 기록들을 돌아본다고 해서, 가상이나 현실에서 그것들이 무엇인가를 드러낼까?

온라인을 모험하는 사람은 누구나 하나님에 대한 그들의 헌신과 섬김에 대한 강력한 라이프로그를 만들 수 있다. 현실 세계에서도 이것이 가능하지만, 가상 세계 거주자들에게는 거의 자동적인 것처럼 보인다. 현실 세계와는 대조적으로, 가상 세계는 일반인들이 자신의 삶의 기록을 통해 다른 이들에게 신앙심을 훨씬 더 일관성 있게 보여줄 수 있는 방법을 제공한다. 솔직히, 나는 고조할아버지가 신앙인이었는지 아닌지 모른다. 나는 그가 그리스도를 위한 삶을 살았는지 아닌지 아는 바가 없다. 하지만 나의 고손자·고손녀들은 내 삶에 대해 알게 될 것이다. 내 삶의 기록된 자료로부터 말이다. 그렇기에 그 자료를 의로운 기록으로 만드는 것이 내게는 좋다.

우리는 가상 세계에서 아바타로서 다른 사람들에게 생명을 불어넣는 힘을 가지고 있지만, 우리의 가상 정체성은 다른 사람들에게 "예수를 위한 진실한 사람"이라고 말하는가, 아니면 "장난치고 싶다"고 말하는가? 현실 세계와는 달리, 우리가 가상 세계에서 자신을 어떻게 대변하는지는 훨씬 더 분명하게, 모두가 볼 수 있도록 기록되어 있다. 현실 교회가 현실 세계의 사람들에게 영향을 미칠 필요가 있는 것처럼, 가상 교회는 가상 세계의 사람들에게 영향을 미칠 필요가 있다. 이러한 영향을 미치는 훌륭한 방법 중 하나는, 가상교회가 가상 기독교인들의 생생한 간증을 하나님의 대언자로서 우리 세계에 영구적인 증거로 활용하는 것이다. 이러한 간증들은 원격현존과 컴퓨터 통신의 힘과 결합하여 가상교회들에게 그리스도의 완전한 헌신적인 제자들 — 그리고 아바타 — 를 만들어 내는 전례 없는 기회를 제공한다.

그리스도께 전적으로 헌신하는 아바타

사람들을 다루는 것은 항상 양날의 검이다. 산호세 주립 대학에서 영어를 전공하고 있는 20세의 러셀은 특히 여름에는 최고 레벨의 오크 전사 계정으로 일주일에 60에서 80시간 정도 월드 오브 워크래프트를 한다. 나는 어느 날 오후 점심 식사 후에 그에게 게임 플레이에 관해 물었다. "월드 오브 워크래프트의 가장 좋은 점은 사람입니다"라고 그가 대답했다. 최악이 아니고? "최악인 점도 사람입니다." 우리가 가상 세계로 들어갈 때, 우리의 아바타들은 아바타를 만나게 된다. 좋든 나쁘든 간에, 그러한 아바타들은 진짜 답을 찾는 진짜 질문을 가진 실제 사람들을 나타내고 식별한다.

에노스 안델이 가상교회에서 기도하는 그림

Life.Church의 혁신적인 목사 바비 그뤤왈드는 "지금까지 제가 발견한 것은 세컨드라이프에는 단순히 아바타 뒤에 숨어서 평소에는 하지 않던 말이나 행동을 실제로 하고 싶어하는 사람들이 분명히 있다는 것입니다. 그러나, 바로 이러한 억제되지 않은 상태가 사람들이 현실에서는 편하게 탐구하지 못할 하나님에 대한 질문을 하게 만듭니다. 아바타를 만드는 것은 사람들이 하나님에 대해 더 많이 탐구하는, 위험 부담이 매우 적은 방법이 됩니다"라고 설명한다.[25]

이러한 개방성을 설명하기 위해, 내가 어느 날 세컨드라이프에서 사람들과 복음을 나누기로 했다고 가정해 보겠다. 그러나, 사실 내가 그것을 사람들과 직접적으로 나눌 수는 없으며, 아바타와 대화하여야 한다. 그것이 가상 세계에서 사람들이 생각하는 자신의 정체성이기 때문이다. 그래서 나는 아바타와 소통하고, 그 나눔의 대상이 되는 아바타는 에노스 안델이 자신과 소통하고 있다는 것만 알게 된다. 그 아바타를 매개로 사용하는 사람인 더글라스 에스테스가 누구인지 모를 뿐 아니라, 결코 알아내지 못할 수도 있다. 내가 프로필을 공개한다면, 그들은 알 수도 있지만 그들은 알고 싶어 하지 않을 수도 있다. 가상 세계에서 모험을 해보지 않은 사람들에게 이것이 이상하게 들릴지 모르지만, 아바타를 통해 사람과 소통하기 위해서 때로는 당신이 먼저 아바타와 관계를 맺어야 할 수 있다.

내가 불가지론자인 에릭이라는 실제 인물의 아바타인 아나키 존스 Anarchy Jones, 역자 주-무정부주의 색채를 가진 아바타 와 대화하고 있다고 가정해 보자. 에릭의 생각에는 아나키 존스가 허무주의적이다. 에릭은 현실에서와 다른 규칙으로 사는 것이 멋지다고 생각했다. 만약 내가 아니라 에노스가 아나키 존스를 교회로 초대한다면, 누가 응답할지 모르겠다. 에릭은 약간의 마음을 열 수도 있지만, 아나키 존스가 결코 교회의 문을 넘지 않

심처치 SimChurch : 디제라티 digerati 와 가상교회

을 것이라는 것을 잘 알고 있다. 그 시점에서 나는 결정을 내려야 한다. 에릭에게 다가가려고 시도해서, 그가 아나키 존스를 버리고 가상교회를 체험해 볼 수 있는 더 온화한 '구도자 존스'Seek Jones 아바타를 채택하게 할 수도 있다. 아니면 '예수를 위한 허무주의자들' 집단Nihilists 4 Jesus Party을 만드는 것이 더 나을 접근 방식이라고 결정할 수도 있다. 이 경우 에릭은 아나키 존스를 보내도 괜찮다고, 나아가 좋을 것이라고 생각할 수도 있다. 에릭은 아나키 존스를 통해서 복음을 들을 수 있다. 그러나 에릭은 에릭 자신이 아닌 아나키 존스가 파티에 가고 복음을 듣는다고 생각할 것이다. 사실, 에릭은 아나키 존스가 기독교로 개종하고 아바타를 '아나키4예수 존스'Anarchy4Jesus Jones로 바꾸는 것이 멋지다고 생각할 수도 있지만, 에릭 자신은 결코 개종하지 않을 수도 있다. 혹은 에릭이 개종하더라도 여전히 이교도 아바타를 유지할 수도 있다. 이 경우 우리는 에릭의 문제에 대해 더 명확하게 말한다. 이것은 극단적인 예일 수도 있지만, 가상 사역은 현실 세계 사역만큼 복잡할 수 있다.

가상 세계의 목회에 관련된 사람이라면 누구나 사람들이 어렵지만 대답해야 하는 진정한 질문을 현실 세계보다 가상 세계에서 훨씬 더 자유롭게 질문하리라는 것을 안다. 매우 현실적인 의미에서, 이러한 억제력의 완화는 한 사람이 현실 세계보다 가상 세계에서 그리스도의 완전한 헌신적인 제자가 되는 더 나은 출발점을 만들어 줄 수 있다. 그러나 이 과정에서 사람들을 안내하기 위해서는 통계나 종종 구식 정보를 가진 웹사이트 뿐만 아니라 진정한 가상교회가 필요하다.

현실 세계의 목사로서, 나는 우리 교회의 일반 참석자들이 이해 또는 위로를 찾기 위해 나에게 와서 그들의 영혼의 심연과 타락을 드러내지 않으리라는 것을 안다. 그들은 "생방송으로" 어려운 질문들을 하지 않을 것이다. 우리가 현실 세계에서 얻은 가면과 장벽 및 우리를 대표하는 것들은 이러한 드러냄을 억제한다. 그러나 이러한 사람들은 답변을 위해 자신의 컴퓨터와 구글에 로그온할 것이다. 목사들이 정말 구글보다 신뢰도가 낮은가? 만약 그들이 그 가능성을 알고 있다면, 그들은 포럼이나 가상 친구들을 통해 인터넷에 그것에 대해 이야기할 것이다. 이것이 얼마나 흔한 일인지는 아무도 모르지만, 연구자들은 이것이 풍토병 같다고 믿고 있다. 점점 더 많은 수의 신앙인이 그들의 교회에 만족하지 못하고, 가상 세계에서 해답을 찾고 있다.[26] 우리는 모두 이러한 종류의 영적 정보 탐색 영적 성장을 위한 구글링이 제자를 만들어 내지 못한다는 것에 동의할 수 있다. 그럼 어떻게 될 것인가?[27] 만약 그 사람 중 일부를 위한 대답이 가상 교회라고 한다면, 어떻게 가상교회가 현실 세계 교회와 협력하여 제자가 양육되도록 할 수 있을까?

아바타 제자도 : 패킷 혹은 루프?

컴퓨터 통신에서 정보가 처리되는 두 가지 다른 방법인 패킷과 피드백 루프를 생각해 보자.[28] 첫 번째 방법으로, 두 대 이상의 컴퓨터가 서로 통신할 때 송신 컴퓨터는 송신 정보를 패킷이라고 하는 더 작은 단위로 나누게 된다. 수신 컴퓨터는 한 번에 하나씩 패킷을 수신하고 정보를 재구성한다. 패킷은 정보를 처리하는 자동화된 선형 방법이다. 두 번째 방법으로 시스템이 패킷과 같은 정보를 수신하면 송신 컴퓨터에 응답을 보낸다. 이 응답은 송신 컴퓨터에서 보내는 다음 패킷 같은 정보 비트를 계속해서 변경하여 피드백 루프라고 하는 것을 생성한다. 피드백 루프의 좋은 예 또는 정말로 잘못된 는 스팸 순환이다. 스팸 발송자는 수백만 개의 이메일을 수십억 개의 패킷으로 분류하여 발송한다. 이러한 전자 메일 중 하나가 받은 편지함에 표시된다. 스팸 메시지에서 "목록에서 제거해 주십시오"라고 표시된 링크를 클릭하면 컴퓨터가 이 정보를 스팸 발송자의 컴퓨터로 전송하여 스팸을 더 많이 보내도록 자체 조정된다. 이 방법은 스팸 발송자가 수백만 대의 컴퓨터에 무작정 이메일을 보내 사람들이 실제로 수신하는 스팸을 읽고 상호작용하는 데 시간을 들이는 이메일 주소를 빠르게 공략할 수 있도록 한다. 패킷과 대조적으로, 피드백 루프는 정보를 처리하는 지능적이고 집단적이며 창의적인 방법이다.

온라인에 있는 사람들에게 전도하고
현실 교회로 초대하는 것은 어떤가?

가상교회의 타당성을 의심하는 사람들 사이에서는 교회가 컴퓨터 매개 소통의 힘을 이용해 가상 세계 사람들과 복음을 나눈 뒤, 그 사람들을 현실 교회에 초대해야 한다고 공통으로 주장한다. 이것이 두 세계를 위해 최선이 아닐까?[29]

아니다. 아마 대부분의 경우가 그렇지 않을 것이다. 첫째, 이러한 관점을 가진 대부분의 사람은 허구의 세계와 가상 세계를 구별할 수 없거나 구별하지 못할 것이다. 이러한 구분이 매우 중요한 이유는 사람들이 제자화에 대한 가상 세계의 수용력을 잘못 이해하고 있기 때문이다. 가상 세계가 완전히 다른 매체임에도, 사람들은 그것이 텔레비전 방송과 동등하다고 생각한다.[30] 방송 텔레비전에서 복음을 듣고 구원 받을 수는 있지만, 영적 성장의 가능성은 제한적이거나 존재하지 않을 수도 있다. 하지만 가상 세계는 온전한 참여가 가능하기에, 적어도 현실 세계에서 가능한 만큼의 영적 성장이 가능하다.

둘째, 극복하기 어려운 지역 교회와의 연결 문제 같은 것이 있다. 만약 내가 클리블랜드에 사는 누군가와 가상 세계에서 복음을 나눈다면, 나는 그들에게 어느 정도 확신을 두고 현실교회를 추천할 수 있을 것이다. 하지만 그들이 누에보 바야르타 Nuevo Vallarta: 멕시코의 휴양도시에 산다면 그렇지 않다. 키이우와 오사카도 마찬가지다. 대화를 통한 복음전도를 시도하는 평범한 기독교인들은 자신이 만난 대부분 사람을 현실 교회와 연결시킬 수 있는 자원이 없다. 아마도 로마 가톨릭교회조차도 그러한 자원이 부족할 것이다. 더 중요한 것은 당신이 방금 복음을 전한 오사카 사람을 현실 교회에 갈 수 있도록 보장할 방법이 없다는 점이다. 대부분의 사람들은 자신과 동행할 친구 없이 가지 않을 것이다.[31] 누에보 바야르타, 키예프, 오사카, 심지어 클리블랜드를 포함하여 실제로 사는 곳이 어디이든지, 사람들을 가상교회에 초대하면 당신과 함께 교회에 갈 수 있다.

심처치 SimChurch : 디제라티 digerati 와 가상교회

마지막으로, 여기서 한 단어를 만들어도 된다면, 이 논쟁은 "세계주의"worldism라는 결함이 있는 전제에 바탕을 둔 것이다. 그것의 가까운 사촌격인 식민주의를 생각해보라. 유럽 선교사들이 복음을 전하기 위해 아프리카 국가에 갔을 때, 어떤 사람들은 아프리카인들에게 그들만의 상황화된 교회 형태를 만들도록 힘을 주는 대신에, 유럽인들의 공식 성경을 읽게 하려고 영어를 배우고 유럽 찬송가를 부르도록 요구하는 끔찍한 실수를 저질렀다. 결과는? 오늘날 많은 아프리카인은 복음을 유럽의 종교로 보기 때문에 그것을 거부한다.[32] 자신과 복음을 공유한 사람에게 가상 세계의 친근함을 떠나 낯선 풍습의 현실교회에 가자고 하는 것은 다른 나라 사람과 복음을 나누고, 당신처럼 옷을 입고 말하고, 예배를 시작하라고 말하는 것과 거의 똑같다.

그것이 이 주장이 설득력 없는 이유이다. 내가 아프리카에 교회를 세우는 것을 도울 때마다, 나는 북미에서 온 좋은 의도를 가진 교회 사람들이 빈민가와 같은, 곳의 종교적으로 중요한 장소에서 "십자군처럼" 행동하는 것을 보았다. 듣는 사람들이 결신을 한다면, 십자군들은 이미 미국으로 돌아가는 비행기를 탔기 때문에 크게 문제가 되지 않을 것 같지만, 예수님이 우리에게 요구하는 것은 이것이 아니다마 28:18-20. 예수님께서는 제자를 만들라고 부르시는데, 가장 효과적인 방법은 교회를 세우는 것이다. 새로운 세계에 들어가 복음을 나누고서는, 그 다음에 사람들을 제멋대로 내버려 두는 것만으로는 충분하지 않다. 현실 세계에서 뺑소니 전도가 이미 넘쳐난다. 가상 세계에서 사람들에게 다가가 제자 삼는 가장 좋은 방법은 가상교회를 세우는 것이다.

소통에 대해 이러한 생각을 가지고 현실 세계와 가상 세계 교회에 있는 사람들의 영적 성장에 대한 비유를 만들어 보자. 내가 사는 현실 교회에서는 대부분 사람이 일주일에 한 번 예배에 오는데, 그들은 음성 전송듣기을 통해 그들의 '패킷'의 정보를 받는다. 매주, 평균적으로 현실 교회 신자들은 그들이 집으로 가져와서 그들의 삶에서 재결합하는 일련의 제자도 정보를 받는다. 그러나 예배 결석, 초청 강사, 부실한 기억력 등과 같은 방해는 패킷 기반의 제자도를 제한한다. 대조적으로, 모든 현실 세계 목사님들은 그들의 모든 교인이 소그룹에 참여하는 것을 보고 싶어 할 것이다. 왜 그럴까? 왜냐하면 일주일에 한 번 있는 이 그룹은 사람들이 그들의 삶에서 의미 있는 "피드백 루프"를 만들어 낼 수 있게 해주기 때문이다. 그들이 소그룹에 가서 제자도 패킷을 받으면, 그들은 즉시 소그룹 지도자에게 "신호"ping하여 더 자세한 설명, 통찰력, 도움 또는 기도를 받을 수 있다. 실제 소그룹 참석자들은 일요일에는 매주 한 번씩만 정보를 받는 대신, 어떻게 이 제자도 정보를 조합할 것인가에 대한 추가 정보를 피드백 루프를 통해 수신하고, 바라건대 실천에 옮기게 된다.

가상교회는 이것을 한 걸음 더 크게 나아가게 하는 힘을 가지고 있다. 현실 세계 교회는 우리가 가는 곳이고, 심지어 소그룹도 대부분 사람에게 장소를 의미한다. 모든 것은 주로 "어디"에 뿌리를 두고 있다. 가상교회의 힘은 어디where를 언제when로 바꾸는 것이다. 아이-교회 담당 사제인 팜 스미스는 가상교회가 장소라기보다는 연속체에 가깝다고 느낀다. 교회당에서는 가상교회 신도들이 매주 정보의 패킷을 기다리지 않고, 그들의 삶을 항상 켜져 있는 영적인 피드백 루프에 통합한다.[33] 기도 요청에서부터 문제 처리, 성경적 가르침을 이해하는 것까지, 컴퓨터 매개 통신은 그들의 교회에 출석하는 이웃들의 지속적인 협력으로 인하여 그리스도의 완전한 헌신적인 제자가 되는 것을 가능케 한다[잠 27:17]. 가상교회 신자들은 자신의 아바타를 교회의 영적 네트워크에 연결할 수 있고, 그곳에서 그들은 지속적인 성경적이고 영적인 피드백 루프와 연결된다. 라이프로깅 자체가 가상교회 신도[또는 그 문제에 대한 어떤 구도자]의 영적 성장을 촉진하려고 참여적 성장 경험을 참조하고 참조되도록 할 수 있는 영구적 피드백 루프로 이어진다. 비유를 완벽하게 하자면, 패킷 대신 피드백 루프로서의 제자도는 고대 *파이데이아*[paideia]의 21세기 버전이 되는데, 이는 교육뿐 아니라 영성훈련을 강조한 초기 교부들이 많이 공유하던 제자도이다. 가상교회는 "새로운 형태의 동기식 학습"이라는 완전히 새로운 방식의 제자도를 열 수 있다.[34]

다행인 것은 컴퓨터 매개 통신이 가상교회뿐 아니라 현실 교회에도 도움이 될 것이라는 점이다. 하지만 현실 교회가 본질적으로 성장과 공동체를 위한 연속성을 마련하는 데 그렇게 능숙하지 않기 때문에 가상교회가 필요하다. 일상 업무와 게임 실행뿐 아니라 영적 추구와 성장에도 아바타를 활용하는 사례가 늘고 있다는 점은 가상교회가 사람들의 삶에 제자 형성과 영적 추구에 다시 불을 붙이는 데 큰 역할을 할 수 있다. 가상교회의 지속성과 비공간성의 특징 때문에, 평균적인 가상교회 참석자는 현실 교회 참석자가 현실 교회에 헌신하는 것만큼 가상교회에 헌신할 가능성이 높다. 물론 두 교회 다 완벽하지도, 완벽에 가깝지도 않다. 이러한 아이디어는 디지털 혁명 이후의 세대가 기술을 사용하여, 그리스도를 위한 완전한 라이프로그 아바타의 의미 있는 네트워

크를 구축하는 방법을 더 잘 이해함에 따라 계속해서 주목받을 것이다.[35]

헤르마스의 생각에 교회라는 새로운 것은 체계적이지 않았다.

그가 마지못해 아내 로다를 지지하고 모태신앙인 회당 대신 교회에서 다른 신도들과 함께 안식일을 지키기로 합의한 지 2년이 지난 후, 헤르마스는 어느 때보다 더 갈팡질팡했다. 그에게 유대교 회당은 이치에 맞았고 교회는 이치에 맞지 않았다. 최근에 교회로 사용되고 있는, 로마인 무역업자 실바의 집을 떠나, 그는 자기의 가족과 집으로 걸어가는 동안 이러한 생각들에 고심했다.

갈릴리 유대인인 예수가 랍비인지 예언자인지 심지어 메시아인지의 논쟁은 그리 많지 않았다. 헤르마스는 세 가지 모두를 받아들일 수 있었다. 그는 대부분을 확신하고 있었고, 그의 아내는 진심으로 믿었다. 그러나 그는 요즘의 상황이 달라지고 있다는 것을 알았다.

그의 고향인 이고니온은 항상 정치적 용광로와 같았다. 다양한 인구 구성으로 인해 끊임없이 마찰이 일어나고 소란이 일어났기 때문이다. 그러나 그 도^{the Way}를 따르는 사람들이 나타나서 먼저 회당에서 설교하고, 그 다음에 장터와 거리, 밀밭과 과수원에서 설교하니, 죽음의 기운이 가득 퍼져나왔다. 폭동이 일어났고, 작년에 몇몇 유대인 열심당원들은 그 도의 지도자 중 한 명인 랍비 바울을 거의 죽이기도 했다.

헤르마스와 그의 가족은 이 일의 중심은 아니었지만, 그것은 그들의 안식일 행위에 영향을 주었다. 처음에 그들은 유달리아의 집에서 만났다. 그 다음은 잇도의 집에서. 그리고 지금은 실바의 집에 정착하기 전에 다른 곳들도 몇 군데 있었다.

그러나 이는 약과에 불과했다. 교회는 항상 체계적이지 않았다. 교회가 유달리아의 집에서 모였을 때, 작고 느슨했지만 질서정연했다. 하지만 이고니온의 교세가 성장하면서 더 많은 교회가 생겨났고, 누가 무엇을 담당하느냐를 놓고 큰 혼란이 빚어졌다. 어떤 안식일에는, 외국 출신 유대인들이 와서 자신들의 발언권을 요구하기도 하였다. 그들은 몇 번 큰소리와 다툼을 일으킨 결과, 추방되었다. 훨씬 더 나쁜 것은 *헬라인*들이 발언권을 요구하면서 나타났을 때였다. 헤르마스는 자신이 세계시민이라고 생각했지만, 이것은 그에게도 조금 과한 것 같았다.

그와 그의 가족들이 거의 익은 살구가 늘어선 조용한 길을 계속 걸어가면서, 헤르마스는 새 교회에서 그를 가장 괴롭혔던 것은 전통과 권위의 부재라는 것을 깨달았다. 실바의 집에 있는 교회는 도움이 필요한 가정들을 돌보기 위해 여러 명의 사역자를 선정했고, 잇도는 여전히 교회의 관리자로 봉사하고 있었다.

유대 전통 및 회당과의 단절은 혼란으로 이어졌다. 의회도 없었고, *쉐마*의 적절한 진행도 없었으며, 적어도 헤르마스의 눈에 잇도는 약한 지도자였다.

대부분의 안식일마다 그는 교회가 다음주까지 유지될지 궁금해했다. 하지만 어찌된 일인지 항상 유지되었다.

5장

위키워십 WikiWorship

나는 교회에서 예배를 드리는 것이 어떠한 것인지를 알기에, 나의 눈 앞에 펼쳐진 장면은 도저히 예배라고 할 수 없었다.

'빌드 더 빌리지'Build the Village 함께한 나의 첫 방문은 동아프리카에 교회를 개척하기 위한 단순한 목적이었다. 곧 목사가 될 현지인들과 미국인 협조자들로 구성된 연합 팀의 일원으로서, 우리는 케냐 나이로비 외곽에 여러 교회를 세웠다. 간단한 일이었다. 왜냐하면 나이로비는 서양 기독교화된 것으로 유명하였으며, 모든 이들이 선교 여행을 위하여 방문하는 곳이기 때문이다.

두 번째는 달랐다. 우리는 북 메루 지역 외곽의 키안자이 Kianjhai 라는 마을 근처의 우선순위가 낮은 가난한 농촌 지역에 교회를 세웠다. 그곳에 사는 사람 대부분은 메루 부족이었으며, 대체로 성실하고 정직했다.

이 지역에서 가장 수익성이 좋은 농사는 암페타민 같은 흥분제인 *미라*
*miraa*이다. 그래서 이 지역에 사는 대부분의 선량한 사람들은 약을 재배
하거나 거래하기보다는 가난하게 산다. 무슨 종교를 믿는지 주민에게
물으면 대부분 기독교라고 대답할 텐데, 그들에게 미치는 기독교적 영
향력의 주요한 매체는 동네 상점에서 쏟아지는 하나님이 당신을 부자
로 만들어주실 것입니다 God will make you rich'라는 방송이며, 이 때문에 일
반적으로 사람들은 예수님에 대해 충분한 믿음이 있다면 돈을 갖게 해주는 신
이라고 알고 있을 뿐이다.

작은 마을에 4개의 새로운 교회가 세워지기 전 일요일, 우리는 메
마른 들판에 나무 기둥으로 세워진 그 지역의 첫 교회에서 첫 예배를
드렸다. 모든 사람은 흥분했다. 대부분의 미국 팀원들은 여전히 문화적
충격에 빠졌지만 잘 적응하고 있었다. 주로 스와힐리어와 영어로 진행
된 예배는 인사말과 소개로 시작됐고, 내가 모르는 약간의 현지 메루
방언도 있었다.

아프리카를 방문했던 이전의 경험으로, 나는 나이로비의 다양한
교회에서 예배드리는 방식과 북미나 서유럽에서 예배를 드리는 방식
의 차이점에 아주 조금 익숙해졌다. 적응하기 어려운 것 중 하나의 예
로, 전통적인 아프리카 음계로 조율된 예배 음악을 부르는 것이 서양인
들에게 짜증이 나고 불쾌하고 들린다는 것이 있었다. 우리가 문명화된
도시에서 멀어질수록 서양 문화의 영향력은 줄어들어, 아프리카 음악
스타일에 적응하는 것이 어려웠을 뿐만 아니라 그들의 예배에 적응하
는 것은 더 어려웠다.

그리고 그날 새로 세워지는 교회에서 바로 그 일이 일어났다. 힘겨

운 예배 시간이 끝난 뒤 개척교회 목사는 사람들을 초대해 새 교회 개척과 우리 선교에 대한 하나님의 은혜를 기원했다. 그래서 모든 사람이 서서, 서로 등지고, 눈을 감고, 주먹을 허공에 대고, 동시에 큰 소리로 말하기 시작했다. 이 작은 교회에는 귀가 먹먹할 정도의 불협화음이 생겼다.

깜짝 놀랐다. 그것은 매우 잘못되었다고 느껴졌다. 스와힐리어 Kiswahili 도 영어도 아닌 현지 방언인 키메루Kimeru 로 된 것이어서 무슨 말인지 알아들을 수가 없었다. 나는 나이로비에서 온 목사 친구에게 몸을 숙여 도대체 무슨 일이 일어나고 있는지 물었다.

"기도하고 있어요"라고 그가 말했다.

하지만 나는 이건 아니라고 생각했다. 그들의 기도는 도서관에서 대화조로 말하는 소그룹의 사람들과는 달랐다. 그들은 성난 군중의 포효와 같았다. 교회는 몇 마일 떨어져 주변에 아무도 없는데도 교회 밖 사람들이 예배에 대해 어떻게 생각할까를 생각했다.

한 생각이 문득 떠올랐다. 단테의 불타는 지옥의 소리가 이럴 것이라고.

불편하게 계속 앉아 있으면서 영원히 계속될 것 같은 기도를 하는 사람들을 지켜봤다. 그런데 점차 나는 익숙하지 않은 스와힐리어문구 바바 Mungu Baba, "아버지 하나님"를 알아채기 시작했고 회개의 눈물을 볼 수 있었다. 죽음과 관련 없는 진정한 애가를 본 것은 내 생애 처음이었다.

나는 그날 내내 그것에 대해 생각했다. 불편하면서도 동시에 이색적인 기도의 시간이었다. 서양인들에게는 마치 아프리카 전통 예배 음악을 전자 기타로 연주하는 것 같이 느껴질 수도 있을 것이고, 반대로 많은 아프리카인에게는 예전 중심의 교회 분위기와 종소리가 기이한 것처럼 느낄 수도 있는 것이다. 비록 그것은 내게는 이상했지만, 하나님께는 이상하지 않을지도 모른다는 것이다.

다음날, 둘째 날을 준비하기 위한 아침 예배 시간에 기도 순서가 되어 기도를 드렸다. 막대기로 된 벽을 바라보며 선 채로 소리치며 기도했는데 한 시간 동안 하나님과 나 단둘이 있었다.

●

나를 포함한 모든 사람은 하나님의 관점이나 성경의 관점보다는 문화적인 렌즈를 통해서 교회를 본다. 이것은 성경 구절로 증명하거나 전통을 들먹이는 것과 관계없이 분명한 사실이다. 왜냐하면 우리가 교회를 하나님께 속한 것이라고 선포한다 해도, 하나님을 전혀 이해하지 못하는 사람들은 대부분 이해하지 못할 것이기 때문이다. 우리가 교회를 우리의 제한된 인간적 관점에서 보고 있다는 것을 인정하고, 따라서 우리가 교회를 운영하는 방식이 하늘에서 온 신성한 청사진보다는 우리의 인간적 아이디어에서 비롯된다는 것을 인정하기 전까지는, 우리는 교회를 우리의 창조물인 조직이 아닌 하나님에 관한 방식으로 운영할 수 없을 것이다. 성육신이든 창조든, 타락한 사람들에게는 하나님의 모든 것이 신비이다. 교회도 신비이다. 우리는 이 신비를 재현하기 위해 최선을 다한다. 그리고 우리는 그렇게 할 때 축복받는다시 65:4.

무엇보다도, 우리의 문화적 렌즈는 우리가 교회의 "옳고", "잘못된" 관습으로 보는 것에 영향을 미친다. 교파주의, 예전적 엄격함, 선교

단체, 개방적인 성찬식과 폐쇄적인 성찬식, 예배에 관한 모든 것은 성경이나 하나님의 가르침보다는 합리적인 방법으로 교회의 신비를 제도화하려는 우리의 인간적 시도에서 더 많이 유래된다. 우리 중 대부분은 특정한 방식으로 교회를 가둔다. 그 방식이 우리가 배운 교회 활동을 하는 방식이기 때문이다. 나머지 사람들은 다른 누군가의 교회 운영 방식에 반발하여, 우리가 배운 방식과 반대되는 방식으로 교회 운영을 한다. 어떤 것은 더 좋을지도, 어떤 것은 더 나쁠지도 모르지만, 아마 최선의 것은 없을 것이다.

가상교회들 또한 새로운 밀레니엄에 그들만의 교회 운영 방식을 찾아야 하고, 그것을 잘 적용해야만 한다. 문화와 기술이 교회 전반에서 더 많은 "위키, 위키"또는 하와이어로 "더 빨리, 더 빨리"가 되도록 압박할 것 같은데, 이는 교회, 특히 가상교회가 더 협력적이고 분산될 것으로 기대된다는 뜻이다. 어떤 사람들은 기술이 교회의 관행을 "개혁"하기를 바라지만 기술은 스스로 구현되지 않는다. 사람들에 의해서 구현될 뿐이다. 이 모든 것이 가상교회, 인터넷 캠퍼스, 그리고 다른 기술 중심적인 형태의 교회에 무엇을 의미하게 될까? 그들의 핵심 사역은 어떤 의미를 갖게 될까?

가상교회는 우리의 "교회 하는 것"을 어떻게 변화시킬 것인가? 가상 성례전이나 다른 신앙의 관습은 가능하거나 유효할 것인가? (혹은 불가피할 것인가?)

우리가 살펴본 것처럼 가상교회의 성격과 타당성, 전략적 의의에 대한 혼란은 대부분 신학 때문이 아니라 기술에 대한 오해와 비성경적 철학이나 세계관에 대한 의존 때문에 발생한다. 동시에 가상교회가 현실교회와 어깨를 나란히 하고 목양이 가능할 것으로 예상한다면 예배 관행에 대한 몇 가지 어려운 질문에 답해야 할 것이다. 우리는 단지 그들이 새롭거나 멋있거나 다른 모든 젊은이가 그것을 하고 있다고 해서 그들의 방식을 허용할 수는 없다.

신앙 서비스 공급자

가상교회들은 천천히 그러나 확실히 껍데기를 깨고 나오고 있다. 그 껍데기란 가상교회들이 시작된 실제 세상의 전통이다. 우리는 여기서 개신교의 종교개혁과 비슷한 점을 볼 수 있다. 로마 가톨릭과의 예상하지 못했던 분열로 돌이킬 수 없는 관계가 된 이후, 루터와 초기 종교개혁자들은 새로운 종류의 교회에 대한 필요를 느꼈다. 교회를 위한 더 나은, 보다 성경적인 신학을 발전시키는 것이 중요한 우선사항이었지만, 그들은 즉각적인 교회 형태의 근본적인 재구축을 추구하지는 않았다. 대신에 대부분의 초기 개혁자는 로마 가톨릭의 스타일, 느낌, 의식, 예전 등을 차용했다. 그러나 종교개혁자들은 그들의 새로운 신학을 교회의 구체적인 형태에 적용하는 작업을 완전히 마치지 못했다. 그렇기 때문에, 사람들은 흔히 이런저런 운동이나 신학자의 사상이 종교개혁을 "완성"했다고 주장한다.

종교개혁 이후의 교회들처럼, 가상교회들은 가상 세계에 맞는 예배를 완전히 재창조하지 못했다. 대부분 교회는 여전히 현실 세계의 전통을 대표하는 예배의 형태에 의존하고 있다. 세컨드라이프에서 성공회 성당은 그 건물의 디자인을 나무집이나 달 기지, 혹은 수족관보다는 대성당을 택했다. 왜냐하면 그들은 이 과정의 초기 단계에서 사람들이 교회로 인식하는 건축물을 볼 필요가 있다고 느꼈기 때문이다.[1] 아마도 인터넷 캠퍼스는 본질적으로 훨씬 더 모교회의 예배 형태에 집착하는 경향이 있다. 전반적으로, 대부분 가상교회가 그들의 전통에서부터 시작하는 것이 좋을 수는 있다. 하지만 장기적으로 볼 때 가상교회가 현실 세계의 디자인을 복제하고 현실 세계의 관점에서만 생각하고 시각화한다면 가상교회가 가지는 잠재력을 결코 파악할 수 없을 것이다.[2]

모든 사람은 그들의 교회, 그들의 운동, 또는 그들의 교회론이 초대교회에 "가장 근접한" 혹은 초대교회로의 "복귀"라고 주장하기를 원한다. 솔직히, 나는 그 논쟁에 진절머리가 난다. 나는 얼마나 많은 책이 매년 발행되어 사도행전 2장의 방식이라고 주장하는지에 관해 관심이 없다. 그것들은 모두 정직하지 못하다. 우리가 다시는 초대교회처럼 되지 못할 것이라는 사실을 왜 받아들이지 못하는가? 다시는 물고기에게 삼켜지고 사흘 동안 갇혀 있다가 토해져서 니느웨를 회개하도록 외치는 사람이 없을 것이라는 사실을 왜 받아들이지 못하는가?[3] 하나님의 부르심에 충실하기 위해 초대 교회의 모습을 그대로 답습할 필요는 없다고 왜 인정하지 못하는가? 왜 하나님께서 오늘을 위해 준비하신 방식으로 오늘날의 세대에 복음을 전하기 위해 오늘 우리가 최선을 다해야 한다는 사실을 받아들이지 못하는가?

사당, 사원, 모스크, 또는 다면체 돔과는 달리 교회를 교회답게 만드는 것은 그것의 보편성과 적응력이다. 교회가 교회인 것은 하나님께서 교회를 문화나 이념 위에 세워진 조직이 아니라 하나님의 성령이 사람과 교제함으로 살아있는 유기체로 창조하셨기 때문이다. 모든 것이 동등하므로, 교회는 사람들이 존재할 수 있는 모든 곳에 존재할 수 있지만, 세계 종교의 대부분이 그렇지 못하다. 다른 말로 하자면, 기독교 이외의 다른 많은 종교는 가상 세계에서의 삶에 쉽게 적용할 수 없어보이는 규정이나 관행을 가지고 있다. 왜냐하면 그것들은 실제의 지리, 물리학, 의식, 또는 형식의 산물이기 때문이다.[4] 이와 대조적으로, 하나님의 교회와 그의 나라는 "이 세상에 속한 것"이 아니다 요 18:36. 이것이 가상교회가 진실하고 유효한 그리스도의 교회가 될 수 있는 이유이다. 하나님은 현실 세계 인간의 정의나 교회의 어떤 물리적 형태에도 구속받지 않는다 요 4:24.

장 칼뱅은 현대 세계관에 대한 불편함이나 편견 없이 이것을 잘 설명한다. 하나님의 나라는 "우주에서의 위치나 어떤 한계에도 제한되지 않는다. 그러므로 그리스도는 하늘과 땅 어디든, 그가 원하는 곳에서 자기의 능력을 발휘하는 것을 방해받지 않는다. 그는 권력과 힘에 있어서 자신의 존재를 드러내시고, 항상 자신의 생명을 그들에게 부어주시며, 자기 백성들 사이에 함께 하시며, 그들과 함께 사시고, 그들을 지탱하시고, 그들에게 힘을 주시며, 그들을 재촉하시고, 그들이 상처받지 않도록 하신다. 마치 그가 몸속에 계신 것처럼 말이다."[5] 하나님은 우리가 떠올릴 수 있는 현실 세계에 대한 어떤 개념도 — 또는 교회의 어떤 형태나 예식도 초월하신다.

아마도 현존하는 가장 큰 선교 영역에서 가상교회들은 새로운 교회가 될 진정한 기회를 얻고 있고, 현실 세계에서는 도달하기 매우 어려운 곳에 도달할 기회를 얻게 된다. 그러나, 그들은 단순히 현실 세계의 교회 형식을 가상 세계에 적응시키는 것만으로는 잘할 수는 없을 것이다. 현실 세계에서는 어렵거나 불가능한 새로운 형태의 예배를 새롭게 창조해야 하는데, 이 예배는 가상 세계의 연결성과 장비의 힘을 활용하면서 동시에 기술의 경이로움보다는 하나님의 영광에 초점을 맞춰야 한다.

베타 테스트 예배

새로운 소프트웨어나 새로운 장비의 베타 버전은 상용화되기 이전의 버전이다. 얼리어답터들이 플레이할 수 있는 버전이며, 제작자들과 베타테스터들이 버그를 찾고 새로운 아이디어를 시험해 볼 수 있는 버전이다. 현재 대부분 가상교회와 인터넷 캠퍼스는 베타 단계에 있는 것 같다. 그들은 가상 세계에서 교회가 되기 위해 무엇이 가장 효과가 좋은지 보기 위해 새로운 형태의 예배를 시도하고 있다. 좋은 일이지만 세계가 가능한 한 빨리 필요로 하는 것은 베타 버전이 아니라 좀 더 배포가 가능한 버전이다. 하지만 베타 단계에 있는 동안 몇 가지 중요한 문제를 제기해 보자.

가상 세계에서는 말씀의 선포가 어떻게 작동해야 하는가? 대부분 기독교인은 교회의 설교와 교육의 측면이 가장 중요하다는 데 동의할 것이다^{행 2:42}. 현재 대부분 가상교회는 매우 짧은 메시지를 선호하는 것 같다. 가상교회 목회자들은 그 이유로 (a) 기술적 한계와 (b) 가상교회 참석자의 집중 시간 길이를 말한다. 기술이 비전을 따라잡을 때까지 기다리는 동안 베타 단계에서 짧은 강의 시간이 필수적일 수 있지만, 미래에도 이런 짧은 길이의 강의만 유지된다면 실질적인 약점이 될 것이다. 가상교회에서 말씀 선포가 멀티태스킹을 구사하는 컴퓨터 사용자의 집중 시간에 의해 좌우되어야 하는가? 시간이 길다고 해서 반드시 좋은 것은 아니다. 하지만 가상세계는 영적으로 건강한 사람들의 성장과 제자 훈련에 필요한 실질적인 소통과 대화보다는, 정보제공에만 치중하는 경향이 있다.[6] 가상교회의 목표는 약한 교회가 아니라 건강한 교회가 되는 것이어야 한다.

^{적어도 당분간} 긴 설교가 금지된다면, 가상교회는 말씀을 통해 영적 성장을 장려할 수 있는 새로운 방법을 구상해야 할 것이다. 가상교회는 한 번의 예배 시간에 여러 개의 짧은 메시지를 제시하여 사람들이 시간이 허락하는 대로 들어오고 나갈 수 있도록 할 수 있는가? 매체의 분산하는 특성은 짧은 메시지를 통하여 같은 예배에 참여하는 사람들이 아바타를 통해 즉각적으로 소그룹에 참여할 수 있도록 하는가? 가상교회가 기술을 활용하여 전체 메시지를 참여형^{실시간 투표, 메신저 알림, 실시간 표식}으로 만들어 더 길고 더 깊이 있는 메시지를 전달할 수 있는가? "모든 사람이 참여한다"는 것은 가상 세계의 핵심이며, 사람들의 참여 욕구를 활용하기 위해 메시지를 재구성하는 방법이 있다.

같은 선상에서, 가상 세계는 우리가 예배에서 간증을 활용하는 새로운 방법을 구상할 수 있게 한다. 현재 대부분의 현실교회는 예배에서

는 "생방송" 간증을 사용함에도, 유인물과 웹사이트에서는 문서화된 간증을 활용하는 경향이 있다. 간증은 대개 미리 준비된 것이지만 발표자의 긴장감과 관련 요인으로 인해, 라이브 간증이 문서 간증보다 더 강력하다는 것을 우리 모두 알고 있다. 대부분의 목회자도 가장 위대한 간증이란 그 순간 마음에서 우러나오는 간증이라는 것을 알고 있다. 대부분의 경우 현실 교회에서는 자발적인 간증을 활용하기가 어렵지만자발적인 예배가 없는 경우 가상교회에서는 컴퓨터 매개 커뮤니케이션의 사용자-대-사용자 특성으로 인해 이러한 간증을 매우 쉽게 구현할 수 있다. 예배 중이거나 선포하는 도중에도 바로 간증을 게시물로 올릴 수 있다. 이미 인터넷-캠퍼스 접근 방식을 사용하는 많은 가상교회는 예배 중에 대화형 포럼을 사용한다. 가상 매체의 특성은 특히 대중 연설에 대한 두려움에 비추어 현실 교회가 상상할 수 있는 것보다 더 많은 상호작용을 장려한다. 비록 가상 증언이 매우 공개적이긴 하지만 두려워할 만한 요소는 없다.[7]

찬양의 깊이가 현실 교회에서의 것보다 부족한 가상교회가 적지 않아 보인다. 기술의 한계나 인프라 때문에 많은 가상교회가 현재의 베타 버전에서의 찬양 시간을 힘들어하는 것 같다. 미디 기반의 사이버 찬송가처럼 들리는 것을 포함하여, 기술적인 실수를 당연히 범하고 싶지 않았을 것이다. 사람들이 컴퓨터 화면을 따라 부르는 것이 이상하게 느껴질 것이라는 진짜 두려움도 있다. 나는 이것이 어느 정도는 문화적인 문제이며 시간이 지나면서 바뀔 것이라고 믿는다. 예를 들어 내가 부속 예배실에서 화면을 통해 중계되는 대형교회 예배에 참석할 때마다 어떤 사람들은 마치 생방송인 것처럼 예배 시간에 노래를 부르고 어떤 사람들은 전혀 노래를 부르지 않는다. 이후 몇 년 동안, 나는 점점 더 많은 사람들이 찬양에 참여한다는 것을 발견했다. 실제로 변화를 일으키는 것은 현실 세계에서처럼 다른 사람들이 배경^{피드백 루프}에서 노래하는 것을 들을 수 있을 정도로 기술이 충분히 빠를 때일 것이다.

이와는 대조적으로, 인터넷 캠퍼스 방식을 따르는 다른 교회와 마찬가지로, Life.Church는 가상 세계에서 최고 사양의 중계 기술을 찬양 예배 방송에 사용한다. 그들의 방법이 다른 것은 그들이 예배를 위해 몇 가지 다른 형식을 제공한다는 것이다. 내가 그들의 인터넷 캠퍼스를 방문했을 때 그들은 두 가지 선택권이 있었다. 언젠가는 가상교회들이 다양한 스타일 — 말하자면, 얼터너티브 록과 R&B — 을 가지게 될 것이지만, 나는 독일의 뉴 메탈과 폴카 찬양이 언제 가능해질지 고대하고 있다. 예전적으로 말하자면, 수백 개의 개별 집단에 맞춤형으로 문자 기반의 예배 서비스를 제공하는 아바 파더 인터컨티넨탈 인터넷 교회 Abba Father Inter-Continental Internet Church 도 이와 같은 일을 하고 있다. 그런데도 가상교회 찬양에 스트리밍 찬양 미디어를 통해 여러 선택 채널 중 하나를 사용하는 것보다 더 나은 방법이 있느냐는 의문이 제기된다. 가상교회는 새로운 형태의 찬양을 어떻게 만들어 낼 것인가? 예배는 단순히 멋진 음악을 듣는 것이 아니라 거룩한 하나님께 가치를 나타내는 행동이므로, 가상교회는 음악적이고 활기차고 매력적이지만, 어떻게든 더 '위키, 위키'하며 더 참여적인 새로운 형태의 찬양을 찾아야 한다는 것이 정답인 것 같다.

가상교회에 어떤 종류의 영성 훈련이 펴질 것인가? 기도에는 지리적 또는 공간적 요소가 필요 없다는 것에 모두가 동의하므로, 이것이 가상교회의 분명한 강점이 될 듯하다^{딤전 2:8}. 아이-교회가 설립되고 몇 년만에, 교회는 가상예배의 중심이 기도가 된 것을 발견했다.[8] 가상 세계에서 기도는 다양한 이유로 가장 유의미함을 증명해 왔다. 가상 세계의 기도가 흥미로운 이유 중의 하나는 가상 세계가 개인 기도와 중보기도를 가장 잘 실천하도록 선천적으로 독려하기 때문이다. 가상 세계의 예배자가 기도 요청을 하고 싶을 때, 컴퓨터를 매개로 한 소통은 기도의 범위를 확장시킨다. 이 기도 요청은 실시간으로 다른 예배자에게 전달되며, 현실 세계에서 "기도 사슬"prayer chain이라고 불리는 것과 유사하지만, 더 즉각적이고 오래 지속되는 결과를 가져온다. 이것이 어떻게 작동하는지 보기 위해서는 실제 사례들을 비교하면 된다. 종종 읽게되는 교회 주보의 긴 기도 제목이나 친밀하지 않은 이들과의 모임보다, 소그룹 시간에 나오는 기도 요청은 더 개인적이고 강력하게 느껴진다. 목회자로서 나는 얼마나 많은 교인이 종종 요청되는 기도에 대하여 "개인적이지 않은" 형태로 기도하는지 궁금하다. 반면, 가상 예배자는 그러한 기도 요청을 클릭하며 소그룹 시간과 같은 친밀함을 느낀다.[9] 그래서 우리는 가상 세계가 소통을 증대하는 힘을 가지고 있음을 본다. 그러나 그것이 기도의 능력효율성을 증폭시킬까? 물론 하나님의 관점은 아니지만, 기도는 간접적인 유익을 사람들에게 끼치기도 한다요 11:41-43. 가상 공간에서의 기도는 몇 날, 몇 주 혹은 다가올 몇 해 동안 반복해서 기도될 여지가 있다 — 이런 관점에서 대부분 현실 세계의 가능성을 능가한다. 예를 들어 내가 나의 개인 웹페이지에 "방문해 주셔서 감사합니다! 떠나시기 전에 내 가족들을 위해서 기도해 주세요!"라는 문구를 달았다면 어떨까? 이러한 예시는 어리석게 들릴 수도 있지만, 다음 40년 혹은 그 이상의 기간, 내 웹사이트의 방문량에 따라 내 가족은 기도를 꽤 많이 받을 수 있다. 더 많은 기도는, 더 유익하다^{살전 5:17}.

기도에 대한 영성 훈련은 가상 세계 예배와 현실 세계 예배 사이의 어떤 유사성이 있는지에 대한 좋은 예이다. 가상교회 목회자는 금식, 성경 공부, 침묵, 고백 등 물리적 구성요소가 필요한 영성 훈련을 현실 교회 목회자들이 할 수 있는 것처럼 쉽게 가상교회에 통합할 수 있다. 예를 들어, 현실 세계에서는, 우리는 보통 주일 예배 중에 침묵하는 것을 연습하지는 않는다. 이는 사람들이 스스로 그들의 교회에 협력하여 침묵하기로 결정한 것이기 때문이다. 가상교회에서도 마찬가지일 것이다. 가상교회가 해칠 수도 있는 하나의 영적 실천이 바로 주일성수이다. 나는 주일성수를 지키는 비율의 감소가 기술보다는 문화와 더 관련이 있다고 의심하지만, 가상교회가 이 영역에 대하여 참석자들을 훈련하려면 현실교회보다 훨씬 더 열심히 노력해야 할 것 같다. 가상교회 참석자에게는 하나님에 대한 집중적인 헌신의 시간^{막 2:27, 롬 14:6}을 따로 떼어놓기보다는 매주 "가상예배를 대충 참여"하고 싶어 하는 측의 유혹이 더욱 클 것이다.

20세기의 마지막 반세기 동안, 많은 서양 교회 지도자들은 예배 음악의 스타일에 대한 성과 없는 논쟁에 많은 시간을 보냈다. 다가오는 가상및증강 세계의 영향을 고려할 때, 21세기의 논쟁은 시각적인 스타일에 대한 것일까? 예를 들어, 8세기와 9세기에 그랬던 것처럼. 역자 주-이콘(icon) 숭배로 인하여 동서 로마제국의 분쟁이 발생하였고, 동로마제국에서는 성상 파괴 운동이 벌어졌다. 시각적 표현, 광양자, 홀로그램 기술이 실제 교회를 위한 증강 예배 세계를 만들면서 가상교회가 예배를 위한 신선한 시각적 스타일의 발명을 선도할 수 있게 됐다.

여기서 나는 단지 비디오 컨텐츠 그 이상의 것에 대해 말하고 있다

비록 시작에 불과하지만. 매주 가상교회는 다른 환경 신앙에 관한 시리즈를 위한 카타콤, 복음 전파에 관한 시리즈를 위한 외부 공간에서 예배하는 것을 선택할 수 있었으며, 신앙을 강화하는 시각적 디스플레이 — 궁극적인 스테인드글라스 경험 — 를 통해 말씀을 선포하는 것을 향상시킬 수 있다. 가상 세계는 단순히 이미지를 만드는 것이 아니라 마치 시스티나 성당에 있는 것처럼, 시각적인 신앙 표현을 통한 모든 예배 경험이 예배자를 몰입하게 만들며, 제자 훈련의 기회마저 창출하는 능력을 가지고 있다.[10]

인터넷 캠퍼스가 있는 교회는 가상예배에 기능적인 접근을 하는 경향이 있다. 이는 아마도 오늘날의 기술적 한계 때문이겠지만, 기술의 발전에 따라 재고해 볼 필요가 있다. 나와 같은 개신교 신자들은 이 분야에 대해서 더 많은 경험이 있는 정교회와 같은, 시각 지향적인 집단을 부러워 하게 될지도 모른다. 예를 들어 그리스 정교회 미국교구는 3D 가상 공간에 실제 이콘들을 가상으로 모아놓고 있다.[11] 가상교회에 대한 시각적 가능성은 무궁무진하다.

에노스 안델이 세컨드라이프에 있는 정교회 교회에서
시각적 예배의 능력을 묵상하고 있다.

예전의 재구성

가상교회가 예배를 위한 자신만의 목소리를 찾으면서 한 가지 우려되는 점은 많은 일반 기독교인이 가상교회의 발전과 수용에 대해 고민하고 있다는 점이다. 가상교회가 가상 세계에서 예전과 예식을 할 수 있거나 해야 하는가? 이런 우려가 가상교회 논의에서 불필요한 걸림돌이 됐고, 불행하게도 이것이 가상교회를 진정한 교회로 인정하는 것을 반대하는 이들의 반복되는 주장의 근거가 되었다고 본다. 이른바 성찬에 대하여 높고 구조화된 관점을 가진 고교회 교파로마 가톨릭, 동방 정교회 등의 기독교인들이 가상교회에서의 성찬식을 받아들이는 것을 주저할 것으로 예상할 수 있지만,[12] 심지어 소위 예식에 대해 까다롭지 않거나 느긋한 시각을 가진 저교회 교파에서 온 기독교인들조차 이런 문제를 제기하는 경우가 많다. 가상교회의 주제가 나오면 항상 묻는 첫 번째 질문은 "가상교회가 진짜인가?"이다. 그리고 두 번째는 항상 "음, 어떻게 성찬식을 하나요?"이다.

가상교회에 관심이 있는 모든 사람이 성찬의 취급에 대해 궁금해하는 데에는 몇 가지 다른 이유가 있다고 생각한다. 역사적인 기독교 신앙에서 성찬이 얼마나 중요한지에 대한 기본적 문제를 넘어 성찬 준수에 대한 오랜 의견 차이는 말할 것도 없이 말이다. 첫째로, 그 예식은 모든 기독교인에게 개인적이며 매우 의미 있는 것이다. 성례전 실천에서는 다른 교회 실천 영역보다 허용 가능성과 신성 모독 사이의 경계가 훨씬 더 미묘하다. 가상교회 개척자들은 그들의 인터넷 캠퍼스에서 예식을 준수하기 시작할 때 신중해야 한다. 또 다른 예로 나는 가상 세계에서 성례전의 실천이 성례전 그 자체와 기독교 신앙에 대한 중요성을 많이 보여줄 것으로 믿는다. 의심할 여지 없이, 기독교인들이 성례에 대해 큰 경외심을 가지고 있기 때문에 가상교회가 그것을 어떻게 집행하는지에 대해 큰 관심을 보이는 것이다.

그렇다면, 가상교회들이 진짜 성례전을 지킬 수 있을까? 성찬에 대한 논의를 먼저 시작하고 세례를 다루겠다.[13]

성찬식

처음에 성찬에 대한 우리의 논의에서 우리는 압도적 딜레마에 직면해야 한다는 것을 깨달아야 한다. 주요 기독교 전통들이 수 천 년 동안 현실 세계에서 성만찬의 의미와 실천에 대해 모두 논쟁해 왔기 때문에 가상 세계에서 주님의 만찬의 타당성과 실천에 대해 논의가 모든 문제를 해결하거나 모든 전통을 만족시키는 것은 불가능할 것이다. 결과적으로 우리는 전통을 떠나서 대부분의 기독교인이 동의하는 주요 쟁점들을 고려할 것이다. 더 심각한 점은 가상 성찬식의 의미에 대한 약간의 혼란이 있다는 것이며, 따라서 우리는 그 용어를 정의할 필요가 있다. 성찬식에 대해 우리가 알고 있는 것부터 시작하자.

예수님의 공생애 실천이나 그의 추종자들의 유명한 식탁 교제와 관계없이 주님의 만찬은 예수님이 마지막 유월절 식사 또는 식사 중 최후의 만찬에서 시작된 특별한 교제였다. 떡과 포도주를 나누는 것은 주요 식사는 아니었지만[마 26:26, 행 20:7] 독립적으로 존재하는 의식도 아니었다.[14] 예수님은 하나님과 새로운 언약의 표시로 떡과 포도주를 거룩하게 하였다[눅 22:19-20]. 처음부터 주님의 만찬은 초기 교회의 필수적인 부분이었다^{행 2:42, 46}. 다시 말해 사도행전에서 묘사한 것은 주님의 만찬을 단순한 공동 식사^{많은 가정교회와 재세례파가 행하는}와 구분 지었지만¹⁵, 그것이 ^{대부분의 성례전적 교단들에서 행해지는} 분리된 예식이라는 것을 암시하는 것은 아니다.¹⁶ 늘 그랬듯 신약성서는 정확히 따라야 할 의식적 행위를 규정하지 않는다.¹⁷ 초대교회에서 일반적으로 받아들여지는 주변 요소들을 개략적으로 설명하고 있음에도 불구하고 말이다^{고전 11:23-29}.¹⁸

논쟁의 여지가 없는 것은 성경이 주님의 만찬에 대한 물리적 또는 공간적 요건에 대한 어떠한 규칙도 제시하지 않는다는 것이다^{물론 나눈 떡과 포도주를 마시는 것을 제외하고}. 보다 구체적으로 성경은 무엇이 성찬식을 "진짜"로 만드는지를 결정하는 어떤 규칙도 제시하지 않는다. 그것의 유일한 관심사는 참가자들의 영적인 상태인 것 같다. 초대교회 교부의 글도 그렇다. 그 결과 교회 역사상 많은 단체가 빠져 있는 "요구사항"을 스스로 채우고 성문화하려 노력했는데 이는 언제나 재앙으로 귀결되었다. 그러나 칼뱅이 교회의 본질에 대하여 제안한 것처럼 객관적인 규칙이나 제한이 없다는 바로 이 점이 주님의 만찬을 말 못 하는 우상을 위한 의식이 아니라 살아계시고 역사하시는 하나님으로부터 보냄을 받은 희생적인 구세주를 기억하고 감사하는 의식으로 만든다. 이러한 점에 비추어 볼 때 가상 세계에서의 성찬식의 실제 실천에 대한 많은 논의가 있겠지만, 가상교회에서 성찬식을 지키는 것에 대해 본질적으로 비성경적인 것은 없는 것 같다.

나의 비공식적인 계산에 따르면 대부분의 가상교회와 인터넷 캠퍼스는 성찬식에 대한 다른 견해를 가진 사람들을 불쾌하게 할 수도 있기에 어떤 규칙화된 방식으로 주님의 만찬을 기념하는 것을 삼가기로 했다.[19] 내 의견에 이것은 큰 실수였다. 가상교회가 진짜 교회라면 기독교 전통에 따라 주님의 만찬을 기념해야 하지 않은가? 당연히 그래야 한다. 가상교회가 예식 지키기를 삼간다면, 교회로서의 타당성에 대한 의문에 처하게 된다.[20] 훨씬 더 중요한 것은 가상교회가 주님의 만찬을 실천하지 않는다면, 이는 예수의 요청을 무시하고 신학적으로 의심받는 모임과 함께하는 위험을 무릅쓰는 것이다.[21] 예배의 베타 단계에서 벗어나기 위해서 가상교회는 이러한 부족을 인정하고 성찬식과 기타 중요한 신앙 실천을 포함해야 한다. 그들은 그리스도의 몸으로서 "하나 됨"을 공유할 필요가 있다고전 10:17. 그렇다면 가상교회는 가상 성찬식을 어떻게 실천할 수 있고 어떻게 실천해야 하는가?

내가 언급했듯이, 가상 성찬식에 대한 표준적 정의는 없다. 혼동을 제거할 수 있는 한 가지 방법은 가상교회가 가상 성찬식을 준수하기 위해 사용할 수 있는 몇 가지 방법을 살펴보는 것이다. 토론을 돕기 위해 가상 성찬식 사례를 크게 네 가지 유형으로 분류하고, 각 방법에 대한 이름을 만들어 보다 쉽게 작업을 수행할 수 있도록 했다. 이 4가지 방법 외에 다른 유형의 가상 성찬식이 있을 수 있다. 그런 다음 가상 성찬식의 각 스타일의 장단점을 토론할 수 있을 것이다.

몇몇 가상교회들이 취하는 첫 번째 접근법은 *상징적인 가상 성찬식* symbolic virtual Communion 이다. 성찬에 관한 글을 읽고 주님의 만찬의 상징을 묵상하거나 홈페이지에서 읽고 묵상을 한 뒤, 혼자 성찬을 먹는 고립된 실천으로 주님의 만찬을 지켜나가는 것이다. 우리는 웹사이트에서 성찬식 방법을 설명하는 텍스트 기반의 가상교회에서 이러한 스타일을 가장 자주 보고, 독자에게 컴퓨터에서 성찬식을 묵상하거나 실행할 기회를 제공한다. 이 접근법의 이점은 상대적으로 기술 수준이 낮고 개인의 편의성을 지향한다는 것이다. 그러나 이 접근법에는 몇 가지 큰 부정적인 면이 있다. 첫째, 그것은 상상 공동체의 의미를 왜곡할 수 있다. 한 예배자가 성찬식에 참여하기 위해 유명한 교회 웹사이트에 방문했다가, 그곳에서 성찬식을 하는 사람이 자신뿐이라는 사실을 깨닫지 못하는 경우가 있다.[22] 둘째, 성직자나 자격을 갖춘 사람이 성찬식을 집전해야 한다고 믿는 전통 때문에, 성찬식의 이 방법은 효과가 없을 것 같다.[23] 셋째, 상징적인 가상 성찬식이 전통적인 성찬식과 너무 다르다는 현실적인 위험이 있다. 예를 들어 내가 교회에서 금식을 가르칠 때마다 사람들은 금식을 TV를 안 보는 것으로 대신 할 수 있는지 물어본다. 문제는 TV 시청 혹은 무엇이든지 금기하는 것이 좋은 것일 수 있지만, 실제로 금식을 하는 것은 아니라는 점이다.[24] 성찬에 대한 독서와 명상 혹은 개별적으로 성찬식을 하는 것은 개인적인 예배의 한 종류로 받아들여질 수도 있지만 성찬식에 대한 전통적인 묘사와는 맞지 않는 것 같다. 나는 가상교회들이 이러한 접근을 경계해야 한다고 믿는다.

우리가 가상 세계에서 찾아낸 주님의 만찬을 준수하는 두 번째 접근 방식은 *아바타 매개 가상 성찬식*avatar-mediated virtual Communion 이다. 이것은 아바타나 다른 가상 매체를 통해 다른 아바타에게 주님의 만찬을 행하는 것이다. 예를 들어, 3D 가상 세계에서 가상예배를 드리는 동안, 물리적인 실재의 먹고 마심이 없이, 나는 아바타에게 거룩하게 구별된 가상의 떡을 먹고, 거룩하게 구별된 가상의 잔을 마시라고 지시한다. 이러한 실천은 내가 그리스도의 몸 된 공동체[행 2] 안에서 아바타를 통해 성찬식을 취하고 있다는 점에서 상징적인 가상 성찬과는 다르다. 이 방법의 이점은 전 세계 누구나 구성 재료들에 대해 걱정하거나 누룩을 넣지 않은 떡과 포도주나 포도 주스를 찾으려고 노력하지 않고 참여할 수 있다는 것이다. 성찬식 물품에 수급을 보장할 수 없는 아프리카의 일부 지역에 가본 적이 있음에도, 나는 휴대전화 혹은 잠재적으로 웹 서비스가 있는 북미에 살고 있어서 이러한 성찬의 방식이 필요한 곳을 상상하기는 어렵다. 또 다른 이점은 자격을 갖춘 사람이 아바타 형식의 가상 성찬식을 제공할 수 있다는 것이다. 세 번째 이점은 있지만 아래 아바타 매개 가상 세례에 대한 부분에서 다루겠다. 아바타 매개 가상 성찬식의 단점은 상징적인 가상 성찬식의 단점과 유사하다. 성찬식을 지키는 이 방법은 성찬식에 대한 전통적인 설명과 너무 다른 것 같다.

함께 보면 상징적 가상 성찬식과 아바타 매개 가상 성찬식에는, 즉 공동체 내에서 소비되는 물리적 성체의 부족에 대한 실제적 우려가 있다. 성경과 초대교회의 증언은 성찬식이 물리적인 동시에 영적인 행위라는 것을 꽤 명확히 하는 것 같다요 6:48-58; 눅 22:17. 고린도전서 11장에서 바울은 고린도 교회가 성찬에 대하여 직면했던 어려움을 다루고 있다. 그 어려움은 성찬의 신학적인 의미에 대한 것이 아니라, 너무 많이 먹고 다른 사람들과 나누는 것을 거부함으로써 식사를 하찮게 하는 사람들을 위한 것이었으며 그들의 육체적 행동으로 드러나는 사람들의 마음과 관련된 유사한 사안들을 다루고 있다. 그러므로 우리가 가상 성찬식의 다양한 시도를 평가할 때, 집전의 세부 사항이 아닌 사람들의 *하나됨*communion 에 초점을 맞추어야 한다. 현실 세계든 가상 세계든 어떤 교회도 이러한 위험에서 벗어날 수는 없다.

그러나 중세와 근대 역사에서 특정한 기독교 전통은 특히 떡과 잔의 실재성을 강조해 왔다. 상징적 가상 성찬식과 아바타 매개 성찬식은 공동체에서 물리적 성체들의 소비를 실천하지 않기 때문에 이러한 방법으로 가상 성찬식을 실천하는 가상교회는 의도치 않게 주님의 만찬을 대수롭지 않게 여기고, 공동 식사 후의 간단한 기념을 의미했던 것을 영적으로 과도하게 만들 위험을 안고 있다. 더욱이 가상 성찬식에 대한 이러한 접근 방식은 현실^{본성과} ^{핵심}을 혼란스럽게 한다. 가상교회는 실제 사람들이 합성 공간에서 신실하게 만나기 때문에 실제 교회이지만, 실제 사람들은 합성 성체로는 성찬식을 받아들일 수 없다. 심지어 합성 공간에 있는 사람들조차 실제 성체를 사용해야 할 것이다. 가상교회가 이 두 가지 모델 중 하나를 선택하는 경우, 교인들의 마음속에 성찬식을 사소하게 여기거나 혹은 지나치게 영적으로 여기지 않도록 하는 방법을 찾아야 한다.

가상교회에서 주님의 만찬을 집전하는 세 번째 접근 방식은 *확장된 가상 성찬식*extensional virtual Communion 이다.[25] 이 실천에서 가상교회는 목사나 사제가 어떤 식으로든 공동체 구성원에게 확장한 실제 성체를 사용하여 성찬식^{합성 공간에서 실시간으로 원격현존}을 함께 공유한다. 예를 들어 내가 평소에 다니던 인터넷 캠퍼스에 로그인하고 목사님이 라이브 예배 때 신도들을 위해 떡과 잔을 들고나올 때, 나는 준비된 떡과 주스를 사용하여 가상교회의 다른 이들과 함께^{포럼에서 다른 사람들에게 "주님이 당신을 위하여 행하셨습니다"라고 타이핑하거나 말하면서} 성찬식을 준행한다. 이러한 확장된 가장 성찬식에서 나는 "준비된"이라고 말한다. 왜냐하면 다른 전통들은 그 성체들에 대해 다른 기대를 할 것이기 때문이다. "준비됨"은 개인이 준비했거나, 지역 평신도나 집사가 모아서 가지고 있거나, 사제가 미리 축성한 후에 모교회가 배송한 것을 의미할 수 있다. 이 방법의 장점은 사람들이 실제 공동체에서 성찬식을 함께 하고 있고 실제 공간에서 예배를 드리든 합성 공간에서 예배를 드리든 상관없이 실제적인 성체를 받고 있다는 것이다.[26] 상황이 어떻든 간에 가상교회 신도는 지역과 가상교회에서 생방송으로 예배하는 동안 물리적이고 심지어 거룩하게 구별된 재료들을 가지고 가상 성찬식을 할 수 있다.

교회 역사를 살펴보면 확장적 가상 성찬식의 이점을 확인할 수 있다. 교회는 아프거나, 갇히거나, 죽어가는 사람들을 위하여, 그들의 집이나 요양지에서 성찬을 받을 수 있도록 성체를 항상 준비해 왔다. 로마 시리아의 2세기 초 기독교 변증가인 순교자 유스티누스와 3세기 카르타고의 주교인 키프리아누스 둘 다, 초대교회에서의 이러한 관행을 승인했다.[27] 키프리안과 터툴리안은 사람들이 심지어 그들의 집에 성별된 재료들을 보관할 수 있도록 허락받았다고 기록한다.[28] 중세 동안 성찬식의 집전 특히 개신교 개혁을 촉발하게 시킨 하나의 이슈였던 로마 가톨릭교회에서 이 급격하게 변화하였다. 대부분의 기독교 교파는 성찬식에 대한 어떤 직제나 강복선언 혹은 축복기도를 하고 있다. 오늘날까지도 대부분의 기독교 전통은 성찬식을 확장하여 규정한다.[29]

어떤 사람들은 아픈 사람들을 위한 성찬식 확장 예비된 성찬 의 고대 관습을 여기에 비교하는 것은 불공평한 것이라고 반대할 것이다. 이러한 성찬식은 진짜 필요가 있는 사람들을 위한 특별한 은혜의 행위이지만 가상 성찬은 컴퓨터 앞에서 예배를 드리는 것을 선호하는 건강한 사람들을 위한 것이기 때문이다. 하지만 어느 쪽이든 그것은 중요하지 않다. 교회는 가능한 한 멀리 그리고 넓게 성찬을 확대하기 위해 그리고 다른 유사한 성례전적 유래로부터 확장적 성찬식을 만들었다. 이 예는 교회 전통이 교회와 그 지도자들이 진정한 회개와 구원이 있는 한, 사람들을 위한 성례전을 지지하도록 장려하기 때문이다. 사실, 15세기 콘스탄츠 공의회처럼 교회가 사람들을 위한 성찬식을 제한하는 길을 걸을 때마다 — 교회 전체에 있어서 비난받을 만한 재앙적인 순간이었던 — 그것은 그리스도와 그의 왕국 이익에 반하는 것으로 증명되었다.[30]

확장된 가상 성찬식에도 여전히 몇 가지 부정적인 측면이 있다. 다른 형태의 가상 성찬식과 마찬가지로, 성찬식이 경시될 위험이 있다. 또 다른 부정적인 측면은, 많은 전통에서 사람들이 자신의 성찬 요소를 준비하는 것에 불편함을 느낄 수 있다는 점이다.[31] 또한, 일부 사람들은 전 세계의 교구민들에게 가상 성찬식을 위해 성찬 요소를 준비하여 배송하는 것이 번거롭거나 불가능하다고 생각할 수 있다. FedEx에서 성체 배달이 늦으면 어떻게 할 것인가? 또 다른 문제는 사용되는 요소들이다. 한 가상 교회는 사람들에게 빵과 잔 대신 다른 요소들을 대체하도록 권장했다. 하지만 만약 사람들이 가상교회에서 주님의 만찬을 지키기 위해 무화과잼 과자와 코카콜라를 선택한다면 대부분 교회 전통에서 문제가 될 것이다.

가상교회에서 주님의 만찬을 지키는 네 번째 접근 방식은 *아웃소싱 가상 성찬식*outsourced virtual Communion 이다. 이러한 가상 성찬 방식은 가상교회가 현실교회와 연락하여 가상교회 신자들이 현실교회에서 주님의 만찬을 함께 할 수 있는 특별한 상황을 준비할 때 가능하다. 이 방법은 소위 성찬식에 대하여 고교회적 관점을 가진 전통에서 비롯된 가상교회에 가장 효과적일 수 있다. 가상 성찬식에 대한 이 접근 방식의 이점은 성찬식의 가상적 측면을 제거한다는 것이다. 그 사람은 가상 세계에서 교회에 다니지만, 현실 세계에서 성찬을 받는다. 이 접근 방식에도 불구하고, 상당히 많은 부정적인 측면이 있다. 첫째, 특히 가상교회가 모두 가지고 있는 것처럼 보이는 도달할 수 있는 범위가 전 세계적이라면, 가상교회 신도들을 실제 교회와 연결하는 복잡한 문제가 있다. 가상교회 신자가 가상교회와 같은 교단의 교회가 없는 곳에 산다면 어떨까? 아니면 성찬을 시도할 수 있는 교회가 거의 없는 곳이라면? 혹은 가장 가까운 교회가 외부인들에게 성찬식을 제공하지 않는 곳이라면? 둘째, 아웃소싱 성찬식에 대한 전반적인 이슈가 있다. 우리가 세례에 대해 논의할 때 이것을 좀 더 자세히 설명하겠지만 공동체로서 성찬식을 실천하는 원래 의도보다, 다른 종교 지도자에게 아웃소싱하는 것은 건강하지 못하며, 더 나쁜 것으로 보인다. 이는 성찬에 대한 전반적인 개념을 파괴하는 것 같다.

결국 가상교회가 베타 단계에서 벗어나 교회의 진정한 표현이라고 주장하려면 더 이상 떡과 잔의 문제를 사람들에게서 유보해서는 안 된다. 그들은 세부적인 문제를 해결하고, 그들의 전통이 요청하는 사항을 충족시켜야 하며, 주님의 만찬으로 그들을 축복해야 한다. 불투명한 웨이퍼가 달린 귀중한 성배로 공동체적으로 집전하든, 아니면 네모난 부드러운 빵을 작은 플라스틱 잔에 섞어서 집전하든, 우리에게 평범해 보이는 현대판 주님의 만찬은 초기 기독교인들에게는 참으로 이상하게 보일 것이다. 우리가 인정하고 싶든 말든, 모든 형식과 형태의 현대 교회는 주님의 만찬을 현대 관습에 맞게 각색했다. 비록 가상 성찬식이 오늘날 많은 사람에게 낯설게 보일지라도, 우리는 우리의 신성한 의무에 비추어 볼 때, 모든 상황에 대해 교회에 대한 우리의 표현과 그 예식을 계속해서 맞추어야 한다 ^{마 28:18-20}. 성찬식 문제에 대해 가상교회는 사람들의 의견이나 교회 전통을 두려워할 것이 아니라 "이를 행하여 나를 기념하라"는 예수님의 요청을 간과하는 것을 두려워해야 한다 ^{눅 22:19}.

세례식

세례는 어떤가? 가상교회는 새 신자에게 세례를 베푸는 것을 어떻게 다루는가? 그리고 가상 유아세례는?

성찬식과 더불어, 세례는 하나님의 언약 백성들이 참여하는 주요한 예식이다. 성찬식이 그러하듯이, 그들의 새 구성원을 위하여 세례를 어떻게 베풀 것인지 고심해야 한다. 여전히 우리의 논의에 영향을 주는 주님의 만찬과 세례 사이에는 몇 가지 근본적인 차이가 있다. 한 가지는 성찬식과 세례가 모두 물리적인 요소들을 요구하지만, 성찬의 요소가 세례의 요소보다는 더 많이 구체적이라는 점이다. 어떤 물의 형태라도 대부분 전통에서는 괜찮을 것이다. 또한 세례는 성찬식보다 더욱 반드시 자격을 갖춘 예식을 집전할 사람이 있어야 한다. 마지막으로, 세례는 한 번만 일어나지만, 성찬식은 각 신자들에게 정기적으로 행해지는 것이다. 일부 가상교회들은 이미 가상 세례를 행했지만 대부분은 조심스러워하며 주저하고 있다.

그 유래는 훨씬 희미하지만 세례는 주님의 만찬보다 더 긴 역사가 있다. 우리는 고대 히브리 제사 관습이 예식적 씻기와 의식적 정결을 포함했다는 것을 안다 ^{레 8:6; 민 8:6-7}. 의식적인 정결의 개념은 예수님이 살기 전 한두 세기 동안 꽤 인기가 있었던 것으로 보이며, 이는 사해 사본한 유대인 종파의 문서에서도 확인할 수 있다. 내 경험에 의하면 많은 교회 신도그리고 거의 모든 불신자는 세례를 일종의 정결 의식사람을 죄에서 깨끗하게 하는 것으로 보고 있다. 하지만 세례를 정결에 비유할 때는 상당한 문제가 있다. 물의 사용이 습관적인 청결 행위에서, 신자의 죽음과 하나님의 언약 자녀로서의 시작을 상징하는 것으로 전환된 것을 간단히 설명하는 가장 좋은 방법은 에스겔 36장 25-26절이다. "맑은 물을 너희에게 뿌려서 너희로 정결하게 하되 곧 너희 모든 더러운 것에서와 모든 우상 숭배에서 너희를 정결하게 할 것이며 또 새 영을 너희 속에 두고 새 마음을 너희에게 주되 너희 육신에서 굳은 마음을 제거하고 부드러운 마음을 줄 것이며."[32] 이 예언적 구절은 세례에 의해 나타난 단 한 번의 구원적 행위에 대한 하나님의 약속을 표현하기 위한 정결의 언어로 말한다. 이 생각은 신약성경에서 우리가 세례 요한의 회개의 세례마 3:5-6; 행 19:4, 바울이 예수와 언약 연합롬 6:3-8으로 이어지는 사람의 옛 방식에 대한 죽음으로 세례를 설명하는 것을 볼 때 이루어진다. 그러므로 기독교의 세례는 종교적 정결이 아니라 그리스도의 구속적 죽음과 그의 공동체와 우리 자신을 동일시하는 행위로서 회개의 표현으로부터 비롯된다벧전 3:21.[33]

우리가 세례에 대해 무엇을 더 알고 있는가? 첫째, 죄의 고백회개이 세례의 전제조건이다마 3:6; 행 2:38.[34] 둘째, 그것이 구원과 매우 밀접하게 연관되어 있으며, 구원을 대표한다는 것이다막 16:16; 벧전 3:21. 셋째, 세례가 그리스도와 신자의 연합을 의미하며, 따라서 교회도 마찬가지이다. 그러므로 우리는 공동체 밖에서는 세례를 허용하지 않는다.[35] 넷째, 교회가 성부와 성자, 성령의 이름으로 명시적으로 혹은 최소한 암시적으로 세례를 행하기를 기대한다는 것이다마 28:19. 다섯째, 성경에 나오는 세례가 상징적인 사건이 아니라, 진짜 물을 사용한 진짜 사건이었다는 것이다. 성경이 세례를 주는 방법에 대해 많은 세부 사항을 보여주지는 않지만, 세례자가 세례를 받은 사람을 완전히 물에 잠기게 하는 명확한 사례가 있다마 3:16; 행 8:38-39.

성찬식의 경우와 매우 유사하게 성경은 세례에 대한 물리적 또는 공간적 요구사항물을 고려하지 않고, 또는 무엇이 세례를 "실제"아마도 죄의 고백은 전제 조건으로, 성부와 성자와 성령의 인치심으로 전제하는로 만드는지에 대한 어떤 지침도 정하지 않는다. 성경은 세례의 정신적 측면과 신자들에게 있어 그 중요성을 강조하는 데에 더 많은 관심을 둔다. 초대교회의 아주 오래된 문서 중 하나는 디다케Didache이며, "열두 사도들의 가르침"으로도 알려져 있다. 학자들이 그 정확한 기원을 논쟁하고 있지만,[36] 이것이 성경을 제외하고는 세례의 세부사항에 대한 가장 최초의 기독교 논의임은 분명하다. 디다케는 교회가 수세자에게 성부와 성자와 성령의 이름으로 세례를 주어야 한다고 설명하고, 여러 가지 다른 허용 가능한 세례 방식을 열거하고 있다.[37] 초기 교부 테르툴리아누스도 정확한 세례 방식은 크게 중요하지 않다고 주장했다.[38] 초대교회에서 가장 많이 실천한 방법이 침례였다는 문자적·역사적·고고학적 증거가 상당하지만, 다른 방법은 무조건 무효라고 주장하는 것은 잘못일 것이다.

따라서 성찬식처럼 가상 세례를 행하면 안 된다는 주장을 뒷받침할 성경 상의 본질적 이유는 없어 보인다. 세례는 교회와 사람들에게 필수적이기 때문에 가상교회는 세례의 실천을 포기하거나 신도들에게 세례를 유보해서는 안 된다. 문제는 가상 성찬식 때와 마찬가지다. 가상교회가 가상 세례에 대해 말할 때 그것은 무엇을 의미하는가? 성찬식 사례와 마찬가지로, 가상교회가 가상 세례를 실천할 수 있는 최소한 네 가지 방법이 있다. 우리가 논의한 4가지 유형의 가상 성찬식으로부터 그것들을 분리하는 몇 가지 문제가 있음에도. 그래서 가상교회는 가상 세례를 어떻게 실천할 수 있으며, 또 어떻게 실천해야 하는가?

몇몇 가상교회들이 취하는 첫 번째 접근법은 *상징적 가상 세례*symbolic virtual baptism이다. 세례에 대해 읽고 세례의 상징을 묵상하는 세례의 방식이다. 상징적 가상 성찬식처럼 상징적 가상 세례의 약점은 물에 잠기는 것의 물리적 중요성을 무시하고, 상상 공동체를 조장하고, 자기 세례의 가능성을 허용하는 것이다. 물은 어디에나 있으므로 상징적인 가상 세례가 가지는 신빙성 있는 이점은 없어 보인다.

가상 세계에서 찾을 수 있는 세례에 대한 두 번째 접근 방식은 *아바타 매개 가상 세례*avatar-mediated virtual baptism이다. 가상 매체를 통하여 아바타교회 리더가 다른 아바타세례 후보자에게 세례를 주는 방식이다. 예를 들어 세컨드라이프 등 아바타 기반의 가상 세계에서 가상교회 목사가 물이 있는 합성된 공간에서 회심자를 만나 성부와 성자와 성령의 이름으로 그를 물에 잠기게 하는 방식이다. 교회는 아바타 형식의 가상 세례를 보기 위해 모든 신도를 초대할 수 있다. 현실적이고 원격 현존하는 공동체의 맥락에서 세례를 받는 유익, 그리고 자격을 갖춘 성직자나 목사가 잠재적으로 행하는 세례의 이점 외에도 현실 세계의 상황과 관계없이 세례를 줄 수 있다는 장점이 있다. 가상 성찬의 성체와 달리 물은 어디에서나 찾아볼 수 있지만, 세례와 함께 가장 전형적으로 나타나는 현실적 이슈 중 하나는 삶의 낡은 체계및 문화에 대한 회심자의 죽음과 하나님의 새로운 가족으로의 시작이다. 북미 대부분 지역에서 우리는 세례를 당연하게 여기지만, 세계 곳곳에서 현실 세계의 세례는 위험한 계획이 될 수 있다. 주로 중동 이슬람 국가들에서 기독교로 개종하는 사람들은 종종 공적으로 기독교로 개종하기 위해 박해나 죽음에 직면한다. 이슬람교로부터 개종한 자들은 "세례를 피하고 싶지 않지만, 중동에 있는 기독교 교회의 모든 목회자가 새로운 신자들에게 세례를 줄 용기가 있는 것은 아니다"라고 마이크와 샐리 윌리엄스 선교사는 설명한다.[39] 인터넷 전도가 극단적으로 효과적인 중동과 같은 지역에서 가상교회의 아바타 매개의 세례가 현실 세계의 세례 위험에 대한 신뢰할 만한 해결책이 될 수 있고, 더 많은 전 이슬람교도들이 진정한 기독교 공동체로 들어갈 수 있는 문을 열어줄 수 있는가? 아바타를 매개로 한 세례는 여전히 물 없이 행한다는 뚜렷한 단점을 지니고 있지만, 현실 세계에서 기독교에 적대적인 문화권에서의 가능성에 대해서는 진지한 고려와 추가적인 조사를 할 필요가 있다.

세 번째 가상 세례 방법은 *확장된 가상 세례*extensional virtual baptism 이다. 가상교회는 이런 유형의 가상 세례에서 실제 물을 사용해 새로운 신자에게 세례를 주지만, 자격을 갖춘 목사나 사제와 함께하는 원격 현존 경험을 통해 세례를 준다. 플라밍고 로드 교회의 인터넷 캠퍼스는 이런 방식으로 회심자들에게 세례를 주었다. 최근 한 세례에서 후보자는 물리적으로 함께하는 회심자의 기독교인 친구의 도움을 받아 양쪽은 웹캠을 통해 서로 듣고 볼 수 있는 상황에서, 그램링 담임목사와 브라이언 바실 인터넷 캠퍼스 목사의 세례를 받았다. 확장된 가상 세례의 긍정적인 점은 사람들이 합성이 아닌 진짜 물로 실제의 원격 현존 공동체 내에서 세례를 받는다는 것이다. 이 접근법의 한 가지 단점은 컴퓨터 접속은 가능하지만 기독교인특히 다른 신자에게 기꺼이 세례를 주고자 하는 기독교인은 많지 않은 지역에 사는 사람들에게는 효과가 없다는 점이다. 또 다른 부정적인 측면은 일부 교회 전통이 자격 없는 "도우미"가 세례를 보조하는 것의 유효성을 인정하지 않을 수 있으며, 그것이 자가 세례처럼 보일 수 있다는 것이다플라밍고 로드의 경우엔 절대로 그렇지 않다. 그럼에도 불구하고 액면 그대로 볼 때, 확장된 가상 세례는 신뢰할 만한 가능성으로 보인다.

가상교회에서 세례에 대한 네 번째 접근 방식은 *아웃소싱 가상 세례*outsourced virtual baptism 이다.[40] 가상교회가 현실교회에 연락해 현실교회에 후보자를 위한 특별 세례 예배를 마련하는 방식이다. 이 접근법의 이점은 후보자가 현실 세계 교회 상황에서 현실 세계 세례를 받을 수 있다는 것이다. 세례가 일회성 행사라는 사실에 비추어 볼 때, 이러한 접근 방식은 내가 인터뷰한 몇몇 가상교회 목회자들을 포함해 많은 사람에게 최고의 접근법으로 보일 것이다. 동시에 심각한 단점이 있다. 대부분의 기독교 전통이 세례를 새로운 신앙인의 새로운 공동체의 시작으로 보기 때문에, 가상교회가 공동체 형성의 기본 예식조차 실천하지 못한다면 어떻게 현실적이고 진정한 그리스도 공동체가 될 수 있겠느냐는 질문에 직면하게 된다. 플라밍고 로드 인터넷 캠퍼스가 고심했던 문제이기도 하다. 브라이언 바실은 첫 번째 가상 세례의 경우, 그 사람이 가상교회의 정기적이고 헌신적인 교인이었기 때문에 "우리는 [그 사람에게] 세례를 줄 방법을 찾지 못하면, 우리 [교회]를 팔아버려야겠다고 생각했다"라고 설명했다.[41]

가상 세례의 주제를 벗어나기 전에, 우리는 가상 유아세례에 대하여 최소한의 의문을 제기해야 한다. 나는 유아세례를 실천하는 전통에 속해 있지 않기에, 이에 대해서는 외부인으로서 말하고자 한다. 가상 유아세례를 행한 가상교회에 대해서는 들어본 적이 없지만, 적어도 신학적인 관점에서 보면, 가상 유아세례는 성인 신자의 세례보다 어떤 면에서 덜 논란이 될 수 있는 것 같다. 예를 들어, 상징적인 가상 세례의 긍정적 측면과 부정적 측면은 유아세례의 경우 변하지 않지만, 다른 세종류의 가상 세례는 일반적으로 사람들에게 세례를 주려는 하나님의 부름에 대한 반응이나, 더 큰 하나님 언약의 가족에게 유아를 소개하는 것으로 보이기 때문에 그러한 세례들의 부정적인 측면 중 일부는 없어진다. 그럼에도 불구하고, 일부 기독교인들은 "가상교회가 가상 세례를 통해 아기들에게 세례를 준다면, 그것이 더 많은 청소년과 젊은이들이 실제 교회를 떠나는 데 기여하지 않을까?"라고 물을 것이다. 이 주장의 문제는 가상 유아세례가 현실에서의 유아세례보다 현실성이 적다는 것을 암시하는데, 이는 성경적 또는 신학적 관점특히 확장적 또는 아웃소싱 가상 유아세례에 대한에서 지지받지 못하는 주장이다.

교회를 탈구획화하기

나는 이 장을 케냐에서의 기도 이야기로 시작했다. 이 이야기는 교회에서 우리가 생각하는 규범적인 실천이 순수한 성경적 형태보다는 우리의 문화적 환경과 역사적 위치에 크게 의존하고 있음을 드러낸다. 주님의 만찬과 세례와 같은 심오한 영적 실천도 고대 진리를 표현하기 위해 현대의 관습과 형식에 의존한다. 이러한 실천을 새로운 시대와 새로운 사람들을 위해 새로운 방식으로 재구성하는 것은 어렵고, 많은 사람들에게는 매우 불편한 느낌일 수 있다. 그러나 우리가 하나님의 언약에 충실한 교회로 남고자 한다면, 반드시 그렇게 해야한다.

이러한 각 변화에는 대립하는 장단점이 있다. 가상 성찬식을 실행하는 데 부정적인 요소가 있는가? 틀림없이 있다. 의식적이고 양식화된 공연 방식의 성찬식에 부정적인 면이 있고, 축소-포장된 경기장 좌석에서의 성찬식도 부정적인 면이 있으며, 내향적이고, 순수하며, 공동체적인 성찬식에도 부정적인 면이 있다. 그러므로 우리는 현실 세계에서든 가상 세계에서든 우리가 고대 기독교 관습에 참여할 때마다 부정적인 요소들이 존재한다는 사실에 놀라서는 안 된다. 많은 기독교인이 물리적으로 모여서 떡과 잔을 특정 지역 교회에서 다른 사람들에게 건네면서 그들의 삶에 축복의 말을 하며, "예수님이 당신을 위하여 이것을 행하셨습니다"라고 말하지 못하는 것에 대한 진짜 손실이 있지 않으냐고 물을 것이다. 물론 있다. 동시에, 가상교회에서 나오는 강력한 간증들을 듣고, 나는 놀랐다. 기독교적 실천에서 물리적 접촉의 상실이 컴퓨터 매개 커뮤니케이션의 강점에 의해 어떻게든 균형을 잡는 것일까? 현실교회에서도 많은 기독교인이 성찬식이 진행되는 동안 예식이나 규모, 또는 관습의 익숙함 때문에 상실감을 느끼지 않는가? 한편으로, 누군가에게는 변화가 주는 상실감이 있지만, 다른 이에게는 새로움을 주기도 한다. 다른 말로 하자면, 어떤 기독교인들은 교회 특유의 성향을 잃고 슬퍼하지만, 다른 기독교인들은 좀 더 여유로운 방식으로 예배할 자유를 얻는다. 가상 기독교 관습에서는 물리적 접촉의 명백한 손실이 있지만, 많은 기독교인에게는 유익이 될 가능성이 있다. 한 가지 이점은 가상 성례전특히 성찬식이 현실 세계에서 암묵적으로 느낄 수 있는 공동체의 압박에서 벗어나, 참여심지어는 참여하지 않는 것조차 전에 자신을 더 잘 성찰할 수 있게 해준다는 점이다.[42] 성찬식의 경우, 또 다른 가능성은 가상 성찬식이 그 자체로 가상의 행위인 기념 활동을 재구성하고, 대부분의 현대 예배 형태가 감당할 수 없는 방식으로 참여자들을 몰입시킨다는 점이다.[43] 가상 성례전이 실제 교회에서 성례전의 사용을 다시 활성화할 수 있을까?[44]

가상 성찬식의 잠재력을 발견하기 위해서는 교회를 분리된 개념으로 보지 않을 — 지역 교회가 하나님 나라의 최종 형태나 모든 것이 아닌, 더 큰 몸의 한 부분일 분이라는 것을 받아들이는 것 — 필요가 있다. 우리는 몸의 다른 부분들이 함께 일하기를 바랄 수도 있다. 가상교회가 가상 세계에서 정기적으로 만난다고 해서 가상 세계에서 모든 것을 해야 한다는 것을 의미하지는 않는다. 내가 목회하는 현실 교회는 벽돌로 지어진 건물에서 모이지만, 하나님께 감사하게도 모든 것을 그 건물 안에서만 해야 한다는 의미는 아니다. 오늘날, 그리고 미래에는 하나님의 백성들이 현실 세계, 가상 세계, 그리고 증강 세계에 거주할 것이다. 그리고 세 개의 영역 각각에 존재하는 교회들이 있을 것이다. 그리고 대부분 교회의 일부분을 세 개의 교회 모두에 적응시킬 것이다. 그러나, 세계의 유동적인 성격과 지역 교회 수준의 자원 맞춤화에 대한 욕구가 커지면서, 교회 권위와 예배, 신앙, 실천의 분권화에 대한 상당한 의문이 제기될 것이다.

가상 결혼과 장례

실제 교회에서는 성찬식, 세례, 다양한 영적 훈련과 관련된 체험과 같은 특별한 예식이 포함된 예배를 정기적으로 드리지만, 교회 생활과 기독교 예배의 다른 측면, 특히 결혼식과 장례식도 있다.

가상교회는 결혼식과 장례식을 어떻게 다룰 것인가?

사실, 가상 결혼식은 새로운 것이 아니다. 첫 번째 가상 결혼식은 1996년에 열렸고, 그 이후로 더 많은 결혼식이 가상 세계에서 열렸다.[45] 신랑, 신부, 목사 모두 같은 합성 공간에서 원격 참석이 가능하므로, 가상 세계에서 결혼식은 꽤 할 수 있고, 아마도 매우 저렴할 것이다.[46] 비록 이것이 물리적으로 함께 하지 않는 두 사람이 결혼하는 것에 관한 문제를 불러일으키지만, 가상교회는 일시적으로 지리적으로 함께 있지 못하는 커플들을 위해 가상 결혼식을 할 수 있다. 어쩌면 좀 더 현실적으로 목회자들이 지리적으로 떨어져 살지만 결혼을 계획하고 있는 부부들을 위해 가상 결혼 상담을 할 수도 있을 것이다.[47]

그러나 가상 세계의 목회자들이 사람들을 결혼시키기 전에 그들이 해결해야 할 매우 중요한 법적 문제가 있다. 국가나 주, 지역마다 결혼에 관한 법률이 다른 경우가 많고, 목사가 한 나라나 주에 거주하며, 신랑과 신부가 다른 나라나 주에 거주할 때, 목사에게는 두 곳에서 모두 결혼시킬 수 있는 법적 권리가 필요할 수 있다. 신랑과 신부가 서로 다른 나라나 주에 살고 있는 경우에도 마찬가지이다. 그들은 양쪽 관할권에 대한 법적 요건을 충족해야 할 필요가 있을 수 있다.[48] 신랑과 신부가 그들의 주 또는 국가에서 자격을 갖춘 결혼 집례 면허를 가진 자 또는 대리인에게 상담하는 한, 가상교회에서의 가상 결혼식이 문제가 되지 않는다.

가상 세계에서의 장례식은 적절히 처리된다면 여러 가지 면에서 매우 좋은 생각이 될 수 있다. 먼저 장례식과 빈소 절차를 구분해 보겠다. 교회가 통상적으로 빈소 절차를 처리하지 않기 때문에 가상 장례식을 원하는 가족은 장례식장이 시신 매장 및 묘역관리를 감독할 수 있도록 허용하지만, 가상 세계에서 장례식을 계획할 수도 있다. 가상 장례 서비스에는 여러 가지 이점이 있다. 고인과 떨어져 사는 사람들이 장례식에 가기는 종종 어렵다. 가상 장례식은 모든 사람이 참석할 수 있도록 허락한다. 가상 세계는 주문 제작이 가능하므로, 슬픔에 잠긴 가족이 예배를 드리기 위한 특별한 의미를 지닌 가상 공간의 장소를 설계하기가 비교적 쉽다. 예를 들어 고인이 해군 장교 출신이었다면 가족들은 가상 항공모함 갑판 위에서 장례식을 치를 수 있다. 분명히 가상 장례식의 가장 큰 부정적인 측면은 물리적으로 출석하지 않은 사람들이 포옹과 악수와 같은 신체적 제스처를 통해 유족들에게 위로를 표하지 못하는 것이다. 기술이 발전함에 따라, 가상 장례나 추도식은 매우 보편화될 수 있다.

6장

전능한 운영자

"그러면, 누가 이 교회를 맡고 있는 거죠?"

그의 입에서 나오는 말이 들리긴 했지만, 대답하기 전에 신중하게 단어를 선택해야 했다. 어느 정도는 문제의 답을 줄 수 있었다.

"음, 카메론. 목양 스태프들과 저는 베리에사 밸리 교회[BVC]에서 대부분의 일상적인 결정을 담당하지만, 자문 위원회가 공동 의회의 투표가 필요 없는 부분에 대해서 모든 주요 결정을 내립니다."

카메론은 약 4초 동안 내 대답에 대해 생각했다. "어떻게 하면 이 자문 위원회에 참가할 수 있습니까?" 베리에사 밸리 교회에서 담임목사직을 맡은 지 얼마 되지 않아 사역자와 나눈 첫 대화 중 하나였다. 카메론은 몇 년 동안 교회에 다녔고, 대부분의 보통 교회 신도들처럼 몇몇 변화에 개방적이면서도 그가 가장 편안하게 느끼는 변화에 가장 관심이 많았다. 카메론은 신실한 그리스도인이었지만, 나의 목사직 첫 몇 달을 BVC에서 변화를 만들 수 있는 나의 권한에 대해 의문을 제기하며 보냈다.[1]

만약 여러분이 목사라면 이런 일을 수없이 많이 겪었을 것이고, 여러분이 더 많은 교회를 목회할수록, 더 많이 그런 일을 접하게 될 것이다. 한 무리의 사람들이 매주 질서정연하게 모여 하나님을 경배한다고 해서, 교회의 조직과 행정이 질서정연하게 진행되는 것은 아니다. 불행한 일이지만, 교회의 여러 모임에 참여하게 되면, 많은 문제와 갈등을 볼 수 있다.

이런 문제들을 복잡하게 만드는 것이나 카메론 같은 사람들이 주도적인 질문을 하게 만드는 것은 일반적인 형태의 교회에서 권위가 전통적 영역과 비전통적 영역, 두 영역 모두에 존재할 수 있다는 것이다. 물론 누가 목사인지도 알고, 일부 교회에는 장로들이 있지만, 교회 권위는 이보다 훨씬 까다롭다. 보통 교회 성도들이 어려운 방법으로 교회의 권위에 대하여 이해하게 되듯이, 교회들은 이 문제에 고심하는 경향이 있다. 교회 사역팀, 당회, 또는 운영위원회들을 살펴보는 것은 지뢰밭을 탐지하는 것과 같다.

조직으로서의 교회도 단단히 뿌리박은 권력 중개인이 있는 것으로 악명이 높다. 신학교를 갓 졸업한 젊은 목회자가 새로 부임한 교회 식구들에게 교회가 더욱 현대화되는 것을 보고 싶다고 언급할 때, 왜 모두 교회의 나이가 지긋한 권사회 회장을 쳐다보는 것일까? 교회의 권위는 낯선 곳에서 오는 것 같다. 내가 사역하던 두 교회에서는, 관리인이 그런 사람이었다. *관리인*은 부서가 언제 어떻게 어디로 갈 수 있는

지에 대한 최종 결정권자였다. 관리인의 승인 없이는, 싸우지 않는 한, 일이 진행되지 않았다. 또 다른 교회에서는 장로들의 아내 중 몇 명이 교회 안에서 작은 5인의 조직을 만들어 스스로 임명한 결정권자 노릇을 했다. 그 교회의 일반 교회 신도들은 목회자들이 관여하기 꺼끄러워하는 사역들이 있다는 것을 깨닫지 못했다.

21세기 초반, 가상교회는 수 세대에 걸쳐 그들의 사역을 정의할 문제, 즉 권위의 문제에 직면하고 있다. 교회 내 권위에 대한 갈등은 오랜 역사를 가지고 있으며, 이는 재정 투자, 과학 연구, 정치 등 새롭게 가상화된 현실 세계의 여러 분야에서도 문제를 일으키고 있다. 우리는 정치 블로그 영역의 부상과 함께 언론계의 권위 구조를 변화시킬 수 있는 가상 세계의 힘을 보여주는 좋은 예를 찾을 수 있다. 20년 전만 해도 뉴욕 타임스와 CBS 뉴스와 같은 거들먹거리는 언론사들이 언젠가는 일방적이기보다는 상호 소통할 수 있는 뉴스룸을 가지게 되고, 몇몇 독단적인 블로거^{드러지 보고서나 데일리 코스 등}의 변덕에 따라 헤드라인을 선정하게 되며, 인터넷 기반의 뉴스-오피니언 정파가 미국 대통령 선거에서 정치적 권력 브로커가 될 것이라고 상상한 사람은 아무도 없었을 것이다. 교회의 목소리가 숙련된 교단 지도자나 학구적인 신학자들, 심지어 인기 있는 대형교회 목사들 사이에서 나온 것이 아니라, 컴퓨터 통신의 힘으로 대담해진 비전통적인 지도자 또는 분권화된 사회 집단이 이끄는 지하 가상교회들에서부터 갑자기 나온다면 어떻게 할 것인가? 미래의 가상 세계 교회 지도자는 이념적 독불장군일까, 균형 잡힌 목회자일까, 아니면 전통적인 교단 위계질서에서 자란 무비판적인 거수기일까? 아니면 위의 것 중 아무것도 해당이 안 될 수도 있을까?

가상 교회는 전통적인 권위와 어떻게 관계를 맺어야 할까? 가상 교회가 기독교를 더 분열시키지 않으면서 분권의 힘을 활용할 수 있을까?

우리는 모두 가상 세계에 대한 기독교 신앙 안에서 일어나는 "급진적인 개혁"이 있다는 것을 인식하고 있다. 이는 단지 몇 년 전 키아누 리브스가 주연을 맡은, 철학적으로 혼란스러운 영화 3부작^{역자 주-매트릭스} Matrix 시리즈의 신학적 의미에 대한 끝없는 블로그들 때문만은 아니다. 가상 세계가 누구에게나 신학을 논의할 수 있는 수단을 제공할 뿐만 아니라 자신만의 가상 교회를 시작할 수 있는 수단을 제공한다는 사실 때문이다. 누구나 현실 세계에서 자신만의 교회를 시작하는 것이 항상 가능했지만, 가상 세계는 기록된 역사상 어떤 사건보다도 더 공평한 기회를 제공한다. 그러고 보니 가상 세계에는 이미 많은 교회가 있다. 우리가 그들에 대해 무엇을 아는가? 우리는 그들 뒤에 누가 있는지 아는가? 그들의 리더십? 그들의 권위? 그들의 신학?[2] 때때로 우리는 실제 교회 개척 단계에서 이런 질문들을 하고 싶어 하지만, 이러한 문제들은 가상 세계에서 새로운 중요성을 띠는 것 같다. 우리는 다음과 같은 관련 질문을 던지고 싶다. 웹사이트나 가상교회 중개자도 목사나 사제인가, 아니면 다른 누군가가 그 역할을 맡고 있는가? 우리가 아바타로만 만나는 가상교회 지도자 중 누가 누구에게든 책임을 질 수 있을 것인가?[3]

오픈-소스 교회

가상 세계를 진보와 자유로운 사고를 장려하는 계몽된 장소로 이야기하고 있음에도 불구하고, 이 세계는 시작부터 지금까지 지적재산권 분쟁이 계속되고 있다. 전투원들은 누구인가? 권력을 가진 사람들과, 권력이 재분배 되어야 한다고 느끼는 사람들, 지적 권리를 누구나 사용할 수 있게 해야 한다고 생각하는 사람들, 그리고 개인이 사용 중에 디지털 재산이 변경될 수 있어야 한다고 보는 사람들이다.[4] 또 다른 좋은 예는 지난 20년 동안 마이크로소프트와 컴퓨터 사용자들 간에 발생한 수많은 충돌이다. 이 사용자들은 마이크로소프트가 운영체제에 포함되어야 한다고 여기는 모든 것들을 탑재하지 않은 컴퓨터를 원했다. 그들은 마이크로소프트가 어떤 브라우저를 사용할 수 있는지 결정하는 것을 원하지 않으며, 자신들이 결정하길 원하고 있다. 고전적인 게릴라 스타일로, 이들 사용자 중 일부는 심지어 그들만의 무료이며 오픈-소스 운영체제인 리눅스를 만들었다. 사용자가 코드에 접근할 수 있고 자유롭게 코드를 조작할 수 있어서 오픈-소스이다. 그것은 사람들에 의한, 사람들을 위한 운영체제이다.

세컨드라이프와 같은 가상 세계의 이면에 있는 특별함은 대부분 오픈-소스라는 것이다. 사용자들은 그들이 상상할 수 있는 거의 모든 것을 만들 수 있다. 그들은 그것을 만들 수 있을 뿐만 아니라, 종종 그들의 창작에 대한 디지털 권리를 소유한다. 클라우드 역자 주-온라인 가상 저장공간 속에 있는 교회? 쉽다. 메시지, 예배, 또는 사람들의 분위기에 따라 색

이 변하는 실내장식의 교회? 충분히 가능하다. 매일 세컨드라이프 거주자를 대상으로 수백만 개의 아바타를 찾고 복음을 전하는 ICBM을 발사하는 미사일 사령부 교회? 문제없다. 적어도 사람들이 불평할 때까지는 말이다. 그렇게 되면 세컨드라이프 운영진들은 여러분의 교회와 권리를 눈 깜짝할 사이에 없애버릴 힘과 권위를 행사할 것이다.[5] 가상 세계 안에서만큼은 그들이 전능한 운영진이다.[6]

필연적으로, 이 분쟁은 가상교회 세계로 퍼져나갔다. 교회 전반에 반가운 소식은 지금까지 소수의 고립된 전투만 있었다는 것이다. 그 이유 중 하나는 가상 세계에 접근할 때 교회 내 여러 부서가 다른 의도를 가지고 있기 때문이다. 가상 세계에 전혀 관여하지 않기로 한 교회와 교단들이 꽤 많이 있다. 어떤 신학자와 교회 지도자는 가상 세계를 비난하기도 한다. 어떤 기성 교회와 교단의 지도자는 현실 세계 전통 양식에 준하는 가상교회를 개척하려고 한다. 가상교회가 마침내 대위임령[마 28:18-20]을 완수할 것이라고 믿는 일부 가상 목회자도 있다. 그리고 일부 기독교 자유사상가는 가상 세계를 그들만의 기독교 브랜드를 통해 교회를 분권화하는 방법으로 보기도 한다. 위 사례는 단지 몇 가지만 언급한 것이다. 현실의 교회를 논할 때 이러한 관점이 현실 세계에 존재하지 않는 것이 아니라, 가상 세계가 교회의 판도를 바꾸고 있고, 훨씬 더 강력하고, 다면적이며, 복잡한 토론이 발생할 것이라는 점을 주지해야 한다.[7]

가상 세계가 권력 다툼을 어떻게 변화시키는지 예를 들어 보겠다. 현실 세계에서 불만을 품은 장로가 어떤 이유로든, 예전 제1장로교회에서 더는 안되겠다고 판단한다고 해서, 그가 그 교회를 떠나 대안적인

제2장로교회를 길 건너편에서 시작하는 것은 가능하긴 하지만 쉽지 않다. 그는 재정, 회원 자격, 노회의 동의, 평판과 같은 여러 가지 심각한 문제에 직면하게 될 것이다. 하지만, 목사들이 제2세컨드라이프장로교회를 개척하여, 자신을 목사로 임명하고, ^{세계의 사람들은 말할 것도 없고} 불만을 품은 많은 친구를 회원이 되도록 초대하기는 꽤 쉽고 빠른 일이며, 재정, 노회 승인, 평판은 상대적으로 문제가 되지 않을 것이다. 교회 이름과 잘 디자인된 가상 건물을 보고 교회를 찾는 사람들이 교제에 동참하도록 설득할 수도 있을 것이다. 하지만 어떤 권위가 이 교회의 시작을 이끌 것인가? 그리고 이 교회는 교회의 타당한 표현인가? 과거에는, 더 큰 기독교 전통에서 분리되어 새로운 교회를 개척하려면 개척자들은 전형적으로 재정, 개인적인 카리스마, 호소력 있는 메시지, 그리고 큰 결정과 같은 자원들을 얻기 힘들었다. 가상 세계에서 필요한 것은 몇 푼의 동전과 기술을 배우려는 노력뿐이다. 교회는 즉흥적으로 만들어질 수 있다.

이러한 가능성은 좋은 뜻을 가진 많은 전통적인 교회 지도자들에게는 걱정거리가 되지만, 동시에 문제가 기존 체제에서 기인한다고 느끼는 많은 비전통적인 기독교인들에게는 흥미로운 요소가 된다. 결과적으로, 전자^{전통주의자}는 가상 세계에 참여하는 것을 주저하는 반면, 후자^{비전통주의자}는 전통적인 권위에 구애받지 않고 예배와 신학에 대한 새로운 접근 방식을 허용하는 가상세계를 위대한 평등주의자로 여긴다. 많은 비전통 기독교인에게 가상 세계는 신세계이며, 그들은 구 유럽의 권위적인 구조를 뒤로 하고 싶어 한다. 불만을 품은 장로의 이야기에서, 가상 세계의 큰 목소리는 단순히 공식적인 위계질서를 우회하고 새로운 교회를 개척하려는 큰 유혹을 제시한다.[8] 이것이 종교개혁인가? 아니면 단지 건강하지 못한 문제 해결 방법인가?[9] 누가 결정하는가?

이러한 질문들은 가상 세계에서 권위라는 큰 퍼즐의 작은 조각에 불과하다. 사실 장로교회를 시작하는 데는 불만을 가진 목사가 필요한 것은 아니다. 어떤 종교적인 배경이나 신학을 가진 사람이라도 세컨드라이프에 가서 제2장로교회를 세울 수 있다.[10] 만약 우리가 일요일에 세컨드라이프를 충분히 돌아본다면, 가상 풍경에 점점이 흩어져 있는 수백 개의 교회를 선택할 수 있는 것을 보게 될 것이다. 우리가 무작위로 하나를 선택한다면, 우리가 선택한 아름답고 영감을 주는 교회 건물을 신실한 목회자가 이끌어가는지 어떻게 알 수 있을까?[11] 수학 숙제를 하는 것보다 재미있는 대안이 될 것으로 생각한 12살 아이가 교회를 이끌어 가는 것은 아님을 어떻게 알 수 있을까?[12] 12살짜리를 목사로 둔다는 것은 본질적으로 혹은 성경적으로 잘못된 것인가? 우리는 교회 조직이나 사제의 권위보다는 미학교회처럼 보이는에 따라 교회를 선택하지 않았는가? 아니면 성경인가?[13] 인정하자면, 우리는 현실 세계에서 이런 싸움을 하고 있다. 우리의 현실 세계의 거리에 있는 새 교회가 합법적인 교회인지 어떻게 알 수 있을까? 이름 때문에? 건물 때문에? 가상 세계는 새로운 현상이기 때문에, 우리는 평범한 기독교인들이 현실 세계에서 교회의 가면을 더 잘 간파할 수 있다고 주장할 수 있다. 글쎄, 그럴 수도 있고, 아닐 수도 있다.

이 자유는 양쪽으로 다 효과가 있다. 가상 세계가 시작된 이래로, 교회가 계층적 속박을 벗어던지고 마침내 사람들이 함께 일하는 것에 초점을 맞추게 될 것이라고 믿는 사람들에 의해 많은 환호가 있었다 사도행전 2장을 잘못 이해하여, 초대교회가 그랬다고 그들이 믿는 것처럼. 이러한 믿음의 한 예는 교회가 단지 매주 열리는 의식 공연에 참석하는 사람들의 분열된 집단으로 남아 있지 않고, 사명이 있는 기독교인들의 세계적이고 협력적인 네트워크로 발전할 것이라는 기대이다.[14] 확실히, 가상교회는 블로거들이 CBS 뉴스에서 했던 것처럼 전통적인 권위를 뒤집는 데 도움을 줄 수 있겠지만, 모든 교회의 권위와 정당성을 약화시키는 것이 아닐까? x개의 교단이나 그룹 그 자체로도 문제가 충분히 있지 않은가? 혹은 x^n개가 필요하다는 것인가? 가상 세계의 실험적 성격은 기껏해야 전통적인 기독교와 다른 입장을 취하는 이들이나, 최악의 경우 전통교회에 큰 불만을 품는 이들 또는 유사 정통 사상을 옹호하는 이들, 아니면 양쪽 모두를 끌어들이는 것에 그쳤다.[15] 이 사람들의 의도는 좋을 수 있지만, 건강한 가상교회나 인터넷 캠퍼스를 세우기 위하여 그들이 어떤 권위나 자격을 갖추어야 하는가? 이런 종류의 사람들이 정말로 교회가 가상 세계에 참여할 수 있는 최고의 사람들인가? 만약 우리가 기독교인들로 구성된 글로벌 가상 공동체를 만들기 위해 모든 전통, 위계적 질서, 권위를 버린다면 무언가 큰 것을 잃는 것이 아닐까?

고아가 된 심즈

가상교회가 교회에서 거점을 찾으면서, 컴퓨터 매개 통신과 글로벌 원격현존이라는 독보적인 힘이 수많은 현실교회에 친한 형제자매가 있다는 사실을 잊고 가상교회가 영적 고아처럼 행동하도록 부추길 위험이 있다. 그들은 전통을 둘러싼 논쟁을 피하거나, 현실 세계에서의 권위 구조를 피하기 위해, 또는 단지 현실 세계나 가상 세계와 상관없이 다른 교회와 차별화하기 위해 고아처럼 행동하기를 선택할 수 있다. 나는 자유교회 모델을 옹호하지만, 이것이 개별 교회가 책임감 없이 고립되어야 한다고 믿는 것은 아니다. 바울의 글로 미루어 볼 때, 나는 연결되지 않은 교회들이 성경에서 말하는 교회라고 확신할 수 없다^{고전} ^{12:12}. 우리 교회 배경과 상관없이 우리는 모두 폴 미네어의 말에 동의할 수 있어야 한다. "신약은 교회 자체를 분리되거나 자치적인 실체로 전혀 정의하지 않는다."[16] 정통신앙과 실천이 있는 교회는 단지 함께 일하는 것으로는 안 된다. 그들은 같은 몸의 다른 부분이어야 한다.

불만을 품은 장로의 이야기를 되짚어 보면, 장로가 현실 세계에서 제2장로교회를 세우기로 결심하고, 장로 권력이 있어서는 안된다며 새 교회의 외부 표지판에서 장로라는 단어를 제거한다고 가정해 보자. 이제는 목회자가 된 그 장로는 자신의 교회의 주일예배가 제1장로교회와는 근본적으로 다를 것이라고 결심한다. 제2장로교회는 설교하지 않고, 대신 모든 사람이 자기 마음의 아무것이나 말하고 가르치고 예언하거나 말하는 것을 허락할 것이다. 장로도 지도자도 없고, 모든 사람이 평등할 것이다. 그들은 어떤 신조나 공의회도 규범적이라고 생각하지 않을 것이다. 이 목회자는 현실 세계에서 제2장로교회를 시작할 권한이 있는가? 가상 세계에서는 어떤가? 현실 세계 제2장로교회는 합법적인 교회인가? 제2장로교회가 제1침례교회의 건물을 사들였다면, 이제는 합법적인 교회인가? 내가 이해하는 교회론의 관점에서, 제2장로교회는 권위와 정당성 두 가지 면에서 불안한 위치에 있는 것 같다. 목회자나 그와 함께하는 사람들의 마음을 판단할 수는 없지만, 제2장로교회의 목적은 거짓인 것 같다. 나는 여러 가지 이유로 사람들이 이 교회에 가입하는 것을 추천하지 않는다. 아무리 우리 자신의 교회론이 확고불변한 것이라 해도, 이런 질문들은 어떻게 교회가 교회다운 교회가 되는지의 핵심을 찌른다. 현실 세계에서는 이것이 받아들이기 매우 어렵기 때문에, 우리는 가상 세계에서는 훨씬 더 어려울 것으로 예측할 수 있다.

가상의 상황에서 실제 이야기로 바꿔보자. 내가 사역을 시작할 때, 자신을 교회 개척자이자 전도사로 치켜세우는 다소 불쾌한 사람을 알았고, 그가 사는 바로 그 주변에는 겉으로 보기엔 멀쩡하고 합법적인 교회가 수없이 많았는데도 스스로 교회실버레이크 교회를 개척하기로 했다. 그는 동네를 돌아다니며 약 50명의 사람에게 자신의 개척 예배에 오라고 설득했다. 그는 심지어 미래의 목회자들이 자신과 함께 무급으로 섬기도록 광고를 게재하기도 했다. 그는 실버레이크를 출범시켰고, 공평하게 말하자면, 그의 신학은 대부분 정통교리 안에 있었고, 예배는 아마도 괜찮았다.[17] 노력한 지 약 8개월이 되었을 때, 교회는 80명 — 이 교회는 바이블벨트역자 주·미국 남부의 기독교가 지배적인 지역 안에 있었다. — 으로 성장하여 만날 장소를 찾는 데 어려움을 겪고 있었다. 늘어난 사역이 부담스러웠던 그는 어느 주일, 그 주일이 자신의 마지막 주일이라고 발표했고, 교회는 갑작스레 홀로 남겨졌다. 그는 사임하고 떠나 버렸다. 만약 그가 양심의 가책을 느끼고 있었다고 해도, 내가 보기에는 절대로 그렇지 않았다. 그는 마치 교회 놀이를 하는 것과 같았으며, 그 사실은 나를 격분하게 했다. 이 곳에는 80명의 사람들 뿐만 그 개인의 숫자들보다 더 큰 공동체를 영적으로 버리고 상처를 준 목사가 있었다. 이 사람들은 새로운 교회를 찾았을까? 몇몇은 그랬고 몇몇은 그렇지 않았다.

권위와 정당성

이 두 단어 *권위*와 *정당성*는 교회의 어떤 논의에서도 거대한 벌레 통조림을 여는 것 같다. 한편으로 제2장로교회는 인간적인 물질적 측면 예를 들어, 노회의 승인에서 *장로교회*를 시작할 권한이 없을 수도 있지만, 그리스도 안에서 자유를 주장하며 모든 신자에게 부여된 영적 권위에 의해 교회를 시작할 수도 있다. 성경과 초대교회 자료를 바탕으로, 나는 서양인들이 때때로 이것을 "권리" — 권위의 문제를 피하고, 큰 조직으로부터 축복받는 것 없이, 우리가 하고 싶은 것을 하는 방법 — 로 과하게 주장한다고 생각하곤 한다. 참조. Ignatius, *Letter to the Smyrnaeans* 9; *Letter to Polycarp* 6. 제2장로교회는 몇 가지 이유로 정당성이 결여된 것으로 보인다. *정당하다*는 것은 (a) 합법적 및 (b) "정확히 목적과 일치하는 것: 가짜이거나 거짓이 아닌"[18] 것을 의미한다. 불만을 품은 지도자가 새로운 교회를 시작하고, 그의 오래된 교회의 관행과 신조의 많은 부분을 거부한다면, 새 교회는 가짜인가? 그렇게 보이겠지만 결국엔 하나님만이 알고 있다.

실제 교회인 실버레이크는 교회가 될 권한이 있었을까? 그렇다면, 현실 세계에서 실버레이크를 시작하는 이 사람, 현실 세계에서든 가상 세계에서든 제2장로교회를 시작하는 불만족스러운 지도자, 그리고 수학 숙제하는 대신에 가상 세계에서 교회를 시작하는 12살 어린이는 어떤 차이가 있을까? 모든 것이 평등하므로, "교회"의 이 세 가지 예시 사이에는 *어떤* 구별 가능한 차이도 없는 것 같다. 이 현실 세계에서 역할을 하는 실버레이크 교회를 정당한 교회라고 부를 수 있을까? 아니면 그저 단 하나의 나쁜 목회자가 있던 정당한 교회였을까? 그렇다면 우리는 열두 살짜리 어린이의 가상교회를 나쁜혹은 최소한 미성숙한 목사가 있는 정당한 교회라고 부를 수 없을까?[19] 우리의 서구 세계관이 현실의 교회가 가상 세계 교회보다 더 합법적이고, 더 "진짜"라고 생각하도록 우리에게 얼마나 쉽게 개입하고 영향을 미치는지 보라.

만약 우리가 실버레이크가 나쁜 목사를 둔 합법적인 교회라고 말한다면, 왜 그 교회는 문을 닫았을까, 마치 사업장이나 클럽이라도 되는 것처럼 문을 닫았고 모든 사람이 떠났을까? 대조적으로, 바보들의 교회가 문을 닫았을 때에는, 아무도 떠나고 싶어 하지 않았다. 바보들의 교회 같은 가상교회가 실버레이크 같은 현실교회보다 *더* 합법적일 수 있을까? 문을 닫는 것은 현실 세계에서의 문제일 뿐만 아니라, 가상 세계에서도 큰 문제로 드러날 수 있다. 현재 상황에서는 가상교회를 그만두는 것 — 웹사이트를 닫고, 스트리밍 미디어를 끄고, 세컨드라이프에 남은 것을 판매함으로 — 이 현실 세계에서 교회를 닫는 것보다 더 쉬울 것이다.[20] 그러나 이는 가상교회에 대해 난감한 상황을 초래한다. 왜냐하면, 가상교회를 목회하거나 프로그램을 만드는 사람이 종종 교회를 "소유"하는 경우가 많기 때문이다.[21] 그리고 그 사람은 가상 건물 뿐만 아니라 가상교회 신도들 간의 연결고리를 소유하고 있다. 현실교회가 문을 닫으면 교회 구성원들은 여전히 정기예배 시간에 낡은 건물에서 만나 교회로 남으려면 다음에 무엇을 해야 할지 결정할 수 있다. 그러나 가상 세계에서는 가상교회가 문을 닫을 때, 사람들이 만날 수 있는 "어디"where가 없다. 사라진 교회는 돌이킬 수 없이 영적 고아들을 만들어 낸다. 극단적인 분산화와 협력에 대한 열망에서 비롯된 점점 더 많은 연결되지 않은 교회의 창설은 결국 점점 더 많은 영적으로 고아가 된 사람들을 낳게 될 것이다. 우리가 알고 있는 한 가지는, 이것은 성경의 교회론과는 반대되는 것이다롬 12:5.

권위와 정당성을 모두 갖춘 협력적 가상교회를 만들 방법이 없는 것일까? 어느 정도까지는, 이러한 초기 희망이 메가처치의 인터넷 캠퍼스일 수 있다. 가상 교회 참석자들은 인터넷 캠퍼스에 대한 책임을 모교회에 안전하게 맡길 수 있을 것이다. 그럼에도 불구하고 세컨드라이프와 같은 가상 세계의 훨씬 넓고 훨씬 큰 지역에서는, 많은 사람이 아름답게 보이지만 정당성과 권위가 결여된 가상 세계의 교회에 끌릴까봐 두려워한다. 아마도 현실 세계와 가상 세계 사이에는 실질적인 차이가 없을 것이다.

제다이 교회

또 다른 실제 있었던 이야기를 살펴보자. 1980년대에 한 번의 성공을 이루었고 지금은 커피숍에서 만나는 "교회"를 가진 이곳 산 호세에 있는 "목사"를 알고 있다. 그가 합법적일 수도 있지만, 나는 그의 웹사이트가 오직 돈, 돈, 돈에 관한 것이라는 것을 안다. 그의 추종자 중 한 명이 실종된 아이들의 위치를 찾는 사역을 위해 죽은 사람들의 영혼을 활용하려는 것을 우리가 허락하지 않음을 깨달을 때까지 한동안 우리 교회에 출석하려 했다. 모든 것을 고려해 볼 때, 나는 이 사람의 교회를 사람들에게 추천할 수 없다. 나는 그 권위의 측면과 아울러 그 목적과 신학에도 의문을 가진다. 내게는, 이 예시가 실버레이크나 제2장로교회의 사례보다 우리가 이야기하고 있는 문제들을 더 깊이 다루는 것으로 보인다. 현실 세계에서 이런 종류의 "교회들"에 빠져들기 쉬운 것처럼, 가상 세계에서는 더 쉽게 속아넘어갈 수 있지 않은가? 그렇지 않은가?

현실 세계의 교단과 지도자들이 웹사이트를 개설하는 것 이상의 의미를 갖는 가상 세계에 더 많은 관심을 기울이기 시작하지 않는다면, 이러한 방치가 가상 교회뿐만 아니라 현실 교회에도 기하급수적인 신학적 위기를 초래할 것 같다. 우리는 점점 더 많은 보통 사람이 "조직화된 종교" 밖에서 진실을 찾고 있다는 것을 안다. 크리스토퍼 헬런드는 자신의 연구에서 사람들이 영적인 질문을 가지고 가상 세계에 들어갔을 때 공식적인 출처에서 만족스러운 답을 찾지 못하면, 그들이 탐색을 멈추지 않고 비공식 출처에서 답을 찾게 될 것이라고 보여준다. 이러한 비공식 출처 중에는 오도하거나 잘못된 정보를 제공하는 곳들이 많다.[22] 이것은 우리가 앞에서 다룬, 가상 세계에서 제자를 만드는 것에 대한 논의로 거슬러 올라간다. 영적 성장을 위해 구글링을 하는 것은 그 누구도 좋게 생각하지 않는다. 그러면 나쁜 가르침을 멈추고, 이단 교리를 근절하는 가장 좋은 방법은 무엇일까? 종교재판이 아니다. 내가 보기엔 가장 좋은 방법은 가상 세계에서 구도를 하는 사람들에게 다가가기 위한 권위와 정당성을 가지고 건강하고 성장하는 지역 교회를 세우는 것이다.

내가 세컨드라이프에서 방문한 많은 교회들은 "요청 시 예배 가능"이라는 표지판이 있었다. 어떤 예배인가? 이것들은 유럽형 대성당과 같은 것들이거나, 일부는 관광객들의 푼돈을 바라며 존재하는 것일까? 아니면 사람들이 가상의 앨비스 흉내쟁이의 주례를 받아 아바타 결혼을 할 수 있는 라스베가스 스타일의 사랑의 성당일까?[23] 이 교회들은 모두 린든 달러 L$에 역자 주-세컨드라이프에서 통용되는 화폐 관심을 두는가? 아니면 더 기만적이며, 성경과 상반되는 가르침에 관심을 두는가? 가상교회와 온라인 영성을 연구하는 사회과학자들은 가상 세계의 기독교 신학적 신념들 사이에 유동성과 혼합주의가 매우 많이 존재한다고 지적했다.[24] 스타워즈의 포스와 성경의 성령을 혼합한 것이 인기 있는 것이 예가 될 수 있다. 현실 세계의 평균적인 교회에는 성령이 정말 포스와 같다고 믿는 사람들이 없다는 것이 아니다. 문제는 컴퓨터 매개 소통이 그러한 생각을 발전시킬 수 있는 더 큰 플랫폼을 제공한다는 것이다. 심지어 신학은 약간의 복음과 전체적으로 제다이 같은 가상교회를 만들기도 한다. "성령을 사용해라, 루크" - 그럴듯하게 들리지만, 이는 성경적이지 않다. 이단 교리는 현실 교회들에게 항상 큰 문제였고, 가상교회들에게는 훨씬 더 큰 문제가 될 것으로 보인다.

가상 세계를 검색해 보면, 많은 전통적인 기독교 단체들이 교회가 해야 할 일은, 정답을 제공하는 웹사이트를 만든 다음, 가상 세계에 살고 있는 현실교회 사람들이 공식적인 답을 찾아갈 수 있도록 안내하는 것이라고 믿고 있다는 사실을 알 수 있다. 틀렸다. 정보는 아무도 구원하지 않으며, 웹사이트의 정보는 구도자를 위해 상황화된 것이 아니다 행 8:31. 웹사이트는 제다이에게 자신의 방식이 잘못되었다는 것을 보여주지 못할 것이다. 오직 살아있는 진리의 선포만이 사람들의 삶을 변화시키는 데 적합하다. 가장 좋은 — 감히 유일한 방법이라고 말할 수 있을지 모르겠지만? — 방법은 지역 교회를 통해 복음의 맥락화된 진리를 우리 세계, 현실 또는 가상 세계에 전하는 것이다. 여기서 사람들은 포스와 '그의' 포스의 차이를 경험할 수 있다. 이것이 "사도적" 사역의 요점이 아닌가? 지역 교회를 개척하기 위해 새로운 지역에 복음을 전하는 것이 아닌가? 사람들에게 복음의 진리를 가르치는 것이 아닌가?

교회의 급진적인 개혁을 위해 가상 세계를 찾는 사람들은 건강한 교회를 세우는 데 있어 권위와 정당성의 중요성을 오해하고 있다고 생각한다. 이는 그들이 권력의 본질과 우리의 영혼의 타락, 그리고 우리가 허구적인 아이디어에 쉽게 빠져드는 경향을 잘못 이해하고 있기 때문이다. 예를 들어, 이 새로운 세계 교회 질서의 한 옹호자는 미래 교회는 "구조적 또는 지위의 힘이 아닌 아이디어와 상상력이 통하는 새로운 글로벌한 목소리와 적당한 종교적 대화"가 되어야 하며, "영적 공동체로서 지혜는 … 빠르게 성장하는 대화 네트워크에서 다시 태어나는 새로운 문지기"라고 쓰고 있다.[25] 얼마나 순진한가. 나는 어떤 종류의 교회든, 가상교회라도, 아이디어와 상상력이 통하는 것을 보고 싶다. 상상력이 당회를 직면했을 때 어떤 일이 일어나는지 보자! 미안하지만, 인간이 개입할 때마다 항상 권력 다툼이 있을 것이다. 인간은 일정 정도의 권위조차도 없는 완벽하게 평등한 사회또는 종종 잘못 해석되는 사도행전 2장의 공동체처럼를 만들 수 없다. 앤드류 존스Andrew Jones는 이 상황을 잘 설명한다. 가상교회와 사역들은 "권력이 테두리 쪽으로, 이전 위계질서에서 목소리를 내지 못했던 사회의 '다른 사람들'에게로 흘러가는 것을 보았다. 그러나 일단 그 사람들이 그들의 목소리를 찾고 그들의 성도들을 얻으면, 같은 방식으로 권력이 흐르기보다는 그들과 함께 머무르게 된다."[26] 우리는 그 힘이 기독교의 제다이 마스터가 아닌 역사적 기독교 신앙을 옹호하는 사람들에게 머물도록 하고 싶다. 나는 교회 안에 있는 우리는 가능한 한 많은 가상교회가 권위와 정당성을 가지고, 그리고 하나님의 축복으로 개척되는 것을 볼 책임이 있다고 믿는다.

세컨드라이프 성공회 대성당의 마크 브라운이
예배 중에 신도들에게 말하고 있다.

교회의 EULA들 ^{역자 주-최종사용자 사용권계약}

소프트웨어를 구매하거나, 업데이트를 내려받거나, 웹 그룹에 가입할 때마다, 프로그램 또는 그룹의 EULA 또는 최종 사용자 사용권 계약에 동의한다는 확인란을 클릭하라는 메시지가 표시된다. 이 계약 — 실제로 법적 계약 — 은 기본적으로 "그들이" 원하는 방식으로 프로그램을 사용할 것이며, "그들의" 프로그램으로 할 수 없는 많은 것들을 규정하고 있다.[27] EULA는 때로는 부담스러울 수 있지만, 최종 사용자에게 프로그램 사용의 매개 변수를 알려주어 권한 격차를 해소하는 데도 도움이 된다. 가상교회의 가장 큰 필요 중 하나가 더 큰 정당성을 갖는 것이라면, 어떻게 최종 사용자들과 함께 더 큰 정당성을 만들 수 있을 것인가? 그리고 어떻게 사람들이 영적 고아로 행동하도록 조장하지 않고 협업을 촉진할 수 있을 것인가? 가상교회가 건강한 매개 변수를 설정할 수 있는가?

생산적인 대화를 나누기 위해, 사람들이 권위와 관련된 가상교회의 미래라고 보는 것을 묘사하기 위해 사용하는 두 단어, 즉 *분권형*^{de-centralized} 및 *참여형*^{participatory}를 구분해 보자. 분권형 교회는 중앙 위계질서에서 지역 집단이나 개인으로 권력을 옮기는 교회이다. 분권화는 영적 고아를 만들지 않는 한 좋을 수 있다. 참여형 교회는 교회의 존재와 행함에 더 작은 집단과 개인을 완전히 포함하는 교회이다. 이 단어들은 서로 관련이 있지만, 독립적인 의미가 있다. 가상교회가 일반 현실교회보다 더 분산될 가능성이 높아 보이는 만큼, 이것이 좋은 일인가라는 질문을 던져야 한다. 이것이 성서적인가?

내가 이 장 앞부분에서 언급한 대부분 예들은 가상교회들에게 그들이 얼마나 분산되어야 하는지 따져보라고 경고한다. 위계적 기독교 교파 출신의 독자들 중에서 가상 세계의 큰 자유를 신선한 공기처럼 느끼는 이들에게, 현명하게 사용된다면 분권화는 좋은 일이 될 수 있을 것이다. 그러나 교회의 분권화가 극단적이거나 순진해지면, 그것은 만족스럽지 못한 결과를 초래할 것이다. 반면에, 참여도가 높은 가상교회를 만드는 것은 아마도 매우 좋은 일일 것이다^{벧전 2:5, 9}. 가상교회들이 사람들을 가상의 회중석에서 벗어나 하나님 나라 건설에 참여하게 할 수 있는 모든 일은 항상 좋은 것이다. 계층 구조를 무너뜨리는 대신, 가상 교회가 매우 참여적인 형태로 발전하는 데 집중하는 것이 훨씬 더 나아 보인다. 이렇게 함으로써 이 이상을 현실 세계의 교회로 확산시키는 것이 훨씬 더 바람직할 것이다.

가상교회가 위계질서와 완전한 분권 사이에서 균형을 맞출 수 있지만, 완전한 참여를 위해 노력할 수 있는 몇 가지 방법이 있으며, 실제 교회와 경쟁력 있게 맞설 수 있는 방식으로 그렇게 할 수 있다.

한 가지 방법은 이해와 신뢰를 쌓기 위해 조직으로서 사람들과 교회 사이에 명확한 EULA와 같은 협정을 만드는 것이다.[28] 예를 들어, 세컨드라이프는 EULA를 가지고 있지만, 너무 많이 난해해서 일반인이 접근할 수 없다. 그 결과, 세컨드라이프는 누구나 무엇이든 할 수 있는 곳이며, 심지어 자신이 신이 될 수도 있는 곳이지만,[29] 주민들은 린든스 ^{세컨드라이프 운영진}를 변덕스러운 신으로 취급한다. 그들은 많은 의심과 적대감을 받고 있다. *자신들의 세계에서 말이다 — 상상해 보라! 신학적인 함의를 생각해 보라!*[30] 그 이유는 명백하다. 프로그래머^{사제}의 세계와 세컨드라이프 시민^{평신도}의 세계

사이에 단절 — 불투명함 — 이 있다. 가상교회 신자들이 가상교회를 할 줄 알고 코드와 비밀 악수를 받는다고 가정하는 대신, 가상교회는 참여의 추가적인 기회를 만들기 위해, 현실 세계에서 필요하지 않은 추가 조처를 할 필요가 있다_{정당성에도 도움이 될 수 있는}.

가상 세계와 현실 세계의 조직들 중에서, 가상교회는 투명성 부분을 주도할 수 있다. 하이테크 산업의 마케팅 전문가인 나의 남동생 제이슨은 내게 심오한 내용을 이메일로 보내왔다. 아마도 가상교회_{그리고 일반적으로 교회}를 위한 컴퓨터 매개 소통의 가장 큰 함축은 교회가 전 세계 사람들에게 메시지를 더 잘 전달할 수 있다는 것이 *아니라*, 세계인들이 가상 세계를 맛보고 교회가 정말 하나님으로부터 온 것인지 볼 수 있도록 허용하면서 그 어느 때보다도 교회가 더 많이 투명해질 수 있다는 것이다. 프리메이슨부터 몰몬, 혹은 멘사 그룹의 모든 이들은 그들의 능력은 대중에게 공개하지만 그들의 비밀은 숨긴다. 가상 세계에서 교회는 이데올로기를 소통하는 것이 아니라 투명성을 실천함으로써 다른 어떤 조직도 압도하는 힘을 가지고 있다. 바비 그륀왈드는 "투명성, 곧 모든 것에 대한 일종의 은밀한 합의된 베일을 드리우는 것이 아니라 여러분이 누구인지 사람들이 이해하도록 하는 진짜 진정성이 교회를 위한 핵심적인 필요이다"라고 말하며 이 아이디어를 이구동성으로 표현한다.[31] 투명성은 가상교회가 어떻게 가상 세계에 있는 사람들과 소통하는지에 대한 더 큰 정당성, 협력, 개방성을 만들어 낼 수 있다.

투명성과 진정성을 장려하는 또 다른 방법은 건전하고 합법적인 가상교회와 인터넷 캠퍼스를 브랜드화할 수 있는 조직이나 단체를 만드는 것이다. 1970년대에 많은 정부나 기독교 지도자들은 기부금을 받

는 대규모 국가 사역에 대한 재정적 책임의 필요성을 느껴 ECFA^{복음주의}
^{재정 책임 위원회}를 설립했다. 이제 교회에서 어떤 사람이 이런저런 단체에
헌금을 해야 하는지 물어볼 때, 제가 항상 묻는 말 중 하나는 해당 사역
이 ECFA 인증을 받았는지 아닌지이다. 더욱 구체적으로 말하자면, 사
람들이 산 호세에서 교회를 찾을 때, 어떤 이유에서든 우리 교회에 다
니고 싶지 않다고 할 때, 나는 어떤 교회가 잘 맞을지 그리고 어떤 교회
가 맞지 않을지를 잘 알고 있다. 그 이유는 이 단체와 이 교회가 어떤
조직에 속해 있는지 알 수 있기에, 좋은 판단을 내릴 수 있기 때문이다.
온라인 구도자들에 대한 이해를 증진하는 것은 모두에게 좋은 상황이
라는 데 우리 모두 동의할 수 있을 것이다.

오늘날의 가상 세계보다 훨씬 덜 황량한 서부가 될 가까운 미래의
가상 세계에서, 가상교회는 완전한 정당성과 권위를 가지고 세워지는
것이 매우 중요하다. 가상교회가 중요하고 건강한 교회로 성장하려면
입증할 수 있는 정당성을 발전시켜야 한다. 왜냐하면, 미래 세대들은
가상 세계에 대한 참여를 이단아들에게만 해당하는 것으로 보지 않을
것이기 때문이다. 대부분 사람이 이단아들과 함께 교회에 가고 싶어 하
지 않기 때문에, 이것은 엄청난 일이다. 1950년대 서부 지역을 보라 -
항상 보안관, 총잡이, 목축업자, 패거리들이 있다. 하지만 대부분 장면
에서는 다른 누구보다 소심한 마을 사람들이 많이 있다. 많은 사람이
이단아 기질을 가졌거나 전위적이지 않고 안정적이며 정통적이며 하
나님의 부름에 충실한 가상교회에 참석하고 싶어 할 것이다. 실제로 가
상교회가 생존하고 성장하려면 가상교회의 집단 역동성이 큰 수준의
평범성과 일관성을 필요로 할 것이다.³²

위키|Wiki **예배 다시 보기**

지난 장에서는 탈중앙화, 즉 "위키" 예배의 힘에 관해 이야기하면서 시작했다. 다시 말하지만, *위키*wiki는 그것이 암시하기는 하지만 분산화를 의미하지는 않는다. 이 단어는 주로 2001년 지미 웨일스에 의해 위키백과가 설립되었기 때문에, 우리의 가상 어휘에 들어왔다. 위키피디아는 브리태니커처럼 인쇄된 백과사전보다 "빠른" 오픈 소스 가상 백과사전이다. 왜냐하면 위키피디아는 지속적으로 추가되고 있기 때문이다. 위키피디아는 협력적이고 분산되어 있어서 브리태니커와는 근본적으로 다르다. 그 결과 위키피디아는 모든 인쇄된 백과사전의 크기를 왜소하게 만들었으며, 따라서 그것은 큰 가능성을 가지고 있는 것 같다.

위키피디아는 기발하지만 끔찍한 아이디어이다. 그게 아니라 — 내가 설명해 보겠다. 위키피디아는 텔레마케팅, 소득세, 전체화면 DVD와 같은 것들, 즉 삶을 더 좋게 만들 것 같지만 실제로는 삶을 더 나쁘게 만든 것들과 같다. 위키피디아는 약간 중독성이 있고, 약간 유용하며, 약간 가치가 있고, 모든 구글 검색 페이지의 상단에 있어서 기발하다. 하지만 끔찍하게 부정확하고 신뢰할 수 없는 정보원이 될 수 있으므로 끔찍하다. 위키피디아는 여러 면에서 정보 수집의 러시안룰렛과 같다. 여섯 번 시도 중 다섯 번은 유용하고 정확한 정보를 제공할 것이지만, 여섯 번째 시도가 치명적일 수 있고, 어떤 시도가 치명적인지 결코 알 수 없다. 현재의 위키피디아는 사실과 허구, 의견이 뒤섞인 매우 기묘한 타블로이드판 『주간 월드 뉴스』*Weekly World News*와 비슷하다.[33] 그 기준이 계속 발전하기를 바라보자.

위키피디아에는 많은 문제가 있지만, 가장 큰 문제는 정보와 지혜의 융합이다. 위키백과에서 사실적으로 정확한 기사를 찾을 수 있지만, 그렇다고 해서 그 기사들이 그들의 주제를 정당화했다는 뜻은 아니다. 위키피디아는 더 많은 정보를 가지고 있을 수 있지만, 전체적으로 브리태니커가 우월하다. 왜냐하면 그것은 정보뿐만 아니라 해석, 맥락, 지혜를 고려하기 때문이다. 때때로 어떤 주제에 대해 이용할 수 있는 모든 정보를 반복하는 것보다 말하지 말아야 할 것을 아는 것이 더 중요하기도 하다.

4장에서는 가상현실에서 제자화를 위한 피드백 루프의 힘에 관해 이야기했다. 위키피디아는 유사한 원리로 작동한다. 스마트한 구조와 업데이트를 할 수 있는 환경에서 사용자가 만든 콘텐츠이다. 이것은 중요한 의문을 제기한다. 어떻게 우리가 좋은 정보를 가졌는지, 아니면 더 나은 지혜를 가졌는지 알 수 있을까? 이것은 현실 세계와 가상 세계 모두에서 문제이다. 나는 여기서 권위와 정당성이 역할을 해야 한다고 믿는다. 만일 가상교회가 완전히 분산된다면, 아무도 교회 사람들의 피드백 루프를 지도하지 않을 것이다. 일부는 자기 주도적이라고 주장하겠지만, 교회 역사상 완전한 분권이 통했다는 증거는 별로 보이지 않는다. 가상교회는 사용자 생성^{분권화} 경험과 사용자 지향^{참여형} 경험 사이의 균형을 찾아야 한다. 권위와 정당성이 없다면, 사람들은 멘토링을 통한 영적 성장의 가능성이 없는 참여형 교회로 모일 것이다. 나는 성직자주의를 주장하는 것이 아니다. 나는 정보가 지혜와 영성 훈련보다는 아래에 있어야 한다는 아우구스티누스식 지혜의 사다리를 주장하는 것이다.[34]

이 시점에서, 많은 전통적인 기독교 교파들이 가상 세계에 전적으로 참여하는 것에 관심이 없다는 것을 암시하는 증거들이 있다. 그들이 깨닫든 아니든, 새로운 가상교회는 최고의 차세대 교회를 세우기 위해 전통 교파 내에서 전수되는 지혜와 전통이 필요하다. 예를 들자면, 나는 두 개의 다른 개신교 교파의 주요 웹사이트를 방문했다. 하나는 영향력 있고 복음주의적이라고 자부하는 곳이고, 다른 하나는 신앙의 기본 진리_{니케아 신조에서 발견한 수 있는 것처럼}를 다루는 방식에 따라, 신학적으로 정통하다고 생각되지만 약간의 의구심이 있는 곳이었다. 의심스러운 교파는 최소한 몇 개의 활발한 가상 교회를 운영하며 활기찬 가상 존재감을 가지고 있었다. 신학적으로는 견고하지만 교만한 교단은 어떤가? 내가 볼 수 있는 한 전혀 없었고, 최악이라고 말할 필요도 없을만큼 최악의 정보 중심의 웹사이트만 있었다. 가상 세계에서는, "콘텐츠는 풍부하지만, 맥락은 그렇지 않다."^{행 8:31 35} 가상교회는 더 많은 정통파 교단과 교회 지도자들이 방관하는 것을 멈추고, 총질하는 괴짜들이 가상 세계의 영성을 좌지우지하는 것을 저지 할 필요가 있다. 너무 늦기 전에 말이다.

7장

합성세계의 죄

내가 세컨드라이프에 있는 Life.Church에 대하여 감지한 첫 번째는 상당수의 여성이 속옷 차림으로 교회에 온다는 것이다.

적어도 아바타들은 란제리를 입었다. 이제 그 이미지가 머릿속에 박혔으니, 란제리 차림의 아바타가 실제로는 부모님 집에서 잠옷 차림으로 누워 가상교회에 다니며, 엄마가 만들어 놓은 초콜릿 칩 와플로 늦은 아침 식사를 하는 서른여덟 살 독신 남성이었다고 생각해 보라. 더 나빠질까, 아니면 더 나아질까? 적어도 그 또는 그녀 혹은 그 무엇이 교회에 갔다는 것은 사실이다, 그렇지 않은가?

내가 Life.Church 인터넷 캠퍼스에 처음 갔을 때, 나는 예배와 참여에 매우 집중했다. 그리고, 꼭 아셔야 한다면, 나는 파자마를 입고 있었다 - 실제 교회에서 내가 아직 해보지는 않은 것이지만, 그게 나를 더 접근하기 쉽게 만들지는 의문이다. 인터넷 캠퍼스에 몇 번 다닌

후, 나는 Life.Church의 가상 콘솔에 익숙해졌고 멀티태스킹을 할 수 있게 되었다. 예배 시간 동안, 오픈 포럼에서 사람들이 무슨 이야기를 하고 있는지 알아보기로 했다.

"하나님은 악마야!!!"라고 Guest_10628이 소리쳤다. "난 하나님이 싫어!!!"

Guest_10628가 말하고 있는 것은 아니었지만, 그 또는 그녀, 혹은 그 무엇은 분명 시끄러웠고, 다른 이들에게 불쾌감을 주었다. 그는 한동안 이렇게 말을 이었다. 몇몇 정기 참석자들이 상황을 진정시키려고 노력했지만, 결국 그 "손님"은 지루해졌는지, 아니면 강제로 퇴장당했는지는 몰라도 퇴장했다. 교회 개척 이래 Guest_10628과 같은 사람들이 가상교회의 고정적인 참여자로 존재해 왔다. 그렇기에 게임을 방해하는 사람, 화나게 만드는 사람, 말썽꾼troll들이 교회의 가상 공간을 침범하고 있다는 것은, 당신이 무언가 잘하고 있다는 뜻이라고 생각된다.[1]

내게 훨씬 더 흥미로웠던 것은 몇몇 인터넷 캠퍼스IC 예배자들 사이에 주고받은 비교적 조용하고 거의 눈에 띄지 않은 대화의 내용이었다. 그것은 성경적 예언에 관한 대화였는데, 보통 대화 중 고함을 지르게 하는 주제였다.

내가 귀를 기울였을 때, 한 가상 예배자가 다른 참석자들에게 성경의 예언에 따르면, 하나님은 필리핀이나 필리핀 국민 중 한 사람에게 이슬람 테러리즘을 파괴하도록 명하셨다고 설명하고 있었다. 이 "예언자"는 다른 참석자들에게 하나님이 믿음직한 필리핀 전투 부대를 키우시기를 기도해 달라고 요청했다. 나는 성경학자 같은 사람이지만, 나에

——— 심처치 SimChurch : 디제라티 digerati 와 가상교회

게 이것은 모두 새로운 소식이었다.

그 말을 들은 사람들이 그 예언을 믿었는지, 아니면 그저 그 말한 남자를 비웃는 것인지, 나는 그 반응을 통해서는 알 수 없었다. 아무도 그에게 이의를 제기하지 않았는데, 이는 가상 신학 논쟁으로 알려진 것의 맹렬함을 생각할 때 놀라운 것이었다. 거의 모든 면에서 실제 교회에서 일어나는 것과 닮았다. 일요일 아침, 한 방문객이 커피와 도넛을 마시며 어떻게 하나님이 두 번째 에녹이 되라고 자신을 부르셨는지를 중얼거리고, 다른 모든 사람은 그저 웃고 "오, 그렇군"이라고 말하면서, 목사가 오거나 혹은 갑자기 웜홀이 열려 탈출할 수 있기를 바라는 것처럼 말이다 _{또는 웜홀을 통해 "에녹"을 천국으로 데려가기를}.

말이 나와서 말인데, 가상교회에서 일어나는 모든 비정통적인 행동의 예를 들기는 쉽다 — 속옷 차림의 아바타, 기독교 음모론을 가진 의심스러운 예언자, 그리고 먹잇감을 찾는 말썽꾸러기 트롤들. 그러고 보니 현실교회에서도 같은 일을 하기는 쉽다. 가상 세계의 교회는 현실 세계의 교회처럼 보인다 — 많은 혼란스럽고 상처받은 사람들이 그들의 혼란과 상처를 다른 사람들과 "공유"한다.

혹시나 의심이 든다면, 현실 세계뿐만 아니라 가상 세계에서도 죄는 존재한다고 말하겠다. 우리는 라스베가스, 암스테르담, 리우데자네이루에 죄가 존재한다는 것을 알고 있다. 왜냐하면 영화, 광고, 그리고 뉴스는 이것을 끊임없이 우리에게 상기시키기 때문이다. 당신은 심지어 이 도시들이 범죄 때문에 악명이 높다고 말할 수도 있다. 스팸 폴더를 찾거나 부적절한 웹 사이트를 잘못 방문할 때마다 가상 세계에는 만연하게 죄가 존재한다는 사실을 상기하게 된다. 일부 사람들은 심지어 가상 세계가 죄로 인해서 유명해지기를, 즉, 가상 세계가 지구상에서 가장 죄 많은 곳이 되기를 바라고 있다.

교회는 어떻게 대답할 것인가? 모르는 척할 것인가? 요한복음 3장 16절 광고판 몇 개를 가상 지옥행 고속도로에 세울 것인가? 아니면 팔을 걷어붙이고 복음을 위해 추수할 때가 된 세상에 뛰어들 것인가?

 가상 세계에서 가상교회는 어떻게 죄와 상처에 어떻게 대응할 것인가? 가상교회가 직면하고 있는 윤리적 문제는 무엇인가?

이번 장에서는 내가 별로 하고 싶지 않지만, 꼭 해야 하는 일을 하려고 한다. 나는 *죄*^{sin}라는 단어를 성경이 사용하는 방식 대신 문화가 사용하는 방식, 즉 버릇없고 나쁜 짓을 하는 방식이라는 의미로 더 많이 사용할 것이다.[2] 내가 이렇게 하기로 결심한 것은, 죄에 대한 우리 문화의 정의는 덜 미묘한 것이어서 짧은 시간 동안 다루기 더 쉽기 때문이다. 이런 식으로 우리는 아바타가 교회에서 속옷 차림으로 예배하는 것이 성경적으로 죄인지 아닌지에 대해서 토론하지 않을 것이다. 우리는 단지 이 복장 문제가 가상교회가 직면한 문제라는데 동의할 수 있다. 동시에, 우리는 이 광범위한 죄 개념의 많은 함의를 보다 정확하고 미묘한 죄의 사례에 적용할 수 있다.

가상 세계는 죄가 살아 있으며, 우리 육체에만 국한되지 않는다는 것을 드러낸다. 물론, 기독교인들은 항상 이것을 알고 있었다[마 5:28]. 하나님을 거역하거나 비윤리적인 행동을 할 육체가 필요한 사람은 없다. 우리 마음과 정신은 비록 육신이 죄를 짓지 않더라도 충분히 죄를 지을 수 있다. 어떤 경우에는, 컴퓨터 매개 소통이 양쪽 세계에서 죄의 힘을 크게 악화시켰다. 가상 세계의 죄와 실제 세계의 죄는 정말 다를까? 어느 쪽이든 교회는 어떻게 반응할 것인가?

TOS 테스트 ^{역자 주-서비스 약관}

죄에 관하여 이야기해 보자. 가상 세계는 죄로 가득 차 있다. 우리는 모두 온라인 포르노나 인터넷 도박의 파괴력에 대해 알고 있다. 그리고 나이지리아에서 온 부유한 외교관의 미망인이라고 자신을 소개하는 사기꾼들의 탐욕 — 단지 당신의 은행 계좌를 빌려서, 당신의 도움에 대한 6백만 달러의 보상을 주겠다는 사기 — 에 대해 알고 있다. 기술혁신의 새로운 물결이 가상 세계로 진입하면서, 죄는 점점 더 다양하게 증폭될 것이다. 세계 일부 가난한 지역에서는, 부유한 아바타들을 위한 디자이너 의류 등 가상 제품을 만들기 위해 노동자들에게 매우 낮은 임금을 지급하며 가상 작업장을 열었다.[3] 세계 최초의 가상 백만장자 안셰 정^{Anshe Chung}은 가상 부동산에서 돈을 벌었지만, 대마초 카페에서 "검은 마담"^{black mistress}으로 사업을 시작했다.[4] 세컨드라이프나 심즈^{Sims} 같은 대부분의 가상 세계는 그들만의 소프라노스^{Sopranos 역자 주-마피아 소재의 미국 TV드라마 속 주인공의 이름}스타일의 마피아와 조직적인 범죄 신디케이트를 가지고 있다.[5] 에버퀘스트2 유저는 시스템을 속여 가상 시장을 붕괴시켰고, 3주 만에 10만 달러 이상을 현실 세계로 세탁했다.[6] 세컨드라이프의 성폭행 피해생존자기독교인을 반대하는 생존자 포함와 같은 최근 그룹처럼, 증오 범죄는 점점 더 공격적이고 정교해지고 있다.[7] 인터넷 중독은 더 널리 퍼졌고 현재 전 세계의 많은 심리학자에 의해 장애로 인식되고 있다. 한국의 한 악명 높은 부부는 가상 세계에 너무 중독되어 밤에는 자신들의 아기를 아파트에 홀로 재우고 PC방에서 '월드 오브 워크래프트'를 플레이하러 갔으며, 다음 날 아침 집에 돌아와 아기가 질식사한 것을 발견했다.[8]

다른 예들을 계속해서 말할 수 있지만, 여기서 문제는 우리의 실제 세계를 괴롭히는 것과 같은 종류의 경고성 뉴스 보도로 가상 세계가 고통을 겪고 있다는 것이다. 만약 가상 세계가 뉴스거리가 된다면, 그것은 누군가가 다른 사람의 가상 애완동물을 구했기 때문도 아니고, 그들의 가상 이웃에게 사랑을 실천했기 때문도 아니다. 그것은 거의 항상 어떤 추문이나 훨씬 더 기괴하고 비난받는 어떤 것 때문이다. 가장 유명한 예는 줄리안 디벨의 "사이버스페이스에서의 강간"으로 첫 번째 가상 뉴스의 불을 붙였던 이야기이다.[9] 우리는 또한 획기적인 가상교회인 바보들의 교회에 대한 뉴스 중 거의 절반이 주로 침입한 트롤과 초대받지 않은 사탄 숭배자에 초점을 맞췄다는 사실을 볼 수 있다.[10] 심지어 표지에 가상 아동 포르노와 매춘 업자가 등장하는 『세컨드라이프 소식』The Second Life Herald라는 책도 있으며, 표지 안쪽에는 음란한 내용을 싣는 것은 말할 것도 없다.[11] 경종을 울리는 뉴스 보도의 결과는 대체로 교회 내 신기술 반대파 신도들이 쌍수 들어 환영하는 가상 세계에 대한 왜곡된 시각이다. 그렇다. 죄는 현실 세계와 마찬가지로 가상 세계에도 존재한다. 비록 다른 형태와 방식으로 나타날지라도, 그 정도와 양은 크게 다르지 않다. 모든 인간 시대혹은 세계는 단지 새로운 상황이나 새로운 장소에서 죄, 율법, 그리고 은혜의 동일한 싸움에 직면한다.[12]

대중문화는 자유를 위해 가상 세계를 추켜세우지만, 어떤 면에서는 가상 세계가 우리가 생각하는 것보다 훨씬 더 자유롭지 못하다. 가상 세계를 방문하거나 이메일 계정을 열거나 Amazon.com에 서평을 게시할 때마다, 항상 서비스 약관TOS: Terms of Service이 배경에 숨어 있다. EULA는 일반적으로 권리를 만드는 광범위하고 합법적인 문서이지만, TOS는 종종 사람이 할 수 있는 것과 할 수 없는 것을 규정하는 것을 목표로 한다.[13] 세컨드라이프의 중재자가 세컨드라이프에서 문제를 일으키는 사람을 퇴장시키거나, 구글이 당신의 이메일 계정을 취소하면, 이는 TOS 위반 때문이다. 가상 세계의 모든 제품 또는 플랫폼은 EULA, TOS 또는 기타 법률 문서에 의해 보호되는데, 이는 현실 환경에서 직면하는 그 어떤 것보다도 훨씬 더 제한적이다. 가상 세계에서, 내가 누군가를 괴롭히면, 나는 TOS를 위반하고 퇴장당한다. 현실 세계에서는 월마트에 가서 메가폰을 살 수 있고 뒷마당에서 많은 소란과 소동을 일으킬 수 있지만, 그것이 현실 세계에서 나를 내쫓을 수는 없다만약 나의 이웃이 정의를 행사하지 않는다면.[14]

동시에, 가상 세계의 본질은 죄와 자유의 문제를 재현한다. 가상 세계는 사람이 원격현존하는 진짜 세계이기 때문에, 특정 유형의 인간 활동이나 행동을 허용하고 장려하며, 다른 유형의 활동은 억제한다. 가상 세계는 새로운 것이기 때문에, 사람들은 새로운 기술이 등장할 때 발생하는 것과 비슷한 계약 문제와 윤리적 대응에 대해 여전히 씨름하고 있지만, 그 규모가 훨씬 더 클 뿐이다. 실제 세계에는 TOS 또는 EULA가 없지만, 대부분의 사람이 깨닫든 깨닫지 못하든, 혹은 받아들이고 싶지 않더라도 여전히 자신의 계약과 윤리를 관장하는 여러 규정 중 하나로 삶을 살아가고 있다. 어떤 것은 보편적인 행동규칙_{절벽에서 뛰어내리지 마시오}, 어떤 것은 법적_{도둑질하지 마시오}, 어떤 것은 사회적_{부탁하고 감사하시오}, 어떤 것은 스스로 선택한 것_{가장 많은 장난감을 가지고 죽는 사람이 이긴다}이다. 가상 세계에서는 "절벽에서 뛰어내리지 마세요"와 같은 일부 규범이 삭제되어 가상 사용자가 더 큰 "자유"를 누릴 수 있다. 실제로 이 용어는 *자유 계약*이다.[15] 문제는 가상 세계가 어떤 사회적_{더 이상 고마워하거나 부탁하지 않음} 또는 법적_{실제가 아니므로 가상 물건을 훔치는 것은 괜찮음} 규범을 지울 때 발생한다.

지시를 따르지 않는 자유 계약의 증가는 가상 세계에서 죄악의 다양한 형태와 방식의 증가로 이어질 것이다.[16] 교황 요한 바오로 2세가 예견한 대로, 자유 계약에 대한 증가하는 욕망과 찬양은 우리 세계에 해를 끼치고 죄를 짓게 한다.[17] 가상 세계에서는 사람들이 현실 세계보다 더 자유롭게 자신의 감정에 따라 말하고 행동하는 경향이 있다. 가상 세계 연구자들은 이를 "탈억제"라고 부른다.[18] 통념에 따르면 사람들이 현실 세계에서보다 가상 세계에서 더 많이 행동하는 이유는 가상 세계에서의 익명성 때문이고,[19] 그것이 아니라면 강력한 주의를 끌기 위해서일 수도 있다.[20] 부모가 아이들에게 원하는 대로 행동할 수 있는 너무 많은 자유를 주면, 이러한 자유로운 아이들은 나쁜 짓을 하고 싶어서가 아니라 본능적으로 경계를 갈망하기 때문에 종종 문제 행동을 보인다. 비록 많은 사람들이 이 세계의 제약에서 벗어나기 위해 가상 세계로 몰려들지만, 그들의 아바타는 여전히 어떤 규범이나 통신 기술에 의해 제한될 것이다. 그것은 현실 세계와 가상 세계 윤리가 정말로 뒤섞이는 결과로 이어진다.

문제는 자유 계약이 늘어나면, 사람들이 어떤 규정이 있는지 파악하는 것뿐만 아니라 그 정도가 지나친 것은 아닌지를 파악하는 데 어려움을 겪는다는 점이다. 문제의 큰 부분은 놀이play이다. 현실 교회에 다니는 많은 청년이 가끔 나를 집으로 초대해 요리 모임이나 소그룹 모임 시간을 갖는데, 각자 집에 Wii역자 주-닌텐도에서 제작한 가정용 콘솔 게임기가 있다. 항상 내가 먼저 게임play을 하자고 제안하는데, 세상 물정에 앞서지 않는 것 같은 목사가 게임을 하기 위해서뿐만 아니라 이기기 위해서 무슨 일이든 할 수 있다는 사실에 항상 놀라워 한다. 내가 그렇게 경쟁심이 강하다는 것은 아니며, 아마 조금은 그럴지 모르지만, 게임에 몰입하는 것이 정말 쉬워서 그렇다. 가상사회학자들은 한 사람이 더 "악당" 아바타를 고를수록, 그 역을 연기하기play 위해 "악당" 같이 행동할 가능성이 높다는 것을 발견했다.[21] 만약 온라인에서 음흉한 캐릭터를 사용하는 사람은 이러한 것들이 매우 실제적인 결과를 가져올 수 있음에도 불구하고, 음흉한 행동을 할 가능성이 더 높다. 만약 이것이 사실이라면, 교회에 어떤 의미가 있을까?

이것이 우리를 중심 문제로 이끈다. 온라인 윤리에 대한 진정한 불확실성이 존재하며, 이는 가상 세계 설계자와 법률 학자들뿐만 아니라 일상적인 사람들 사이에서도 마찬가지인 것이다.[22] 더 나쁜 것은, 최근 가상 세계 시민들을 대상으로 한 조사에서 조사 대상자 50%가 가상 세계에는 죄가 없다고 믿는다는 것이다.[23] 왜일까? *진짜*가 아니니까. 여기서 교회는 큰 실패를 겪다 못해, 엄청난 규모의 실수를 저지를 수 있다. 앞으로 어떻게 전개될지 지켜보라. 수천만 명의 사람들이 가상 세계로 몰려들면서, 교회의 변화를 두려워하는 전통적인 기독교인들은 가상 세계에 대한 경고성 헤드라인을 보고, 가상 세계를 하나의 큰 죄악의 환상으로 치부하며 현실이 아니라고 무시할 것이다.[24] 사람들은 가상 세계를 자신만을 위한 도구로 바꾸고, 진정한 윤리적 나침반이 없는 수천만 명의 사람들은 더 큰 자유를 눈 앞에 두고서 무엇이 옳은지 그른지에 대한 자신만의 규칙을 만들 것이다.[25] 머지않아, 가상 세계에서의 죄악은 현실 세계에서의 죄를 재정의하기 시작할 것이다. 가상 세계에서 허용되는 것은 현실 세계에서도 큰 잘못이 아닌 것처럼 보이기 시작할 것이다.[26] 한 세대가 지나면, 새로운 교회 지도자들은 "우리가 어쩌다 이 지경에 이르렀는가?"라고 물을 것이다. 오늘날 이미 이러한 현상은 시작되었으며, 교회가 변화하기에는 이미 너무 늦어버렸다는 증거도 있다.

많은 교회 지도자가 제안하는 해결책은 교인들에게 가상 세계에서 멀리 떨어져 있도록 경고하거나, 현실 세계의 교회에서 *교회의 권위*를 외치는 것이다. 역사가 보여주듯이, 이 두 가지 모두 효과가 없을 것이다. 더 나쁜 것은, 일부 사람들이 보이콧이나 법안 발의에 의지할 것이라는 점이며,[27] 이조차도 효과가 없을 것이다. 해결책은 아주 간단하다. 그리스도를 위해 세상을 구하고, 죄와 이기심에서 벗어나 하나님 안에서만 찾을 수 있는 진정한 자유와 참된 평화로 돌아가게 하려면, 그 세계에 교회를 세우고 그 사람들에게 다가가 그들을 거룩하게 해야할 것이다[벧전 2:9]. 의심하는 이들을 위한 증거는 이렇다. 하나님이 현실 세계에 다가오고자 하셨을 때, 그는 몇몇 추종자에게 경고하시거나 그의 보좌에서 말씀하시지 않고, 그의 아들^{그리고 성령}을 보내어 죄 많은 사람과 함께 하게 하셨다^{롬 5:6}. 사람들과 함께 있어야만 사람을 변화시킬 수 있다. 가상 세계에서의 죄악에 대한 유일한 해결책은 교회를 가상 세계로 보내는 것이다.[28]

사이버 성화

가상 세계가 절실히 필요로 하는 것은 교회의 성화시키는 능력이다. 즉 그 성령과 그 백성에 관한 것이다.[29] 누가 더 하나님의 백성보다 윤리적, 도덕적인 아바타로서 잘 살겠는가? 불행하게도, 기독교인들이 가상 세계로 개별적으로 여행을 가는 것은 그것에 영향을 미치기에 충분하지 않을 것이다. 실질적 변화를 일으키기 위해서는 교회가 필요할 것이다^{벧전 2:9}. 많은 사람들이 가상 세계로의 모험을 떠나는 이유는, 현실 세계에서는 힘이 없다고 느끼는 삶을 가상세계에서는 자신이 원하는 방식으로 다시 시작할 수 있기 때문이다. 교회는 두 세계에서 사람들의 삶을 재건하는 단 하나의 진정한 방법, '구원받는 것'을 제시한다. 교회가 가상 세계에서 죄악에 맞서는 가장 좋은 방법은 현실 세계와 같은 방식으로 복음에 비해서 죄악이 얼마나 덧없는지를 입증하는 것이다.

라이프 로깅이 가장 최근의 가상 세계 발전의 물결 속에서 대인관계 윤리에 영향을 미치기 시작했다고 생각해 보자. 교회가 하나님 나라를 통한 변화의 강력한 증언으로 신자들이 삶을 기록하도록 독려해야 하지만, 단순한 사실은 많은 사람들 역시 수많은 죄악을 평생 기록하고 있다는 것이다. 많은 젊은이들이 대학 시절 멕시코 칸쿤으로 떠났던 철부지적 여행 사진을 게시했다가, 10년이 지난 후 동료가 그 사진을 구글이나 웨이백 머신 Wayback Machine 에 역자 주—미국 비영리재단인 인터넷 아카이브 Internet Archive 에서 제작한 디지털 타임머신 올려 악용했다는 사실을 알게 되는 경우가 많다. 신앙인이 되기 몇 년 전에, 누구나가 마음만 먹으면 찾을 수 있는 과격한 파티 사진을 게재한 인터넷 캠퍼스 목사를 교회가 고용해야 할까? 인터넷 이전에는 바라건대 우리의 경향은 은혜와 용서를 지향했지만, 이러한 잘못된 사진을 지속해 사용할 수 있는 것이 상황을 변화시키지 않는가? 아닌가? 여행은 오래 전에 있었던 일이지만, 오늘날에도 당시의 사진들을 쉽게 접할 수 있다. 이는 빙산의 일각에 불과하다. 디지털 혁명 이후, 가상 세계가 익숙한 세대가 등장하면서, 가상 세계의 경험은 그들의 업적과 사소한 잘못까지 모두를 기록할 것이다.[30] "한때 흩어지고 잊히며 지역적인 것에 그쳤던 정보가 영구적이고 검색 가능한 정보가 되고 있다"고 다니엘 솔러브 Daniel Solove 는 설명한다.[31]

가상교회가 이 위기를 타개하기 위해 앞장설 수 있는 잠재력을 가지고 있는가? 가상교회가 보통의 현실교회보다 훨씬 더 의미 있고, 훨씬 더 강력한 영향을 미칠 수 있을까? 아바타를 통한 예배의 힘으로 가능할 것 같다. 나의 현실교회에, 비정기적으로 참석하는 성범죄 전과가 있는 한 사람이 있다. 그는 겉보기엔 밤에 혼자 만나고 싶지 않은 거친 사람이다. 모든 목사가 알고 있듯이, 이것은 쉽지 않은 상황이다. 그는 교도소 복역도 마쳤고, 그가 자신의 삶에서 하나님을 완전히 추구하기

———— 심처치 SimChurch : 디제라티 digerati 와 가상교회

를 바라며 최선을 다하기를 바란다. 하지만 그는 상황을 알고 있고, 교회에 있을 때 많은 사람들과 이야기하지 않고 혼자 앉아 있기를 선택한다. 그렇게 해도 좋지만, 그의 잘못된 결정은 그가 어디서 봉사할 수 있는지, 그리고 사람들이 그에게 어떻게 반응하는지에 영향을 미친다. 그의 실수는 캘리포니아주에 의해 누구나 볼 수 있도록 법적으로 라이프로깅되어 있다. 그가 가상교회에 참석했다면, 여전히 문제는 있겠지만, 아바타 매개 예배를 통해 현실 세계에서는 불가능할 정도로 자유롭게 교제하고 교회의 일부가 될 수 있을 것이다.[32] 가상 세계에서 그는 자신의 프로필에 자신의 간증을 적어 사람들에게 하나님의 놀라운 은혜를 미리 알릴 수도 있다.[33] 다른 가상교회 신도들은 그의 전과자 같은 거친 외모를 보고 그를 판단하지 않고도 그의 마음을 알 수 있었다.

비록 이것이 단지 하나의 작은 예일지라도, 가상교회는 물리적인 벽을 무너뜨리고, 의사소통의 깊이를 증가시키며, 더 많은 사역의 자유를 허용하고, 심지어 하나님이 회복시킨 누군가에게 새로운 삶, 혹은 적어도 새로운 아바타를 부여함으로써 사람들에게 은혜와 용서를 보여줄 수 있다. 가상교회는 진화하는 가상 세계의 윤리에 그저 반응하기보다는, 신자뿐만 아니라 불신자에게도 앞서서 표준을 제시할 수 있을까?

크리스천 코스프레

시간이 시작된 이래로 많은 사람은 다른 사람이 되고 싶어 했고, 가상 세계는 이제 쉽게 그것을 할 수 있게 만들었다. 가상 세계는 완전히 새로운 형태의 코스프레 cosplay 를 허용하는데, 이는 일종의 "코스튬 플레이"를 의미하지만, 그것보다 훨씬 더 미묘한 표현이다. 코스프레는 일본의 판타지 문화에서 유래한 것으로, 의상을 입고 연기할 페르소나를 만드는 것을 포함한다. 의상은 그 사람이 연기하는 역할을 정의한다. 세컨드라이프와 같은 세계의 출현과 함께, 코스프레는 완전히 새로운 의미를 지니는데, 이제 상상력 또는 프로그래밍 기술 이 부족한 것 외에는 한계가 없기 때문이다.

가상교회 목회자나 블로거, 신학자들에게 가상교회가 직면한 가장 큰 윤리 문제가 무엇이라고 생각하는지 물었을 때 거의 만장일치로 나온 대답은 정체성이다. 정체성은 신뢰와 프라이버시 같은 가상 세계에 대한 다른 많은 관심사와 관련이 있기에 중요한 문제이다. 현재 가상 세계는 통제되지 않은 많은 자유 활동을 촉진하기 때문에 사람들이 규칙, 특히 정체성과 관련된 규칙을 만들어 가는 서부 개척 시대와 같은 단계에 있다.[34] 이것은 항상 그런 것은 아니다. 점점 더 많은 사람이 가상 세계에 접근함에 따라, 몇몇 세계는 의도적으로 익명을 유지할 수도 있다. 하지만 대부분 점점 더 많은 신원 확인이 필요할 것이다 가상 세계 관리 팀에 의해 "비공개"된 경우에도 마찬가지이다. 하지만 당분간은 우리가 가상 세계에서 만나는 사람들이 자신을 정확하게 표현하고 있는지, 아니면 아바타가 현실적 의미의 단어로의 가면인지 알 수 없다. 이 문제를 4장에서 다룬 것보다 더 깊이 파고들어 보자.

보통의 경우 가상 세계에 사는 사람들이 아바타의 가면 뒤에 숨어서, 그들의 아바타가 부여한 익명성을 이용해 현실 세계에서는 보통 하지 않는 일을 한다고 생각한다. 사람들이 가상교회를 반대하는 이유도 바로 이 때문이다. 그들은 사람들이 누구인지조차 모르는데, 어떻게 그들이 하나님의 백성이 될 수 있겠느냐고 주장한다. 더글러스 그루투이스는 이러한 입장을 예로 든다. "사이버 공간의 깊은 곳에서 가면무도회를 여는 것이 대면하여 대화하는 것보다 더 쉬울 것입니다."[35] 그러나 이것이 사실일까? 유능한 목사라면 누구나 교회에 관한 한 이 논쟁은 그다지 설득력이 없다는 것을 안다.[36] 솔직한 현실의 목회자는 일요일에 교회에 오는 사람들 대부분은 아니더라도 많은 사람이 훨씬 더 강력하고 설득력 있는 위안, 성공 또는 행복이라는 현실 세계의 가면 뒤에 숨어 있다는 것을 알고 있다. 우리는 일요일마다 교회에 앉아 고도로 발달된 중산층 가면을 쓰고, 온갖 죄와 상처받은 모습을 숨기지 않는가? "나는 괜찮아, 너는 어때?"라는 교회의 가면과 비교했을 때, 가상 세계의 가면은 투명하지는 않더라도 오히려 그것이 가면이라는 사실이 분명하지 않은가?[37]

가면과 정체성의 문제는 세상이 시작된 이래로부터 있었다. 가면은 어느 세계에도 새로운 것이 아니다.[38] 우리 모두는 어느 세계에 살든 때때로 가면을 쓴다. 문제는, 가면을 쓰는 것이 잘못되었거나 나쁘거나, 또는 비성경적이냐는 것이다. 가면이 특정 상황에서는 받아들여질까? 만약 내가 현실 세계에서 내 정체성의 일부를 숨기기로 선택한다면, 그것은 단순히 나쁜 것인가, 아니면 죄를 짓는 것인가? 가상 세계에서 내 정체성의 일부를 숨기도록 선택하면 어떨까? 많은 이들이 그것을 문제로 생각할 것 같다. 왜? 한 걸음 더 나가보자. 만약 내가 세컨드 라이프에서 더 젊고, 더 잘생긴 아바타를 선택한다면 어떨까? 내가 숨기는 것인가? 나쁜가? 그것이 죄인가?[39] 만약 내가 아바타를 로봇으로 선택한다면? 나쁜가? 죄인가? 대부분의 사람은 아마도 이 두 개의 아바타 모두 무해하다고 생각할 것이다. 하지만 아바타로 여성 로봇을 선택한다면 어떨까? 그것이 나쁘거나 죄인가? 만약 내가 마릴린 먼로처럼 생긴 여성 인간 아바타를 고른다면? 나는 많은 기독교인이 "네, 이 두 아바타는 나빠요"라고 말하리라 추측한다. 하지만 이들 사이에 다른 점이 무엇이 있는가? 이 네 개의 아바타는 모두 나를 정확하게 나타내지 않는다. 그것들은 모두 가면이다. 왜 더 잘생긴 나 자신이나 로봇으로 자신을 나타내는 것이 여성 로봇이나 여성으로 자신을 나타내는 것보다 더 받아들여지며 더 옳다고 여겨지는가?[40] 더 중요한 것은, 내가 잘생긴 아바타나 로봇 아바타를 가지고 있다면 가상교회는 나를 받아들이고, 내가 여성 아바타를 가지고 있다면 나를 외면해야 하는가?

정체성은 여러 가지 이유로 큰 이슈이다. 현대 서구 세계관에 따르면, 가면은 그 자체로 잘못되거나 나쁘기 때문이 아니라, 경험적, 외부적 증거에 기초하지 않기 때문에 거짓이다. 다시 말해, 가면은 사람을 감추기 때문이 아니라, 부정확한 정보를 제공하고 사람을 부정확하게 표현할 수 있어서 나쁜 것이다. 그러면 이것은 내가 나를 더 정확하게 표현할수록 모든 것이 더 좋다는 것을 의미할까? 나는 이것이 성경의 관점이라고는 전혀 확신하지 않는다. 어떤 이유에서든 성경은 가면이나 표현 선택에 대해 논의하지 않고, 오직 명백한 속임수에 대해서만 논의한다[잠 24:28]. 나를 여자로 표현하는 것보다 로봇으로 표현하는 것이 더 정확하다고 할 수는 없다. 정확히는 둘 다 완전히 부정확하다. 어느 쪽이 더 기만적인가? 다시 말하지만, 여기서 우리는 신중해져야 한다.

자신을 로봇으로 표현하는 남자가 자신을 여성으로 표현하는 남자보다 다소 덜 기만적이라고 말하는 것은 문화적인 것이지, 성경적인 것은 아니다. 둘 사이의 유일한 차이점이라면 만약 내가 자신을 로봇으로 표현한다면,, 다른 사람들은 내가 사실은 로봇이 아니라는 것을 알고 있지만, 내가 자신을 여성으로 표현한다면 모두가 그 사실을 아는 것은 아니라는 것이다.

남자가 여자 아바타를 갖는 것은 정말 기만적이고 잘못된 것일까? 이것은 동기를 고려하지 않고는 정말 어려운 질문이다. 현실교회에 있는 사람이 중산층 가면을 쓰는 것은 가상교회에 있는 사람이 성별이 다른 가면을 쓰는 것보다 덜 잘못된 것일까? 중산층 가면이 반드시 사람에게 덜 해로운 것도 아니고, 성별이 다른 가면이 반드시 덜 투명하다고도 할 수 없다. 엄격하게 성경적으로 말하자면, 가면의 유일한 목적이 속이는 것일 때, 하나님의 뜻 밖에 있다고 말할 수 있을 것이다.[41] 따라서 내가 여성 아바타를 선택하는 것이, 불편한 정장과 넥타이를 매고 클래식 음악회를 들으러 가면서 얼굴에 미소를 짓는 것보다 반드시 더 나쁘다는 것을 증명하기는 어렵다. 가면에 대해 말하자면 가상 세계에는 항상 현실 세계와 마찬가지로 속이고자 하는 사람들이 있겠지만, 대부분의 사람들은 그러한 목적을 염두에 두고 아바타를 선택하지 않는다.[42] 여기에는 남성이 여성 아바타를 사용하는 문제그리고 그 반대와 같은 매우 논쟁적인 문제도 포함된다. 불행하게도, 물리적 존재나 원격현존도 정체성 문제를 해결하는 해답은 아닌 것 같다. 교회는 이 문제에 대해 무엇을 할 수 있는가?

성별이 바뀐 아바타

남성들이 여성 아바타를 사용하는 문제, 그리고 그것의 옳고 그름은 현재 교회 안팎에서 격렬한 논쟁의 주제가 되고 있다. 가상 세계 전체를 반대하는 많은 기독교인은 항상 이 문제를 제기하는 것 같다. 그들은 자신을 여자로 표현하는 남자에 대해, 기껏해야 정직하지 못하다 보고, 최악의 경우에는 변태라고 생각한다.

큰 문제는 인지이다. 남자가 로봇이나 외계인 등 성별이 없는 아바타를 선택한다면 거기에 대해서 아무도 의문을 제기하지 않겠지만, 남자가 여성 아바타를 선택하면 특히 교회에서 눈살을 찌푸리게 된다.

그런데도, 남성이 여성 아바타를 선택하는 이유는 성적 문제와 관련한다는 여러 증거가 있다. 연구와 일화에 따르면 남성이 여성 아바타를 선택하는 이유 중 하나는 성적 역할 놀이와 실험을 위한 것이다. 또 다른 이유는 내적인 성별 문제를 해결하려는 것이다. 내가 경험에서 찾은 마지막 이유는 여성 아바타를 찾는 일부 남성들이 종종 외로움을 느끼거나 현실 세계에서 여성과의 상호작용과 관계가 심각하게 부족하며, 심지어 여성에 대한 두려움을 가지고 있기에, 현실 세계의 여성과의 관계를 여성 아바타로 대체한다는 것이다. 기억하라, 대부분 사람들은 아바타를 그들 자신의 확장으로 볼 뿐만 아니라, 약간은 독립적으로 볼 수도 있다. 어린아이의 상상 속의 친구처럼 말이다.

이 문제는 가상 세계에만 국한되지 않으며, 동일한 문제가 현실 세계에서도 발생하는 것을 볼 수 있다. 나는 가상 세계에서 관계와 성별 문제로 인해 상처를 받았지만, 많은 경우 도움을 받은 사람들의 직접적인 증언을 가지고 있다. 가상 세계에서 성별을 바꾼 아바타를 가진 사람들에게 다가가기 위해서는 가상교회가 성급한 결론을 내리지 말고 각 사람을 그리스도가 그 생명을 위하여 희생한 대상으로 대해야 한다.

마지막으로, 여성들 역시 남성 아바타를 사용하지만 그들이 그렇게 하는 이유는 다른 것 같다. 남성들, 특히 가상 세계의 게임에서 남성들에게 괴롭힘을 당하는 것을 피하려고, 아니면 최소한 교회와 문화에서는 남성 아바타를 사용하는 것이 더 수용적이기 때문일 것이다.

하나님의 백성들은 가상 세계에서 시간을 선교적으로 사용할 것인지 아니면 하나의 거대한 코스프레로 사용할 것인지 결정해야만 한다. 우리가 가상 세계를 모험할 때 어떤 가면을 착용하는가? 만약 우리 자신에 대한 기만적인 표현이 우리의 삶을 향한 하나님의 계획 밖에 있다면, 가상교회는 성별을 바꾼 아바타뿐만 아니라 로봇 혹은 심지어 지나치게 아름다운 아바타마저 금지해야 할까? 하나님을 경외하는 아바타를 선택해야 할 것인가, 아니면 우리를 가장 편안하게 해주는 아바타를 선택해야 할 것인가? 가상교회는 사람들이 란제리를 입은 아바타, 불쾌한 닉네임, 또는 성별을 바꾼 아바타를 가지고 예배를 드리는 것을 허용해야 하는가? 가상 세계에서 가상교회가 시작하는 이유가 가면을 쓰고 교회 놀이를 하는 것이 재미있기 때문일까? 더 중요한 것은 실제 교회들이 단지 추종자나 돈을 벌기 위해 인터넷 캠퍼스를 설립함으로써 종교적인 코스프레를 만드는 것인가? 교회가 게임을 하고 있는지, 아니면 하나님 나라를 건설하고 있는지를 결정하는 가장 간단하고 확실한 방법은 해당 교회 가상이든 현실이든가 자신의 정체성을 어떻게 다루는지 투명하고 접근하기 쉬운지, 아니면 비밀스럽고 폐쇄적인지를 고려해 보고, 그에 따라 교회가 회원들과 방문자들 사이에서 신뢰를 구축하고 개인정보를 보호하기 위해 어떤 조치를 취하고 있는지, 있다면 그 조치가 무엇인지 살펴보는 것이다. 교회가 가상 세계에서 교회가 되려면, 가상 세계에서 가장 투명한 정체성을 가져야 한다.

이것은 우리가 이전 장에서 이야기했던 것을 다시 상기시킨다. 교회는 사람들이 개인 정보를 공개하기를 기대하지만, 동시에 많은 담임목사들은 교회 웹페이지에 자신의 이메일 주소조차 게시하지 않는다. 예를 들어 성공회 대성당이 세컨드라이프에 있는 대마초 카페와 구별하기 위해서는 가상교회는 가상 세계의 사람들에게 그들의 정체를 충분히 알릴 용의가 있어야 한다. 가상교회에 대한 정당성은 정직과 진정성, 투명성을 통해 나온다. 사실 가상교회는 두 세계 사람들의 신뢰를 얻기 위해 현실 교회보다 더 투명해야 할 것이다. 가상교회가 자신들의 정체성과 교인들의 정체성을 완전히 드러낼 때 이를 할 수 있을것이다. 가상 세계에서는 가상교회나 인터넷 캠퍼스가 세상에 알리고자 하는 모든 것을 마우스 클릭 한 번으로 실행할 수 있다. 투명성은 가상 세계와 현실 세계에서 교회가 교회를 운영하는 방식을 변화시킬 수 있다.

가상교회가 앞으로 해야 할 과제는 진실성과 거룩함에 대한 헌신을 통해 가상 세계를 성화시키는 것이다. 앞 장에서 논의했듯이 가상교회들이 가상교회 예배의 안전과 보안을 개선하기 위해 할 수 있는 일은 거의 없다. 스테파노 페이스Stefano Pace는 최근 기사에서 그 좋은 예를 제공한다. 가상교회도 가상 비즈니스와 마찬가지로 승인 인장, 브랜딩, 초연결 기술, 리뷰와 평점 시스템을 마련하여 가상 세계 예배에서 신뢰를 형성하고 경건을 장려하는 첫걸음으로 활용할 수 있다는 것이 그의 설명이다.[43] 결국, 가상 세계도 현실 세계와 마찬가지로 타락한 세계이다. 순진한 경각심을 가진 사람들은 가상 세계가 현실 세계보다 더 나쁘거나 더 죄악스럽다는 것을 우리에게 납득시키려고 하지만,[44] 이것은 하나님 나라의 확장을 막기 위한 원수의 가장 오래된 속임수 중 하나이다. 가상교회는 다른 세계의 다른 교회와 똑같다. 죄가 더한 곳에 그리스도의 교회가 그 세계로 뻗어나가도록 하라.

8장

인터넷 캠퍼스

건물 몇 채가 있다고 캠퍼스가 있는 것은 아니다. 대학 졸업 후 첫 월급을 받은 직장은 노스캐롤라이나주 리서치 트라이앵글 파크에 있었고, 나는 큰 생명공학 회사에서 화학자로 일했다. 그들은 나의 신학교 수업 일정에 지장을 주지 않는 근무 시간에 나를 고용했다. 그리고 그 일은 신기한 이름의 고급 도구를 이용해서 미세한 양의 불법 약물을 시험하는 일과 관련된 것이기 때문에, 한 시간에 6달러를 받으며, 신학교 구내식당에서 식사제공이 포함된 일을 하는 것보다 확실히 나았다. 첫 '진짜' 직장이었기 때문에 회사의 캠퍼스를 둘러보고 기업 단지에 입주해 있는 많은 다양한 연구소와 프로젝트를 소개받을 수 있어서 흥미진진했다.

하지만 정말 짧은 시간 안에, 그곳에서 일하는 것에 대한 그 어떤 설렘도 사라지고 존재감을 느낄 수 없었다. 비록 그 회사가 캠퍼스처럼 보이도록 땅을 조경하고 건물을 배치했지만, 그 건물들 사이에는 직원들을 위한 어떠한 재미있고 중요한 만남의 공간이 실제로 존재하지 않았다. 몇 개의 개별적인 사무실 건물들이 함께 모여 있었을 뿐이다. 보안 출입 카드가 내 연구실, 작업자 휴게실, 건물 옆 출입문만 열어줬다는 걸 금방 알게 됐는데, 현관 정문조차 직원용이 아니어서 안 열렸다.[1] 설상가상으로 밤에 일해서 다른 때보다 캠퍼스 내에 있는 직원이 적었다. 연구실 감독관은 내가 쉬는 시간에도 캠퍼스를 떠나지 않기를 원했지만, 나는 정기적으로 연구실 동료 중 한 명과 함께 24시간 샌드위치 가게에서 바람 쐬러 몰래 나갔다. 작업 환경은 너무 적막했고 우울했다.

모든 캠퍼스 환경이 내가 경험했던 것만큼 결함이 있는 것은 아니다 ― 예를 들어, 실리콘 밸리에 있는 애플 캠퍼스처럼 말이다. 지난번에 애플 캠퍼스를 방문했을 때, 나는 그곳에서 점심을 먹기 위해 매킨토시 팀의 엔지니어인 내 친구 크리스와 만났다. 왼쪽으로 차의 방향을 틀어서 쿠퍼티노의 애플 본사 주소지인 1 infinite Loop 길로 들어서 애플 상징물을 향해 차를 몰다가 "WWSJD" ^{역자 주-'스티브 잡스라면 어떻게 했을}까?'(What Would Steve Jobs Do?)로 '예수님이라면 어떻게 하셨을까?'(WWJD: What Would Jesus Do?)의 패러디 라고 적힌 번호판을 붙인 차 옆에 주차하면서, 나는 애플이 어느 산업단지에나 있는 멋진 기술 관련 건물들의 전형적인 모습처럼 보인다는 것을 알게 되었다. 하지만 내부에서 나는 그것이 그 이상이라는 것을 알았다. 내가 보안 검색을 통과한 후에, 크리스와 나는 첫 건물 뒤편으로 나가 캠퍼스 안뜰로 들어갔다. 점심을 먹으러 카페에 갔을 뿐이지만, 우리는 커피 바에서 잡담하거나, 코트에서 농구를 하거나, 아니면 다른 애플 직원 및 방문자와 함께 잘 관리된 잔디밭의 간이 탁자에 앉아 있을 수도 있었다. 애플사 안뜰은 낮에는 단순히 휴식을 위하여 사용하고, 오후에는 건물 사이 공간에서 직원들을 위한 유명 락스타들의 콘서트가 열리기도 한다.

자, 나는 애플의 열렬한 팬이 아니다. 애플 팬들은 여러분이 아는 것처럼 튀어나온 하얀 전선을 가지고 항상 스타벅스에 앉아 있는 사람이다. 반짝이는 하얀 외계 예술 형태보다는 밀레니엄 팔콘^{역자 주-영화 스타워즈에 등장하는 우주선}처럼 내 하드웨어가 작동하는 것이 더 좋기 때문이다. 그리고 애플에서 일하는 것이 햇살과 막대사탕처럼 매력적인 것처럼 보이고 싶지는 않지만^{실제로도 아니다}, 애플은 정말 좋은 캠퍼스를 가지고 있다. 내가 신학교 기간 일했던 생명공학 회사의 캠퍼스와는 거리가 멀다. 애플 캠퍼스는 사람들을 연결하고 의미 있는 캠퍼스 생활을 만들어낸다. 진정한 캠퍼스는 진정한 공동체를 건설하는 데 있어서 큰 차이를 만들 수 있다.

우리가 논의한 바와 같이, 가상교회에 관한 관심이 급증하고 있고, 구체적으로는 인터넷의 힘을 활용하여 가상 세계에서 더 많은 사람들이 교회에 연결되도록 하는 것에 관한 관심이 높아지고 있다. 지난 20년 동안 웹사이트의 진화에 대해 생각해 보라. 1990년대 초, 일부 교회는 정규 사역과 함께 웹사이트를 개설하는 아이디어를 모색했다. 90년대 중후반까지 모든 교회는 사역지에서 멋진 사역을 위해 웹사이트를 만들어야만 했다. 인정한다. 2000년 박사학위 공부를 마치려다 돈이 바닥나서 목회 자리를 찾던 시절, 지원한 교회 중에서 홈페이지가 없는 교회가 없었다. 그 당시 나의 판단은 2000년에 웹사이트가 없는 교회는 너무 시대에 뒤떨어졌다는 것이었다. 이제 90년대에 급조된 수백만 개의 교회 웹사이트가 가상 세계를 뒤덮고 있다. 그 당시에도 그 사이트들이 좋아 보이지 않았고, 오늘날 기준으로 보면 긍정적으로 보아도 선사시대의 것처럼 보인다. 내가 근무했던 생명공학 캠퍼스가 면접 과정에서 듣게 된 과대광고에 부응하지 못한 것처럼, 이 웹사이트 중 많은 수가 그들의 과대광고에 부응하지 못한 것 같다. 오늘날 교회들이 단순히 여러 가상 건물을 연결한 것 이상의 인터넷 캠퍼스를 어떻게 설계할 수 있을까?

 뒤죽박죽인 디지털 콘텐츠를 인터넷 캠퍼스로 만들기 위해 교회가 해야만 하는 일은 무엇인가? 건강한 가상 캠퍼스 생활의 구성요건은 무엇인가?

교회가 가상 세계로 전환하여 교회를 세우고 사역을 할 때, 단순히 가상 사역 공간을 만들고, 영적 콘텐츠를 업로드하며, 가상 세례를 수행하는 방법을 결정하는 것 이상의 일을 해야 한다. 현실 세계에서 교회를 시작하겠다는 헌신만큼 깊고 진실한 헌신이 필요하다. 그리고 그들은 가상 세계에서 무엇이 건강한 캠퍼스 생활을 만들어 내는지 열심히 살펴볼 필요가 있다.

플라밍고 로드 교회 인터넷 캠퍼스에서
라이브 예배와 토론을 진행하고 있다.

가상교회 목회자^{iPastor}

앞으로 몇 년 동안 가장 뜨거운 목회는 예배 목사나 소그룹 목사가
아니라 가상교회 목사, 즉 iPastor일 것이다. 많은 교회가 iPastor를 "차
세대 거물"The next big thing 로 볼 것이고, 그에 따라 고용할 것이다. 가상교
회는 생존과 번영을 위해 가상 세계에서 원격현존하는 양무리를 목양
할 수 있는 목회자가 필요하다. 신학교들이 가상교회 사역 분야의 학위
를 제공하지 않고, 취업시장에서도 경험이 있는 가상교회 목회자가 많
지 않은 상황에서, 교회들은 무엇을 해야 하는가? 더 중요한 것은, 이
교회들이 iPastor를 어떻게 정의할 것인가?

좋은 의도를 가진 전통 교회들은 가상교회 목사를 단순히 차세대
웹마스터로 간주하고 싶을 것이다. 그들은 고정적 IP 주소를 설정하거
나 아이폰을 해킹할 줄 아는 사람을 교인들 가운데 찾으려 할 것이다.

그러나 웹마스터 iPastor와 가상교회 목사와의 관계는 박물관 큐레이터와 예술인과의 관계와 같다. 웹마스터는 디지털 콘텐츠를 정리하고 게시하는 사람이지만, 가상교회 목사는 콘텐츠를 만드는 것은 물론 캠퍼스 생활을 지도하고 실존 인물의 영적 모임인 교회를 목양하는 사람이다. 웹마스터는 사람들에게 간접적으로 영향을 미치지만, 가상교회 목회자는 사람들과 직접적으로 관여한다. 21세기 초 새로 시작한 가상교회 목사 중, 많은 수가 단독 또는 담임 목사가 아니며, 큰 교회의 직원 중 하나인 부목사가 많을 것이다. 그들은 캠퍼스 목회자나 교육 목사가 관계할 수 있는 방식으로 다른 직원들과 협업할 것이다. 따라서, 가상교회 목회자가 일반적이고 성경적인 목회자의 자격에 적합해야 한다는 것에 우리가 모두 동의할 수 있다고 생각한다.[2] 기술적 노하우는 어떨까? 교회는 가상교회 목회자를 그들의 기술력을 기대하며 고용해야 하는가, 아니면 그들의 사역 능력을 기대하며 고용해야 하는가?

가상교회는 놀이를 위한 교회가 아닌 진짜 교회이기 때문에, 진짜 목사가 있어야 한다. 교회인사위원회가 교육 목사를 청빙할 때 청소년과의 관계를 유일한 기준으로 또는 주된 기준으로 삼지는 않는다. 인사위원회는 주로 그들의 소명과 사역 은사에 기초하여 고용하고, 이차적으로 십대들과 공감할 수 있을 정도로 유행을 읽을 줄 아는 사람인지에 따라 고용한다. 같은 방식으로 교회가 가상교회 목사를 고용할 때도 소명과 은사에 의하여 고용하되 부수적으로 기술력을 고려하여 청빙해야 한다. 가상교회와 인터넷 캠퍼스를 세우려는 그들의 열정에, 교회는 기술에 정통하지만, 사역에 관하여 둔감한 가상교회 목회자를 고용하는 실수를 범해서는 안 된다. 인터넷 캠퍼스 모델을 사용하는 최초의 가상교회 목회자 중 한 명인 브라이언 바실 Brian Vasil 은 가상교회 사역에 대해 그가 이야기했던 대부분 교회가 "기술적 전문가"를 고용하려는 것 같다고 경고한다. 바실은 "[가상교회 목회자들이] 기술적인 마음 자세를 가지고 있는 것은 괜찮다"고 말하지만, 가상교회 목회자들이 "사람에 대한 마음을 갖는 것"이 더 중요하다고도 말한다. "그 목회자가 결코 껴안거나 악수하지 않을 사람들을 사랑하기에 충분할 만큼 좋아야 한다. … 그들은 먼저 사람에 대한 마음을 가져야 한다."[3] 우리가 줄곧 보아 온 것처럼 가상교회는 현실 교회와 크게 다르지 않다. 가상 세계 목회자들이 성공하기 위해서는 현실 세계 목회자들과 같은 특성이 필요하다. 교회가 진정으로 가상 세계에서 사람들에게 다가서려면 가상교회에서도 목양과 사역에 대한 요건을 과소평가할 수 없다. 가상교회 목회자들이 직면한 가장 큰 도전은 기술을 다루는 것이 아니라, 사람들과 관계하는 것이다.[4]

이진법적 관계 Binary Relationships

전통적인 목회처럼 가상교회 목회도 목사가 기술을 어떻게 다루느냐보다 사람, 관계, 공동체를 어떻게 돌보느냐에 따라 좌우될 것이다. 성공하려면 가상교회 목사가 교회의 단순한 기술 관리자 이상이어야 한다. 나의 첫 전임 목회는 노스캐롤라이나 시골의 한 교회에서의 청소년 사역이었다. 내가 다른 교회들 대신 이 교회를 선택한 것은 이 교회가 아주 오랫동안 청소년부 목회자를 찾고 있었기 때문이다. 내가 부임

했을 때, ^{나를 포함해서} 아무도 청소년부 모임을 시작하는 것 같은 전통적인 일들 외에는 무엇을 해야 하는지 정말로 알지 못했다. 그 교회 담임 목사님은, 은퇴 후 그 교회가 다섯 번째 또는 여섯 번째 목회지였는데, 나를 정확히 묘사할 줄 몰랐다. 그는 설교단에서 사람들에게 필요한 것이 있으면 "저 청소년부 담당"을 만나보라고 말하곤 했다. 현실 캠퍼스와 가상 캠퍼스를 모두 갖춘 교회가 인터넷 캠퍼스 목사를 단순히 "저 기술 담당"으로 보고 ^{업무 설명에는 프린터 드라이버를 다시 설치하거나, 직원의 e-메일을 복원하는 것 포함}, 사람들이 "저 기술 담당"이 정확히 무엇을 하는지 잘 모를 경우, 교회는 건강한 가상교회를 개척할 기회를 놓칠 수 있다.

현실 세계의 교회가 가상 교회를 시작하려고 할 때 직면하는 도전 과제 중 하나는 인터넷 캠퍼스를 라디오 방송이나 팟캐스트와 같은 사역 기능으로 보는 것이 아니라 교회의 비전과 전체 계획의 관점에서 인식하는 것이다. 담임목사가 열네 살 아이가 교회 유튜브 영상을 제작하도록 하는 것과, 같은 아이가 인터넷 캠퍼스를 세우고 인도하도록 하는 것은 완전히 다른 것이다. 6장에서 우리는 현실 목회자가 없는 교회가 진짜 교회인가 질문했다. 우리는 이 질문을 한 단계 더 깊이 들어갈 수 있다. 사역에 능숙하지 않은 "목회자"가 이끄는 가상교회는 어떤 종류의 교회일까? 교회들은 목회자들 뒤에서 지원하는 교회^{또는 교단 또는 단체}의 축복^{및 권위}을 가진 실력 있는 가상교회 목회자를 길러내는 방법을 찾아야만 한다.

둘째, 더 중요한 것은 가상교회 목사가 성공하기 위해서는 가상 세계에서 맺은 관계들을 통해서 교회와 연결되는 사람들을 지도하고, 인도하고, 가르치고, 격려하는 역량이 있어야 한다는 점이다. 현실 세계에서 사람들을 이끌기도 충분히 어려운 일이다. 가상 세계에서 자원봉사자들을 인도하는 것은 모든 면에서 더 힘들어 보인다. 이렇게 생각해보자. 이메일은 빠른 의사소통 수단이지만, 동시에 비효율적이고 때로는 위험할 수도 있다. 우리가 감정을 소통하려고 할 때는 대부분 효과적이지 않다. 제안, 도전, 또는 논쟁의 여지가 있는 어떤 것을 전달하려고 할 때는 위험할 수도 있다. 이메일을 통해 오해가 슬그머니 들어오기 쉽고, 그런 오해는 목회에 큰 걸림돌이 된다.[5] 가상교회에서 오해는 흔히 일어나는 일이다. 어떻게 해서든 가상교회 목회자들은 결코 직접 만나지 못할 수도 있는 사람들과 현실적 관계뿐만 아니라 의미 있는 관계를 맺을 수 있는 길을 찾아야 한다.

이것은 양날의 검이다 — 가상교회 목회자들은 그들의 가상 세계에서 "선택적 관계"를 택하는 사람들에게 목양하는 방법을 찾아야 한다. 이러한 관계는 이진법 숫자를 자주 사용할 정도로 낮은 헌신도이다. 이진수 시스템은 1/0, I/O, on/off이다. 가상 세계의 특성 때문에, 가상교회의 많은 초기 관계들은 이진법을 넘어서기 위해 고군분투할 것이다. 두 사람은 그들의 가장 깊고 어두운 비밀을 당분간 공유하게 될 것이다 1, I, on, 그리고 며칠이 지나면 한 쪽이, 또는 양쪽 모두 지루해져서 다시는 접속하지 않을 것이다 0, O, off. 어떻게 가상교회 목회자들이 선택적인 관계를 멈추고 사람들이 견고하고 건강한 공동체를 발전시키도록 도울 수 있을까? 어떤 가상교회 환경이 가상교회 사람들이 가상교회 커뮤니티에서 '충분히 참여'하도록 장려할 것인가? 가상교회 목회자들이 단순히 느슨하게 연결된 사역 공간을 만드는 것이 아니라 공동체를 건설하기 위해 고안된 건강한 캠퍼스 생활을 만들어 낼 수 있을까? 만약 그렇다면, 그것을 가능하게 하는 것은 기술력이 아니라, 사람들을 위한 마음과 목양 능력이다. 선택적인 관계를 실제 공동체로 바꾸고, 단순한 사역 공간이 아닌 의미 있는 캠퍼스 생활의 실제 공동체를 구축하기 위해서는 진짜 목회자가 요구된다.

특정자원을 식별하고 접근하는 방법

특히 인터넷 캠퍼스 모델을 사용하여 가상교회들을 세우기로 결정한 현실 세계 교회들은 인력, 조직 및 재정 요소를 파악하고, 그것들을 어떻게 처리할지를 계획해야 한다. 일부 교회나 조직에서는 가상교회를 위한 전임 목회자를 청빙하는 것을 주저할 수 있지만, 예를 들어 "학생 사역/인터넷 캠퍼스 목회"를 함께 수행할 목회자를 청빙하는 것은 상당히 위험하다목사와 관련된 일반적인 문제점 외에도. 나의 연구에 따르면, 많은 교회가 가상 교회 목사에게 요구되는 독특한 목회 요구를 과소평가하지 않을까 두렵다. 예를 들어, 브라이언 바실은 "나는 내가 모르는 언어들로 기도 요청을 24시간 받는다 …. 나는 인터넷 캠퍼스가 전 세계에 그것을 필요로 하는 사람들을 위해 24시간 내내 그곳에 있는 것이 가장 가치 있다고 생각한다"라고 설명한다. 24/7 사역에 대한 이러한 접근 방식은 문자적으로는 훌륭하게 들리지만, 교회가 어떻게 이를 건강한 방식으로 구현할 수 있을까? 교회들은 하루 24시간, 일주일 내내 컴퓨터 앞에 앉아 사람들과 수다를 떠는 목사만 고용해야 하는가?[6] 이것은 i-church처럼, 가상교회의 사회적 연결 모델을 충실히 따르는 교회에게 주어지는 큰 질문이다.[7] 현실교회는 가상교회 목사들의 업무가 앉아서 "그저 수다를 떠는" 것이기 때문에 급료를 덜 지급할 것인가?

결국 많은 교회나 교회 운영위원회의 결정적 요소는 돈이다. 모든 교회 회계나 재정담당의 마음 속에 있는 질문은, 인터넷에서 사람들과 대화하거나 아바타로 어슬렁거리는 사람 비디오 게임을 하는 사람이라고 읽는다에게 교회가 정말로 전임 사역자의 급여를 지급할 것인가 하는 점이다. 더 중요한 것은, 만약 교회가 가상의 캠퍼스를 운영한다면, 진지한 사람들이 올 것인가 하는 점이다. 그리고 그들이 사역을 지원하기 위해 헌금할 만큼 진지할까?

목회를 해본 사람이라면 당신이 비용을 지불한 만큼 원하는 결과를 얻는다는 것을 안다. 가상교회 목회의 인력 배치도 다르지 않다. 만약 14살 된 기술자를 인터넷 캠퍼스 목사로 고용하면, 나는 당신이 무엇을 얻을 수 있을지 알 것이라 생각한다. 좋은 소식도 있고 나쁜 소식도 있다. 좋은 소식은 현실 세계보다 가상 세계의 최첨단 예배 강당을 짓는 것이 훨씬 더 싸다는 것이다. 나쁜 소식은 적어도 현실적으로 가상 세계의 교회 신도들이 현실 교회 신도들보다 훨씬 낮은 헌금 참여율을 보인다는 것이다. 여기에는 아마도 몇 가지 이유가 있을 것이다. 첫째, 세컨드라이프와 같은 일부 가상 세계에는 자체 통화가 있지만, 대부분의 서구 통화예: 달러 또는 유로에 비해 통화가 크게 평가 절하된다. 250린든 달러를 기부하는 것은 상당한 기부처럼 느껴질지 모르지만, 환율로 볼 때, 실제로 교회가 받는 돈은 1달러도 되지 않고, 심지어 하루 동안 iPastor의 아이팟을 충전하는 데 필요한 전기요금도 내지 못한다. 둘째, 가상교회 신도 중 일부는 현실교회에도 다니며, 이는 그들의 헌금을 분산시키고 제한할 수 있다. 셋째, 많은 선의의 교회와 지도자들이 아직도 가상교회가 진짜 교회가 아니라고 사회에 말하고 있으며, 이를 들은 사람들은 가상교회에 진짜 돈을 줄 이유가 없다고 말한다. 일부 교회는 '온라인 헌금'으로 성공을 거두었지만, 대부분 가상교회는 비용은 적게 들지만, 헌금 수입도 적게 들어오는 상황에 고심해 왔다. 내가 대화한 가상교회 목회자 중 상당수는 자원이 부족하여서 자신들의 사역을 대폭 축소해야 한다고 느꼈다.

가상교회가 결국 미래에 일반적으로 교회를 운영하는 비용을 낮출 것인가? 그렇지는 않은 것이다. 어떤 사람들은 가상 세계가 모든 것을 "더 저렴하고 더 빠르게" 만들 것으로 생각하지만, 우리는 산업 혁명에서 교훈을 얻을 수 있다. 공장이 생겨나고 제조 공정이 점점 자동화되면서 더 많은 제품이 판매용으로 생산되었지만, 이러한 제품 증가는 단순히 이러한 제품에 대한 사람들의 기대치를 높였다 그리고 사회에 더 큰 풍요를 만들었다. "자동화된" 교회가 될수록, 더 많은 콘텐츠를 제작할 수 있게 되지만, 이 모든 것이 교회 "상품"과 "서비스"에 대한 사람들의 기대를 높이는 데 기여할 것이다. 그것이 해결책인지는 의심스럽다.

도메인 권징

건강한 교회 공동체를 만들려는 가상교회 목회자들은 가상 캠퍼스 환경이 건강하게 유지될 수 있는 방법을 찾아야 한다. 앞 장에서는 죄가 가상 세계에서 발판을 찾을 수 있는 몇 가지 방법, "선택적 관계"가 어떻게 건강하지 못한 관계로 이어질 수 있는지, 일반적으로 죄악이 가상교회에 미치는 영향에 관해 이야기했다. 이제 우리는 가상교회 지도자들이 건강한 공동체를 구축하는 데 직면한 어려운 과제를 잘 알고 있다. 건강한 캠퍼스 생활을 촉진하기 위해 교회가 가진 가장 중요한 자원들 가운데 하나는 교회 권징의 실천이다. 가상교회나 인터넷 캠퍼스는 교회 권징을 실천할 수 있는가?

간단한 대답은 "예스"ʸᵉˢ이다. 어떤 것도 인터넷 캠퍼스나 가상교회가 교회 규율을 실천하는 것을 방해하지 않는다. 많은 곳에서 이미 어떤 형태로든 그것을 실행하고 있다. 종교개혁 이후, 기독교 교회의 몇몇 분파들은 권징을 교회의 표지 중 하나로 만드는 것을 포함하여 매우 강조하였다ˢᵉᵒᵗ˖˖. 하지만 권징이 교회의 표지로 여겨지지 않더라도, 그것은 여전히 가상교회들에게 중요한 성경적 도구이다.

교회 규율에 대해 우리가 알고 있는 것부터 시작해 보자. 조나단 윌슨ᴶᵒⁿᵃᵗʰᵃⁿ ᵂⁱˡˢᵒⁿ은 교회 규율을 "제자들의 삶에서 죄악을 확인하고 이에 대응하여 제자 공동체가 취한 행동"이라고 정의한다.[8] 예수는 교회를 위한 교회 권징의 중요성을 언급했다ᵐ ¹⁸:¹⁵⁻²⁰; ᵃ조. ᵐ ¹⁶:¹⁸⁻¹⁹.[9] 성경에서 교회 권징을 실천하는 몇 가지 이유가 있다. 성경적 진리를 지키는 것ᵈⁱᵖ ¹:¹³, 사람들 사이의 질서 유지ᵈⁱᵖ ⁵:²⁰, 그리고 분쟁 해결 및 공격적인 교회 교인들의 제거ᵍ조 ⁵:³⁻⁵; ᵈⁱᵖ ¹:²⁰. 영적 성숙의 특징 중 하나는 의심할 여지 없이 교회 권징에 기꺼이 복종하는 것이다ʰⁱ ¹³:¹⁷. 아마도 교회 권징의 가장 중요한 진실은 그 목적이 처벌이 아니라 강화와 회복이라는 것이다ᵈⁱᵖ ⁴:²; ᵈⁱᵖ ¹:¹³.

교회 권징은 지난 몇 천 년 동안 일반적인 관행이었지만, 20세기에는 여러 가지 이유로 인해 인기가 떨어졌다. 그 중 하나는 많은 사람이 현대 철학의 이상이라 할 수 있는 개성과 개인화에 동조했다는 점이다. 이는 한 개인으로서 내가 하고 싶은 모든 것을 할 수 있는 완전한 자유, 자율, 그리고 영혼의 잠재력을 가지고 있다는 생각이다. 교회가 권징을 시도할 때, 현대인들은 교회가 그들을 더 나은 제자로 훈련하려는 것이 아니라, 그들의 자유와 권리를 제한하려 한다고 인식하기 마련이다.[10] 교회 권징이 시들해진 또 다른 이유는 서구 세계에서 지배적 기독교 문화가 붕괴하면서 많은 전통 교회와 교파가 급속히 축소되었고, 이기주의가 교회 안으로 슬금슬금 스며들었기 때문이다. 예를 들어, 내가 목회하는 현실 세계 교회에서, 우리 교회 지도팀과 내가 권징을 실시해야 하는 몇 가지 사례가 있었다. 늘 그랬듯이, 우리가 더 나은 결정을 내리기 위해 권징하려는 사람들은 그 대신 우리 교회를 떠나는 선택을 한다. 그리고 언제나 그 중 많은 사람은 실시하려 했던 권징이 중요하지 않거나 혹은 우리 교회의 의견일 뿐인 것처럼 곧 다른 교회에 다니기 시작한다. 그 사람이 교회 권징을 피해 도망쳐 나간 것을 알리기 위해, 새 교회 담당 목회자에게 전화를 하면, 그 목회자는 결코 공감하지 않고, 대신 이 상황을 우리 교회의 문제로 보고 그다지 신경 쓰지 않는다.

아마도 더 좋은 질문은 가상교회가 어떤 효과로든 교회 권징을 실천할 수 있느냐 하는 것이다. 만약 사람들이 현실에서 교회 권징을 피해 도망친다면, 가상교회가 질서를 지키고 불건전한 행동에 참여하거나 선택적인 관계에만 참여하는 사람들을 지혜롭게 다룰 가능성은 얼마나 될까? 이는 현실교회들이 직면하는 것보다 더 많은 문제의 가능성을 보여준다. 비록 교회 권징이 징벌적이지는 않지만, 어느 정도 엄중해야 한다^{딤전 5:20}. 그러나 사람들이 가상 세계에서 아바타로 함께 예배할 때 어떻게 권징할 수 있을까? 가상교회가 디지털 주홍글씨를 쓰는 데 아바타가 필요하지 않다고 가정한다면 11

가상교회가 교회 권징을 가상 세계에 맞게 재정의하고 건강한 캠퍼스 생활을 만들어, 성공주의와 현대 문화가 현실교회의 권징을 강력하게 지배하고 있는 상황을 타파할 수 있을까? 만약 가상교회들이 초기에 성경적인 원칙을 확립하고 이 새로운 형태의 교회를 이용해 가상 세계에서 효과적인 권징의 은유를 만들어 낸다면 어떨까? 이를 위해서는 현실 세계 많은 교회가 대립하는 것처럼 보이는 것과 대조적으로 가상교회가 서로 대립하는 대신 협력해야 한다고 생각한다. 정보 공유가 중요하다. 예를 들어, 단정함을 고려해 보자. 대부분의 현실 교회들은 속옷을 입은 여성이 교회에 오는 상황에 정기적으로 직면할 필요가 없다. 그러나 가상교회들은 직면하고 있다. 가상교회가 이 행동에 대해 언급해야 할까? 만약 그렇다면, 아바타를 부적절하게 옷 입히는 가상교회 교인들을 권징해야 할까? 만약 그들이 이러한 교인들을 권징한다면, 이러한 교인들이 다음 주에 다른 가상교회에 참석하기 위해 새로운 아바타를 고르고 참석하는 것을 막을 수 있는 것은 무엇일까? 내가 보기에 이것은 가상교회 간의 더 큰 협력으로만 막을 수 있을 것 같다. 정체성도 중요하다. 가상 세계 서비스 제공자들이 사람들에게 익명성을 허용하더라도, 가상교회는 가상교회 교인들이 교회의 모든 신앙 실천에 참여할 수 있는 계획을 개발해야 한다. 만약 가상 세계 개발자들이 많은 미래학자들이 생각하듯이 더 나은 신원 확인 방법을 의무화하기 시작한다면, 가상교회가 사랑으로 교회 권징을 행하기 더 쉬워질 것이다. 목회자와 가상교회가 사역에 대한 깊은 헌신을 확립하고, 하나님 나라를 위해 위대한 삶과 위대한 선택으로 사람들을 지도하기 위해 협력할 의지를 가진다면 의미 있는 사역을 할 수 있다.

9장

바이럴 사역 ^{Viral Ministry}

감리교도들이 오고 있다! 감리교도들이 오고 있다!

적어도 19세기에 북미 개척지 주민들 가운데 많은 사람이 그렇게 느꼈다. 그들은 새로운 장소에서 새로운 세계를 창조하기에 바빴고, 몇몇 하나님의 사람들이 그들에게 좋은 소식을 가져다주기 위해 교통과 통신의 새로운 발전을 얼마나 빨리 활용했는지에 놀라면서도 불편해 하기도 했다. 존 웨슬리는 당시 많은 교회 지도자들이 눈쌀을 찌푸리던 새로운 방식으로 새로운 세상에서 많은 사람들에게 다가가는 사역 방식을 처음으로 제안했다. 이 새로운 감리교회는 진짜 교회였는가? 이들이 새로운 세상에 어떤 영향을 미칠까? 웨슬리는 언젠가 컴퓨터가 그의 사역 방식이 전통적인 방식보다 우수하다는 것을 증명할 것이라는 사실을 알지 못했다.

라디오와 텔레비전의 기업가적 선구자이자 RCA와 NBC의 경영자인 데이비드 사르노프David Sarnoff는 1930년대에 방송 네트워크의 통신적 가치를 설명하는 법칙을 개발했다. 사르노프의 법칙은 알려진 바와 같이 "네트워크의 가치는 구성원 수에 비례한다"라는 것이다. 네트워크의 구성원이 많을수록 네트워크 가치는 커진다. 도표에서는 점점 위로 기울어지는 직선이다. 이는 오늘날 방송 미디어의 표준으로, 프로그램의 청취자나 시청자가 많을수록, 더 많은 가치를 지니고 더 많은 광고 수익을 올릴 수 있다. 의도치 않게도 이 법칙은 교회에 출석하는 교인이 더 많을수록 더 많은 전문 사역을 위한 재정이 확보된다고 하는 대형교회 성장에 관한 설명에도 유용한 법칙이 되었다.

1970년대 초, 현재 컴퓨터와 네트워크 장치를 연결하는 데 사용되고 있는 가장 일반적인 유형의 케이블 연결 표준인 이더넷Ethernet 기술의 발명가 로버트 메트칼프Robert Metcalfe는 통신 네트워크의 가치가 사르노프가 예측한 것보다 훨씬 더 빠르게 증가하리라는 것을 깨달았다. 그는 전화기나 컴퓨터를 가진 사람이라면 누구라도 전화를 걸 수 있다는 점에 비춰볼 때 "네트워크의 가치는 이용자 수의 제곱에 비례해 커진다"라고 주장했다. 전화 한 대는 무용지물이지만, 10대의 전화기는 100만 대, 1만 대의 전화기는 1억 대의 가치에 이른다.[1] 또한 알려진 바와 같이, 메트칼프의 법칙은 20세기 후반 인터넷 붐의 원동력이었다. 이 법칙에 근거하여 기업들은 성장에 힘을 쏟고, 이익보다는 가치 창출에 온 힘을 쏟았다. 그러나 문제는 많은 사람이 여전히 이익에 관심을 가지고 있다는 것이었다.

21세기 초 메트칼프의 법칙이 인기를 잃었음에도, 인터넷 프로토

콜의 창안자이자 소프트웨어 개척자인 데이비드 리드 David Reed는 메트칼프가 가상 세계에서 소셜 네트워킹의 힘을 과소평가했기 때문에 틀렸다고 주장했다. 리드의 법칙은 "대규모 네트워크의 효용, 특히 소셜 네트워크의 효용성은 네트워크의 크기에 따라 기하급수적으로 확장될 수 있다"라고 진술한다.[2] 사르노프의 법칙은 점진적인 직선형 성장을 예측하고, 메트칼프의 법칙은 급격히 경사진 상승선을 예측하는 반면, 리드의 법칙은 기하급수적으로 상승하는 성장선을 예측한다. 최근 몇몇 이론가들이 메트칼프와 리드의 아이디어에 의문을 제기하고 있지만, 특히 리드는 닷컴버블 붕괴 이전인 1999년에 이 법칙을 개발했다. 또한 MySpace와 Facebook이 등장하기도 전에 최근의 2세대 가상 세계 SNS 플랫폼이 기하급수적으로 성장하면서 인터넷의 파급력에 관한 질문들이 다시 한번 제기되고 있다.

대부분 19세기 교회 지도자들이 사르노프의 법칙으로 알려진 것을 예시하는 반면, 존 웨슬리가 교회에 대한 선구적인 접근에 대해 깨닫지 못한 것은, 그는 교회를 단지 사람들이 만나는 건물이 아닌 영적 성장과 강론의 모임들을 설립함으로써 메트칼프의 법칙을 예시했다는 점이다. 이것이 19세기에 수백 명의 순회설교자 중 한 인물인 웨슬리가 그의 시대에 누구도 상상할 수 있었던 것보다 훨씬 더 많은, 오늘날 미국에서만 칠천오백만 명의 놀라운 영적 후손을 자랑하는 이유이다.[3]

우리는 예수 그리스도의 교회가 기하급수적으로 성장할 수 있는 시대에 살고 있다. 1장에서 언급했듯이, 창세기 이래 인류 역사상 단 한 순간도 세계 인구의 20% 이상이 직접 접촉하고 있었던 적은 없다. 가상 세계의 힘을 통해 중국·한국·일본·러시아·영국·독일·브라질·멕시코·미국 출신의 사람들이 활동하는 교회를 만들 수 있다. 가상교회가 컴퓨터를 매개로 한 통신을 활용하여 어떻게 전 세계에서 기하급수적인 하나님 나라의 성장이 일어날 수 있는 사역의 접점이 될 수 있는가?

 가상교회가 선교적 교회가 될 수 있을까? 가상교회는 어떻게 다양한 형태의 사역에 참여할 것인가? 어떤 종류의 가상 사역이 생겨날 것인가?

미셔널 임파서블 Missional Impossible **?**

20세기 서양에서 기독교 왕국이 종말을 맞이한 후, 교회는 갑작스럽게 서양 문화의 특권적 위치에서 축출되었다. 이러한 상황은 이전 시대보다 훨씬 더 많은 교회론에 대한 관심과 함께, 교회의 목적과 본질에 대한 많은 논의를 촉발했다. 2장에서 논의한 바와 같이, 20세기의 가장 영향력 있는 교회학자 중 한 명은, 교회가 활동뿐만 아니라 목적과 본질에 있어서 선교적이어야 한다고 주장한 성공회 사제 레슬리 뉴비긴이다. 뉴비긴의 아이디어는 현재, 특히 시대의 권력에서 분리되어 가장 큰 타격을 받은 주류 개신교 교단들 사이에서 인기가 높다.

디지털 혁명의 정점에서 성장한 자유교회 목회자로서, 교회가 선교적이어야 한다는 주장은 타당하면서도 불필요한 주장인 것 같다. 자유교회 전통의 관점에서 볼 때, 목회는 항상 교회됨의 근본적인 본질이어야 하므로 그 주장은 타당하다. 나는 모든 교회가 진정한 교회가 되기 위해서는 자발적 연합으로는 충분하지 않기 때문에 선교적이어야 한다고 주장한다. 성령께서는 사람들을 교회가 되고, 교회로서 가고, 또 교회로서 해야 할 일로 불러 모으신다그리고 우리는 이 일을 줄여서 사역이라고 부른다. 교회의 존재와 행함으로서의 사역이 교회 일부였음은 그 시작부터 의심할 여지가 없다.[4] 사역은 교회의 자연스럽고 통합된 기능이다.[5] 사실 대부분의 경우, 무형적이고 난해한 본질의 핵심을 분별하려 애쓰기보다는 기능적으로 교회를 이해하려고 노력하는 것이 현명할 수 있다.[6]

동시에, 내가 완전히 익숙하지는 않은 문화적으로 승인된 기독교에 대한 반응으로 보이는, 선교적이라는 개념은 불필요해 보인다. 교회가 반드시 선교적이어야 한다고 말하는 데는 문제가 있는데, 그 이유는 선교적 범주가 매우 광범위하고 불명확하다는 점 때문이다.[7] 빠르게 쇠퇴하는 교파의 전통적 교회 지도자들이 선교적 접근을 주장하는 책을 읽을 때, 그들이 진정으로 주장하는 것이 무엇인지를 이해하고 있는지, 아니면 단지 멸종을 막기 위해 목회자들이 따를 새로운 프로그램, 템플릿 또는 청사진을 만들려고 하는 것인지 궁금하다. 선교적 개념은 개혁이 필요한 교회의 분파에 대해 상당히 중요할 수 있지만, 시대의 권력에 거의 영향을 받지 않는 교회에 대해서는 이 개념이 어떻게 작용할까? 교회의 선교적 소명은 가상 세계에서 사역하는, 기독교 세계가 아무런 영향을 미치지도, 의미를 주지도 못하는 가상교회에 어떻게 영향을 미칠까? 가상교회들은 자신들을 선교적이라고 말해야 할까?

만약 사람들이 가상교회를 선교적 교회라고 말하는 것을 선택한다면, 그것은 기독교 세계에 대한 반응으로서가 아니라, 가상 세계에서 활동하는 그리스도의 추종자들을 위한 새로운 DNA를 창조하는 방법으로서여야 다. 현실의 서구 교회들은 교회 전통에 상관없이 교회를 장소, 조직, 심지어는 "관람 스포츠"로 여기는 개념에 어려움을 겪고 있다. 가상교회들도 문제를 가지고 있지만, 그들은 아마도 서구에서 교회를 운영하는 평범한 방법의 틀을 깨버릴 수 있을 것이다. 가상교회가 교회가 되는 것이 무엇을 의미하는지 그 기본적 개념을 회복할 수 있다면, 방송을 구경하는 것이 아니라 양 세계에서 그리스도의 대의에 대한 참여적 후원을 바탕으로 가상 세계에 교회를 만들 수 있다.

참여적 사람들

어느 세계에 존재하는지는 상관없이 참된 교회의 중심에는 하나님의 종, 선포자들, 사도들, 그리고 다리 놓는 자로서 하나님의 부르심을 받은 사람들이 있어야만 한다. 이 사람들이 중산층 골프 셔츠와 여름 드레스를 입든, 거친 낙타 털옷을 입든, 아니면 3D 고해상도 아바타를 입든 상관없을 것이다. 중요한 것은 그들이 참여하여 지역사회에서 사역자로서의 소명을 붙잡는 것이다. 그러나 가상교회가 사람들에게 사역에 참여하도록 장려할 수 있을까? 그들이 현실교회만큼 많이 참여하게 할 수 있을까? 현실 교회보다 더 많이 참여하게 할 수 있을까? 내가 말한 일부 가상교회 목회자들은 이것이 가능하다고 믿는다. 컴퓨터 매개 소통의 힘을 총동원한 가상교회가 루터의 만인제사장 사상에 새로운 삶과 새로운 의미를 불어넣을 것인가?[8]

성 픽셀 *St. Pixel* 에서 부활절 예배에 참여하는 예배자들.

개인 숭배를 기반으로 하는 서구 문화에서 기독교인들이 만인제사장 사상 또는 "모든 성도는 사역자"라는 생각을 말할 때, 데카르트에서 칸트, 로크에 이르는 철학적 유산이 작용하여 각 그리스도인을 홀로 세상을 변화시킬 사역을 추구하는 고독한 미사일로 시각화한다. 많은 기독교인은 가상 세계와 가상교회가 이러한 생각을 더욱 악화시킬 것이라고 우려한다. 현대 사상가들은 개인주의에 "영혼의 능력" soul competency 과 같은 완곡한 이름을 붙였지만, 이러한 이미지는 루터와 교회의 원래 생각과는 거리가 멀다. 만인제사장 사상은 "서로, 그리고 세상을 섬겨야 하는 공동의 책임"과 관련이 있는 것이지, "자신이 원하는 대로 사역을 할 수 있는" 개인의 권리와 관련 있는 것은 아니다.⁹ 하나님 나라를 위하여, 어떤 개인의 노력보다 교회로서 함께 섬기는 사람들이 더 강력하고, 더 성공적이라는 것에 우리가 모두 동의할 수 있다고 생각한다고전 12:12-27.

교회의 핵심은 사람들이 교회가 되고, 이 세상에서 하나님의 대리인이 되는 것이다. 가상교회는 가상 세계와의 연결성이 매우 높아서 모든 신자가 사역자로서의 기하급수적인 힘을 활용할 수 있는 수단이 있는 것 같다. 이렇게 생각해 보자. 매주 나의 현실교회에는 사람들이 와서, 좌석에 앉아 메시지를 듣고, 송영을 부르는 동안 떠나간다. 그리고 적어도 내 관점에서는, 다른 일은 절대 하지 않는다. 우리는 그들이 교회가 되기보다는 서양 세계의 교회에 남아 있는 기독교 국가의 그림자라고 말할 수 있을 것이다약 2:17. 우리 중 많은 이가 그런 사람들이 모이는 교회에 다닌다. 하지만 가상교회그리고 우리는 미래에 그들이 기술을 더 잘 수용하게 될 때 이것을 더 많이 보게 될 것이다를 통해 교회의 모든 측면을 훨씬 더 참여적으로 만드는 방법들이 있다. 가상교회는 이미 마이스페이스나 페이스북 같은 소셜 네트워크 서비스교회처럼 사람이 참여하지 않으면 효과가 없는에서 발견된 참여형 아이디어에 기반을 두고 있다. 그렇지 않으면 가상교회가 어떻게 참여와 사역을 늘릴 수 있을까? 가상교회가 정적인 방송에서 벗어나, 가상 세계 소셜 네트워크의 역동성을 어느 정도 구현하면 할수록, 더 많은 사역 동참을 이끌면서, 훨씬 더 높은 비율의 사람들이 가상교회에 참가하리라는 것을 알게 될 것이다.¹⁰ 실제로 소셜 네트워크 서비스 현상이 유효하다면 가상교회는 일부 가상교회 교인들이 자신들의 사역에 대한 정기적 참여에 열정적이거나 지나치게 열광할 것이라는 사실을 발견할 수도 있다. 가상교회가 사람들의 교회 참여 방식을 바꿀 것인가? 가상교회가 참여 대상과 참여 방식을 바꿀 것인가?

내가 매우 흥미롭게 생각하는 두 가지 가능성을 열거해 보겠다.

첫째, 나는 소외된 사람들을 사역에 참여시키는 가상교회의 능력에 대해 매우 기대하고 있다. 나는 북부 캘리포니아의 도시, 중산층 이하 지역에 있는 다양한 다민족 교회의 실제 목사로서 이상주의자가 아닌 현실주의자이다. 우리 교회의 사람들 대부분은 그들의 삶이 그들에게 너무 힘들었기 때문에, 하나님을 기꺼이 알아볼 수 있는 삶의 지점에 돌아가기 위해 온 사람들이다. 이들은 사역에서 종종 어려움을 겪는다. 그들의 삶에서 경험한, 참여 과정 중에서 맞딱뜨릴 어려움 때문이다. 그런데도 이들이 '불리한 상황'을 알면서도 복음을 위해 지역 사회에 참여하는 것은 정말 멋진 일이다. 세상은 이런 사람들을 대수롭지 않거나 중요하지 않다고 생각하지만, 하나님께는 한 사람 한 사람이 그리스도의 몸으로써 소중하고 가치가 있다.

이에 비해 내가 대화를 나눈 가상교회 목회자 중 몇몇은 세상의 관점에서 *매우 중요하지 않은* 사람들로 이루어진 교회에 있다. 이들 교회에는 만성적으로 수줍음을 타고, 사회적 공포증을 앓고, 투렛 증후군을 앓고, 성별, 인종 차별, 그리고 더 많은 내부 갈등으로 인해, 보편적인 현실 교회에 잘 통합되기 어려운 사역을 섬기는 것도 물론 가상 성도들이 많다.[11]

평범한 현실의 교회가 투렛 증후군을 앓는 성인을 위하여 사역할 수 있는가 하는 질문은 잠시 잊자. 투렛 증후군을 앓는 성인들이 현실 교회를 방문하려고 할 것인가? 특히 대부분의 "일반적인" 성인들조차도 처음 새 교회를 방문했을 때 두려움을 느끼기 때문에, 많은 환자들에게 공포를 극복하는 것은 꽤 어려우리라 생각한다. 가상교회가 이 사람들에게도 다가갈 수 있을까? 현실의 교회에서는 얼굴과 얼굴을 맞대고 만나야 하기 *때문에* 현실교회에 절대로 가지 않을 사람들에게 가상교회는 다가갈 수 있을까?

이런 사람들에 대한 세상의 대답은 무엇일까? 우생학일까? 분명히 소외당하게 될 것이다. 많은 현실 세계의 교회들이 이 사람들에게 다가가려고 시도할 수 있지만, 모든 목회자가 알다시피, 이는 쉽지 않다. 내가 살고 있는 실리콘 밸리에는 자폐증을 앓는 사람들이 매우 많다. 우리 교회는 정기적으로 도움을 요청받지만, 이 요청을 하는 사람 중 어느 누구도 우리 교회에 오지 않을 것이다. 우리 세계의 변두리에 사는 사람들, 그리고 계급이 계층화되어 있는 교회들의 수는 우리가 생각하는 것보다 훨씬 더 많다. 그러나 가상 세계에서는 이러한 사람들이 변두리에 살지 않아도 된다. 왜냐하면, 적어도 가상 세계에는 변두리가 없기 때문이다.[12] 아무도 인종, 계급, 나이, 장애를 기준으로 그들을 판단할 수 없다. 왜냐하면 가상 세계는 모든 사람을 잘생긴 로봇은 또 다른 아바타 표현으로 으로 가려주기 때문에, 소외된 사람들이 직면하는 개인적인 이슈의 장벽을 낮출 수 있다. 예를 들어, 나는 반대되는 성별의 옷을 입고 싶어 하는 욕망으로 어려움을 겪고 있음에도 불구하고, 가상교회에 온전히 참가하는 한 사람을 알고 있다.[13] 이 사람은 예수를 따르면서도 사역을 약화시키는 갈등을 겪는 사람이기 때문에, 현실 교회에 봉사하거나 심지어 참여하는 것 자체가 그 사람, 그 교회, 그리고 그 교회에 출석하는 모든 사람에게 도전이다. 대부분의 사역에서 봉사하는 것은 아마도 불가능할 것이다. 나는 현실 세계 교회의 많은 목사님이 매주 일요일 아침 현관 앞에서 크로스 드레서^{역자 주-반대 성별의 옷을 입은} 봉사자를 원하는지 의심스럽다. 하지만 이 경우 그는 가상교회에 참가할 수 있고, 교회 지도팀과 함께 그들의 어려움에 대해 공개하고 경건한 이들의 지원을 받을 수 있다. 그들은 심지어 안내자로 봉사할 수도 있다.

가상교회가 가진 소외된 사람들을 참여시키는 강력한 능력은 그들이 어쩌면 현실 세계에서보다 가상 세계에서 실제적으로 더욱 교회 사역에 참여할 수 있다는 것이다. 가상세계에서는 다른 사람들과 원격으로 소통하기 때문에 현실 세계에서처럼 그들이 불리한 상황에 놓이게 되는 두려움이 많지 않다. 이는 데카르트가 전혀 예상하지 못했던 것이다. 사람들은 자신의 신체적 조건이 아니라 자신보다 훨씬 더 큰 소명으로 살아갈 힘을 부여받는다. 기독교인으로서, 우리는 현실이든 가상이든 소외된 사람들을 배려하고 다가가는 모든 교회에 박수를 보낼 수 있다.

둘째, 가상 세계와 실제 교회에서 사람들에게 사역 역량을 가르칠 수 있는 가상 세계의 능력에 대해 기대가 크다. 가상 세계에 대한 초기 대규모 투자자가 미국 국방부라는 것이 일부 사람들에게는 이상하게 보일 수 있다. 30년 이상 동안, 미군은 점점 더 진보된 가상 세계 훈련 시나리오를 만들어 왔다. 군대는 "현실 세계"에서 마주치기 전에 군인들에게 위기, 고난, 가장 힘든 상황에 대처하는 법을 가르쳐 생명을 구하고 피해를 최소화 할 수 있는 기회로 가상 세계를 빠르게 이해했다. 가상 세계는 현실 세계의 벽을 허물고 군인들이 그들의 임무의 역동성을 이해하도록 한다. 또 다른 투자자는 대학이다. 바로 올해, 왕립 런던 대학은 미래의 현실 세계 상황에 적용할 수 있는 의대생들을 가상 세계에서 훈련하기 시작했다. 현실교회들이 가상 세계를 이용하여 그들의 사역 지도자들에게 현실 세계에서 그들을 마주치기 전에 위기와 가장 어려운 상황에 대처하는 방법을 가르칠 수 있을까? 가상교회가 가상 세계를 활용하여 유능한 가상 사역 리더를 양성할 수 있을까? 가상 교회는 현실 세계보다 더 통제된 환경에서 사람들을 사역하고 봉사하도록 준비시킬 수 있으며, 언젠가는 그들의 기술을 현실 세계로 옮길 수 있을 것이다.[14] 당신이 그것을 어떻게 보든, 그것은 하나님 나라의 승리이다.

외모, 말투, 옷차림 때문에 현실 세계의 교회에서 참여하기 어려워하는 사람을 상상해 보라. 이제 그들이 가상교회에 제한 없이 참가할 수 있는 그리스도 안에서의 자유를 생각해 보라. 사회공포증이나 심각한 장애가 있는 사람이 다른 사람들과 복음을 나누는 것을 두려워하지 않고, 다른 사람들에 대한 열정이 지칠 줄 모르고, 다른 사람들을 돕는 이타적인 아바타가 될 수 있다. 가상 세계의 경험을 통해 용기를 얻은 소외된 사람들은, 가상 세계와 현실 세계 모두에서 점점 더 하나님의 나라에서 중요한 역할을 할 수 있게 될 것이다.[15] 가상 세계와 가상교회는 경증장애를 가진 사람들을 위해 무엇을 할 것인가? 인터넷 캠퍼스가 교회와 하나님 나라를 위해 헌신적인 일꾼이 되기 위해 다수의 "평균적인" 사람들을 참여시킬 수 있을까? 그들이 다음 장에서 이야기할 큰 문제를 극복할 수 있다면, 가상교회는 지구상에서 가장 선교적인 교회가 될 수 있을 것이다.

몰입에 의한 사역

가상교회가 온전히 참여하는 사람들의 힘을 이용할 수 있다면, 그 교회들이 입소문을 낼 수 있을까? *바이럴 확산* going viral은 바이러스처럼 스스로 복제되고 기하급수적으로 증가하는 현상을 일컫는 대중문화 용어이다. 이 용어는 사용자에게 영향 감염을 미치는 비디오 및 전자 메일과 같은 가상 세계의 요소에 적용되는 경우가 많으며, 영향을 받는 사용자가 콘텐츠를 다른 사용자에게 보낼 때도 적용된다. 전염성 콘텐츠가 악성 바이럴 마케팅의 경우 이라고 느끼면 피하려 하지만, 호의적이라면 웃긴 동영상의 경우 이 콘텐츠를 유익한 것으로 홍보한다. 가상교회가 사역하는 현실 세계의 틀을 깨고 가상 세계에 완전히 몰입해 수백만의 사람들에게 그리스도를 위해 영향을 미칠 사역을 만들 수 있을까?[16]

사역은 프로그램이 아니라 지역교회의 한 부분으로써 함께 섬기는 사람들의 행동이다. 현재 대부분의 가상교회는 현실교회에서의 사역을 그대로 옮겨 온 것 같다. 소그룹도 있고, 선교 여행도 있고, 상담의 기회도 있고, 돌봄교실도 있다. 예비 연구에 따르면, 이런 전통적인 사역들은 현실 세계만큼이나 가상 세계에서도 효과적이다.[17] 우리가 발견한 것처럼, 현실 세계와 가상 세계 교회 사이에는 긍정적이기도 하고 부정적이기도 한 것에 대하여 거의 차이가 없음을 우리는 말할 수 있다. 이미 적용된 사역을 검토하는 대신, 가상교회가 할 수 있는 일이 무엇인지 살펴보자.

그 전에, 가상교회는 사역과 마케팅을 구분해야 한다. 나는 마케팅 자체를 반대하는 것이 아니다. 나는 마케팅 또는 교회가 대중 매체를 사용하여 사람들에게 교회에 대해 말하는 것을 무엇이라 부르든을 통해 불신자들이 여러분의 교회에 와서 복음의 진리를 생각해 보는 결과를 가져올 수 있다고 믿는다. 나의 현실 교회는 북부 캘리포니아의 매우 불신자가 많은 지역에 자리 잡고 있다. 그리고 우리는 어떤 사람들이 마케팅이라고 생각할 수 있는 아웃리치 전략을 사용한다. 동시에, 나는 마케팅이 사역이라는 착각에 빠지지 않는다. 가상 세계에서 마케팅과 사역의 차이점은 무엇인가? 교회가 입소문이 나는 재미있는 동영상이나 이메일을 만든다고 해서 교회가 새로운 형태의 가상 사역을 하는 것은 아니다. 한참 멀었다. 대부분은 그저 가상 마케팅 전략을 채택하는 것이다. 가상교회가 어떻게 하면 가상 세계의 대중매체 능력을 활용하여 단순히 교회를 마케팅할 뿐만 아니라 실제 사역을 할 수 있는가?

가상교회도 사역과 영리 목적의 판매를 구분할 필요가 있다. 불행하게도, 많은 기독교 가상 공간특히 "사역" 웹사이트를 세어보면이 예수 티셔츠에서 20달러짜리 설교 DVD에 이르기까지의 물건들을 팔기 위해 존재한다.[18] 나는 당신의 가상교회에서 유용한 물건들을 파는 것이 잘못되었다고 주장하는 것이 아니다. 하지만 솔직해지자. 많은 경우에 그것은 사역 자체만큼이나 다른 사역에 재정을 지원하기 위한 추가 자금조달을 위한 것이다. 앞에서 우리가 했던 질문을 기억하라. 가상교회가 어떻게 정당성을 향상시킬 수 있는가? 한 가지 방법은 가상 로비또는 웹사이트에서, 현실 세계 교회의 로비에서 하지 않을 일은 절대 하지 않는 것이다. 만약 현실교회들이 예수님이 성전을 정화하기 전의 성전 상태처럼 보여서는 안 된다면, 가상교회들도 마찬가지이다. 어찌 된 일인지, 목회자들은 현실 교회에서 설교 테이프를 파는 것이 사역이 아니라는 것을 정확히 알고 있으면서도, 온라인에서 수천 개의 테이프를 판매할 가능성을 감지되면 이 구분을 잊는 듯하다. 교회가 가상 세계를 악용한다면, 가상 세계는 오늘날 현실 세계가 그런 것처럼, 접근하기 어려워지고 냉소적으로 변할 것이라는 점을 기억해야 한다. 가상교회가 가상 세계에서 사역하는 것과 판매하는 것의 균형을 어떻게 맞출 수 있을까?

가상교회가 좋은 사역 사례에 집중한다면, 그들은 가상 세계의 강점을 가상교회와 결합할 수 있는 좋은 위치에 서게 될 것이다. 가상교회는 기술을 활용하여 사람들을 예수께로 인도하기 위한 사역에 가상 세계를 몰입시킬 수 있을 것이다. 일찍이, 가상교회는 그들이 가상 세계에서 전도를 완전히 새로운 차원으로 끌어올릴 수 있다는 것을 인식했다. 제자 양육 사역, 상담 사역, 문제 중심 사역, 예배 사역, 그리고 친교 사역 모두 가상교회에 적합해 보이며, 가상 세계에서 강점으로 작용할 것 같다. 바이럴 원리를 적용해 보자. 컴퓨터 매개 통신의 힘을 감안할 때, 가상교회 사역들이 전 세계에 영향을 미칠 수 있는 방식으로 효과적으로 확산될 수 있을까? 가상교회가 바이럴을 사용하여 전 세계를 돌볼 수 있을까?

예를 들어, 현실교회는 가정폭력 생존자들을 위한 지원 그룹을 만들 수 있고, 그 지역 사회에 큰 축복이 될 수 있지만, 현실 교회의 사역은 교회의 지리적 범위에만 한정되어 있다. 가상교회는 지리적 한계에 얽매이지 않기 때문에, 가상 세계에서 동일한 지원 그룹을 운영할 수 있으며, 특히 치유를 촉진하고 전 세계 사람들에게 다가가기 위해 만들어진 3D 환경에서 이를 운영할 수 있다. 현실 세계가 아닌 가상 세계에서 만나는 것은 학대의 생존자들에게 꽤 많은 이점을 준다. 더군다나,

이 그룹의 핵심들은 전 세계의 다른 생존자들에게 다가갈 뿐만 아니라 가상 세계에서 그들이 배우는 상황화된 진실을 가상 세계에 수백만 명은 아니더라도 수천 명에게 쉽게 전달할 수 있다.[19] 이러한 예시에서, 무엇이 가상교회가 현실 세계와 가상 세계 양쪽 모두에서 사역의 힘을 크게 확장시키는 것을 막는가?

물론, 바이럴하고 몰입감 있는 사역을 성공적으로 수행하려면 가상 교회도 현실 세계에서 사역하는 데 필요한 동일한 사역 비전, 리더십, 의사소통 능력이 필요하다. 현재 가상 세계에 퍼져 있는 모든 가상교회를 생각해 보면, 그들 중 많은 수가 개척자들에 의해 인도되고 있는 것 같다. 우리가 영화에서 볼 수 있는 개척자들처럼 새로운 지역으로 이전하고, 많은 문제를 마주하게 되고, 결국 그들의 땅에서 쫓겨나게 되는 약한 개척자들 말이다. 이것이 나의 평가이지만, 매우 유동적인 시기에 다양한 가상 교회를 관찰한 결과에 기반한 것이다. 이 관찰은 우리가 몇 장 전에 얘기했던 가정으로 돌아간다. 곧, 누구나 가상 예배나 사역을 통해 가상교회를 시작할 수 있다는 것이다. 현실교회가 늘 그래왔던 방식인지 모르지만, 실제 참신한 형태의 가상 사역이 일어나려면 가상교회가 가상 세계에서 리더십이 나타날 수 있는 강하면서도 겸손한, 권위적이면서도 참여적인 길을 개척해야 한다. 결국 가상 사역은 현실 사역과 마찬가지로 가상교회의 비전, 리더십, 소통 능력에 성패가 달려있다.[20]

마지막으로 가상교회에 대한 도전과제로 이 장을 마무리하겠다. 가상 세계에서 사회사업, 구제, 또는 선교 사역처럼 불가능하거나 심각한 불리함을 가진 것으로 보이는 사역을 어떻게 수행할 것인가? 우리가 보았듯이, 현실 세계의 교회들이 가상 세계로 선교사를 보내는 것뿐만 아니라, 가상교회들도 현실 세계로 선교사를 보내기 시작했다. 가상교회가 현실 세계에서 사회-정의 사역에 참여할 것인가? 그들이 그렇게 할 권한이 있는가? 가상 사역 세계는 대부분 미개척 영역이므로, 이러한 유형의 사역들이 가상 교회에 의해 시작될 때, 어떻게 작동할지는 아직 미지수이다. 교회의 유효성은 모든 프로그램을 갖추는 것에서 비롯되는 것이 아니라, 오히려 교회가 선교적인 것에서 비롯된다. 예를 들어, 사회적 사역 없이도 가상교회가 진정한 교회가 될 수 있을까? 아니면 그들이 사회적이라는 의미를 처음부터 재정의해야 할까?

소셜 네트워크 교회 The Social-Network Church

호프^{Hope}의 어머니가 병원 침대에 누워 죽어가고 있을 때, 호프는 나에게 도움을 청하러 왔다.

호프는 나의 현실 교회에 있는 여성으로, 아마도 중산층의 틀에는 맞지 않고, 이전에 다녔던 다른 교회들에서는 주변부에 머물러 있는 사람이었을 것이다. BVC 교회에서, 그녀는 다양한 작은 사역들을 오가며 일한다. 그녀는 많은 어려움에 처해 있지만, 나는 그녀가 주님을 사랑한다는 것을 안다.

산호세의 많은 사람들처럼, 호프는 미국 밖에서 태어났고, 그녀의 가족 대부분은 영어를 거의, 또는 전혀 하지 못한다. 그들은 또한 기독교에 거의 노출되지 않았다. 호프는 그녀의 어머니가 돌아가시는 주간까지 어머니와 복음을 나누었지만 별다른 효과가 없었다. 그 주, 어머니가 병상에 누워 있을 때, 그녀는 딸에게 목사님이 자신을 찾아와 복음을 설명해 줄 수 있는지, 그리고 모든 것이 잘 되면 세례를 베풀어 달라고 부탁했다. 그래서 호프가 나에게 도움을 요청했다.

호프가 전화로 상황을 설명한 후, 나는 그녀의 어머니와 이야기할 수 있어서 정말 기뻤다. 하지만 두 가지 문제가 있었다. 첫째, 그녀의 어머니는 샌프란시스코에 있는 병원에 있었다. 즉시 내 일정을 확인했다. 내가 맞춰 갈 수 있을까? 하지만 나는 샌프란시스코로 운전하는 것이 싫은 만큼 이런 일을 해야만 한다는 것을 깨닫고 호프에게 "문제없어요. 내가 갈게요"라고 말했다. 두 번째 문제는 의사소통의 어려움이었다. 나는 그녀의 어머니가 영어를 할 줄 모른다는 것을 잊고 있었다. 내가 호프에게 함께 가서 통역해달라고 제안했을 때, 그녀는 어머니의 나이와 상태를 고려할 때 그녀와 내가 복음을 명확하게 설명할 수 없을까 봐 매우 걱정했다. 그녀는 어머니의 영원한 운명에 대해 어떤 위험도 감수하고 싶지 않았다.

그래서 나는 샌프란시스코에 있는 몇몇 같은 생각을 가진 교회들에 전화를 걸어 그들 중 하나가 병원 침대에 죽어가는 이 여성을 방문하도록 목사를 보낼 수 있는지 알아보았다. 내가 전화한 대상들 대부분은 내가 모르는 이들이 아니었다. 그들은 내가 만난 적이 있는 목사들 혹은 서로 같은 친구를 아는 교회들이었다.

그러나, 목사들이나 교회 중 누구도 내게 전화나 이메일로 대답하지 않았다.

호프도 즉시 어머니의 언어를 사용하는 친구들과 연락하기 시작했고, 그 친구들은 다른 친구들과 연락했고, 서부 해안 남쪽에서 북쪽까지 전역에 걸쳐 네트워크가 형성되었다. 몇 시간 만에, 호프는 오클랜드와 샌프란시스코에 있는 몇몇 목사들이 그녀의 엄마를 방문할 수 있음을 알아냈다.

나는 호프의 어머니가 바로 다음 날 돌아가셨던 병상에서 예수님을 영접하고 세례를 받았다는 소식을 전하게 되어 기쁘다. 왜 호프는 도움을 줄 목사를 찾는 데 성공했지만, 목사인 나를 도와줄 수 있었던 사람은 아무도 없었으며 심지어 메일로도 답장하지 않았는지에 대한 이유를 우리 모두 알고 있다고 생각한다. 교회 세계에서는, 현실 세계나 가상 세계와 같이 당신이 누구를 알고 있느냐에 달렸다.

당신이 아는 사람이 바로 지금 "핵심"이다. 어쩌면 항상 그런 식이었는지도 모르지만, 최근 SNS의 등장은 그 표현에 대한 완전히 새로운 이해를 만들어 냈다. 당신의 페이스북, 링크드인 LinkedIn, 트위터 역자 주-현재, 회사명을 X로 바꿈 에서 누가 친구인가? 당신은 누구와 연결되어 있고, 누구를 알고 있는가? 친구들에게 졸업앨범에 서명을 받는 것이 젊은이들의 연례행사였던 것이, 이제는 모든 성인들이 매일 매시간 아니더라도 동료나 친구의 Facebook에 글을 쓰는 일이 되었다. 지리적으로 단절된 사람들은 이러한 발전하는 사회 공동체를 통해 그 어느 때보다도 가까워졌다. 가상 세계는 우정, 네트워크, 심지어 함께 교제하는 것의 의미를 근본적으로 변화시키고 있다.

가상교회는 어떻게 공동체를 세울 것인가? 그들이 글로벌해질 것인가, 아니면 지역적일 것인가? 가상의 사회적 연결성을 기반으로 한 교회와 관련된 위험은 무엇인가?

가상교회는 공유 네트워크 기관의 힘을 통해 공동체 교제의 아이디어를 완성하고, 기하급수적으로 증가시키는 데 기여한다. 자동차를 예로 들면, 자동차는 개인주의적인 기술이다. 개인들은 그들의 차에 타고 교회에 가서 소그룹, 야외 축제, 요리 교실, 또는 공동체의 행사에서 사역하기 위해 운전한다. 이런 종류의 기술은 현대 세계에서 절정을 이루었다. 가상 세계는 자동차나 현대세계와는 다르다. 가상 세계는 사람들이 서로 연결되어 있을 때만 존재하고 번성한다.

하지만 가상교회는 어떤 연결고리를 형성할 것인가? 우리는 지리에만 기반을 둔 소그룹들이 실제로 그렇게 잘 작동하지 않는다는 것을 안다. 공동의 관심이나 필요에 기반을 둔 소그룹들은 그보다 훨씬 더 잘 작동한다. 그러나 지리는 여전히 중요하다. 왜냐하면, 많은 사람이 심지어 관심사를 공유한다 해도 소그룹에 참여하기 위해 장거리 왕래를 원하지는 않기 때문이다. 현실교회에서, 만약 여러분이 이 논의에서 지리적 요소를 제거한다면 소그룹들은 어떻게 보일까? 가상교회는 지리를 없애지만, 만약 우리가 가상교회를 세웠다고 해서, 그것이 세상이 가까워진다는 것을 의미하는가? 존 웨슬리는 세계가 그의 교구라고 말한 것으로 유명한데, 디지털 혁명 후에 이것이 가능할까?[1] 또는 바람직한가?

글로컬 교제

정치뿐 아니라 교회에서도 세계화가 화두다. 모든 사람이 "글로컬"하게 되기를 원하며, 지역적으로뿐만 아니라 전 세계적으로도 관련성을 가지고자 한다. 목회자들은 웹에 설교 내용을 스트리밍하며 중국인들이 이를 지켜보고 있는 것 같다는 사실에 흥분한다. 북아메리카의 지역교회들은 그들 자신의 이웃 중 가난한 사람들을 도우려고 할 뿐만 아니라, 아프리카의 에이즈 퇴치를 위해 기금을 마련하기도 한다. 교회는 그 어느 때보다 세계화가 될 태세를 갖추고 있으며, 가상교회가 그 전면에 나서는 모양새다.

가상교회에 관한 사회학 연구에서 하이디 캠벨은 많은 사람이 가상교회에 참가하는데, 이러한 참여가 그들로 하여금 더 많은 연결이 이루어진다고 느끼기 때문이라고 설명한다. 가상교회는 "동료 신자들과의 교감을 넓히고, 세계적으로 그리스도 몸의 일부가 된다는 것이 무엇을 의미하는지 더 깊이 인식할 수 있게 되기 때문이다."[2] 하이디 캠벨은 또한 많은 가상교회 참석자들이 현실 교회의 경우 범위나 관점이 제한되어 있지만, 가상교회에 참여하는 것은 더 큰 세계적 인지도 향상에 기여한다는 생각을 갖고 있다고 설명한다. 하지만 우리는 이 관점이 정확한지 물어봐야 한다. 가상교회는 전 세계 기독교인들의 집합체인가,

아니면 우리가 생각하는 것보다 훨씬 더 지역적인가? 가상 세계가 우리가 생각하는 것처럼 정말 글로벌한가?

점점 더 많은 증거가 가상 세계가 범위에서는 세계적이지만, 관계에서는 지역적이라고 말한다.[3] 페이스북, 마이스페이스, 또는 링크드인의 친구들을 생각해보자. 우리와 지리적으로 가까운 곳에 사는 친구가 몇 명이나 되는가? 이제 파푸아뉴기니에서 온 친구 수를 세어 보자. 인도네시아는 어떤가? 칠레? 중국? 우리가 알고 있고 앞으로도 친해질 사람 대부분이, 심지어 소셜 네트워킹 사이트와 가상 세계와 같은 글로벌 시스템을 통해서도, 관심사, 언어, 취미, 목표와 같은 강력한 공통의 유대감을 통해 우리와 관계를 맺는 사람들일 가능성이 있다. 아무리 세계화한 가상 세계라 하더라도, 그 친구 대부분은 우리에게 지역적일 것이다.3장에서 논의한 것과 같은 "이웃"이나 공유 공간에 소속된다는 의미에서 지역적이다.

가상교회가 글로벌 교회가 되는 것이 정말 가능할까? 우리는 교회로서 그렇게 되기를 원해야 하는가? 인간의 연합과 교회의 지역화된 특성을 고려할 때, 어떤 교회도 진정한 글로벌 교회가 되는 것은 어려울 수 있다. 적어도 진정한 지역 교회로서 기능하고자 한다면 더욱 그렇다. 우리가 논의한 것처럼, 지역교회는 사람들이 함께 그리스도의 몸이 되는 이웃이다. 지역교회는 단지 가장 가까운 종교 건물이 아니며, 전 세계에서 무작위로 몰려든 관중들도 아니다. 사람들이 어디에서 왔는지는 중요하지 않다. 중요한 것은 그들이 하나님 나라를 위한 이웃이 된다는 것이다. 그러나, 세계화된 교회를 만들면서 생기는 단점은 그 범위가 이렇게나 넓어지면, 어떻게 건강한 하나님 나라의 이웃들이 만들어질 수 있는지를 알 수 없다는 것이다.

우리는 이것을 선포의 영역에서 볼 수 있다. 두 가지 예를 들어 보자. 바보들의 교회를 실험하는 동안, 영국에 기반을 둔 바보들의 교회 지도부는 예배 시간 동안 방문자들에게 메시지를 전하기 위하여 그들을 초대한다. 북미에서 "유명인"인, 그들의 연설자 중 한 명은 미국 정부의 현재 정책에 관한 모든 문제에 관해 이야기하는 "설교"를 했다. 우리가 미국의 정책에 동의하든 말든, 그리고 이 "설교"가 복음과 별로 관련이 없어 보인다는 사실마저도 제쳐두고, 바보들의 교회에서 영적 교제를 찾는 미국 사람들에게 이 일이 어떻게 작용하겠는가? 현실교회에서 내가 바누아투^{남태평양의 섬나라}의 정책에 대해 반대하는 설교를 한다면, 내 설교를 들어야 할 지역교회의 신도들만이 그 피해를 입게 될 것이다. 하지만 인터넷에 그것을 올리면 나라 전체를 불쾌하게 할 위험이 있다. 어쩌면 바보들의 교회는 복음으로 미국 사람들에게 다가가는 것에 신경 쓰지 않았을지도 모르지만, 어쩌면 그렇게 해야만 했을 수도 있다. 그렇지 않은가? 아니면 대신 복음으로 유럽인들에게 다가가기 위해 유럽의 가치를 반영하려고 노력해야 하는가? 팔레스타인에 있는 기독교 교회가 세속 팔레스타인 청중들을 모으기 위해 미국의 정책에 반대한다고 말해야 하는가? 솔직히 말하자면, 나는 교회에서 정치를 그다지 좋아하지 않지만, 지정학은 판도라가 상상할 수 없던 상자의 뚜껑을 연다.[4]

또 다른 순수한 예는 Life.Church의 예배에서 볼 수 있다.[5] 과거에 그레이그 그로셀^{Graig Groeschel}이나 그를 대신했던 페리 노블^{Perry Noble}이 인터넷과 세컨드라이프 캠퍼스에서 말하는 것을 들으면, 그들이 청중을 누구라고 생각하는지 종종 궁금하다. 특히 페리가 그렇다. 나는 남부 시골에서 자랐을 때부터, 트랙터, 미국 바이블 벨트의 지역 언어, 그리고 미국주의에 대한 농담을 들었다. 나는 Life.Church의 메시지들이 지역 사람들의 공감대에 맞추어진 것을 볼 수 있다. 오클라호마 사람들을 의미하는 것이 아니다. 트랙터, 모든 미국인 슈퍼 히어로, 그리고 이런 종류의 것들에 감사하는 사람들을 말하는 것이다. 이러한 메시지들은 조지아 주에 있는 농부나 양치기 같은 지역 사람들에게 호소력이 있을 수도 있지만, 털사에 있는 딩크족들^{특히 지금 미국이 시골보다 더 도시적이라는 사실에 비} 추어 볼 때은 어떤가? 가상교회들이 니카라과의 수도 마나과의 정치인, 쿠알라룸푸르에서 사업하는 여성, 퀘벡의 십대들에게 의미 있게 복음을 선포하는 것이 가능할까? 하나님은 그렇게 되기를 의도하시는가? 아니면 그가 우리에게 "너의 세계를 사랑하라" 대신 "네 이웃을 사랑하라"^{마 22:39}고 말씀하신 것이 바로 이런 이유 때문인가?[6] 우리는 세계에 바닐라 맛 복음을 선포해야 하는가, 아니면 대상으로 삼은 특정 집단을 위해 럼주에 절인 건포도 맛 복음을 선포해야 하는가? 가상교회에 관심이 있는 한 국 혹은 바누아투의 교회 지도자들이 럼주에 절인 건포도 맛을 알기는 할까?

가상 세계는 실제로 지구촌이 아니다. 패트리샤 월러스^{Patricia Wallace}는 이를 "인간의 상호 작용과 관련하여, 공통의 관심사를 가진 사람들이 정보를 공유하고, 함께 일하고, 이야기하고, 농담하고, 정치를 논하고, 서로 돕고, 게임을 할 수 있는 별개의 이웃들의 거대한 집합체에 가깝다"라고 설명한다.[7] 이러한 가상 이웃들은 건강한 교회들의 기반이 될 것인가? 혹은 기독교 공동체를 분열시킬 것인가?

길드 ^{Guild} 로서의 교회

사회학자들과 민족학자들은 가상 세계의 부상에 큰 관심을 보이는데, 이는 가상 세계가 사람, 집단, 그리고 공동체의 본질에 대해 밝혀주는 것이 많기 때문이다. 월드 오브 워크래프트와 같은 MMORPG의 인기가 급상승하고 전 세계 사람들이 플레이하는 가운데, 매우 흥미로운일이 일어났다. 세계 각국에서 온 사람들이 함께 놀고 경쟁한다는 점에서 용광로^{melting pot}가 되긴 했지만, 이 사람들이 지구촌을 형성했다는점에서 그렇지는 않았다. 대신, 수백만 명의 사람들이 그들 스스로 게임을 위한 공동의 목표나 관심사를 가진 작고 결속력 있는 공동체인 길드로 묶였다. 일부 길드에는 몇몇 다른 나라에서 온 플레이어들이 있었

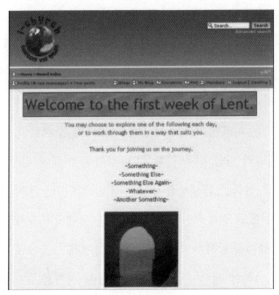

사순절의 i-church 가상 연결 웹페이지.

지만 규칙은 아니다, 이 길드들은 세계적이지 않았다. 그들은 워크래프트의 외곽 지역을 도는 지역화된 집단이었다. 종종 일어나는 전쟁은 일대일이나 진영 대 진영이 아닌, 길드 대 길드 또는 클랜 대 클랜의 형식이었다. 다른 클랜의 누군가가 당신의 클랜의 멤버를 죽이면 당신은 그 클랜의 멤버 중 한 명을 쫓아간다.

교회나 시민단체에 참여하지 않는 사람들에게는 새로운 소식이겠지만, 지역교회에 헌신하는 우리는 사람들이 자신을 길드 클랜, 파벌, 패거리 로 묶는 것을 좋아한다는 것을 직감적으로 알고 있다. 우리는 모두 길드 침례교회는 위원회라고 부르는 것을 좋아한다 가 이익이나 지배력을 위하여 다른 길드 아마도 당신이 이사회라고 부르는 것 와 전쟁을 벌이는 교회에 가 본 적이 있다. 이런 종류의 교회가 우리가 연합하여 목회하고 싶은 교회인가? 아니다. 일부 사람들이 가상 세계의 분권적이고 참여적인 힘을 예고하고 있지만, 역사와 증거는 그들에게 유리하지 않은 것 같다. 가상 세계는 단순히 이념과 관심사로 더 많이 결합된 교회 길드 무리를 생성할 위험이 크다. 우리는 공유된 관심사나 공동문화에 의해 우리 자신의 길드를 만들려는 인간의 본능과 싸울 수 있을까? 그래야 하나?

현대 사회는 마케팅이라는 개념을 우리에게 소개했고, 최근 기술은 틈새 마케팅의 힘을 더욱 강화했다. 가까운 미래에 컴퓨터 통신과 세계화는 모든 상품을 틈새시장에 내놓게 할 것이다.[8] 20세기 말 교회 마케팅을 싫어했던 전통적인 교회 지도자들은 깨닫지 못했다. 그들은 교회가 가상 세계를 활용하여 전 세계 사람들에게 복음을 전할 틈새 마케팅을 하기 시작할 때 무슨 일이 일어나는지 지켜볼 뿐이었다. 지난 수십 년 동안 얻은 교훈을 마음에 새긴다면, 모든 교회가 특정 인구 계층에게 자신을 마케팅 한다는 것이다. 심지어 외부 지향적인 활동을 전혀 하지 않고 교회 마케팅에 극렬하게 반대할 때도 마찬가지이다. 그 교회가 인식하든 하지 않든, 외부적 마케팅과 별개로 그 마케팅 대상은 자기 성향에 집중하여 교회를 선택하는 까다로운 사람들이다. 현실 교회는 틈새 마케팅을 사용하지만, 현실 교회 마케팅과 가상교회 마케팅에는 차이가 있다.

한 블로거의 말을 빌리자면, "교회는 지리적 특성으로 모인 다양한 인간 공동체의 중심적인 만남의 장소로부터, 상대적으로 비슷한 [관심 위주의] 목표를 가진 사람들을 위한 분산된 만남의 장소로 옮겨가고 있다"고 한다.[9] 이러한 변화가 현실화된다면, 교회가 하나의 동호회로 전락하는 매우 좋지 않은 상황이 된다. 현실에서 대부분의 사람들이 목회자의 인기, 교회에 다니는 지인, 공유된 관심사, 교회에서 얻을 수 있다고 믿는 것에 따라, 또는 더 심하게는 인종과 계급에 따라 교회를 선택한다는 것은 의심의 여지가 없다. 우리 모두 이것 중 어느 것도 이상적이지 않다는 것을 인정한다. 동시에, 지리는 이러한 경향을 제한한다. 만약 누군가가 새로운 지역으로 옮겨서 성경을 가르치는 좋은 교회를 찾는다면, 그들의 유일한 선택은 대부분 다른 인종과 계급, 다른 관심사를 가진 사람들로 구성된 5분 거리의 교회이거나 그들과 비슷한 사람들로 구성된 1시간 거리가 떨어져 있는 교회뿐이다. 이 사람은 예배를 드리기 위하여 어느 교회를 선택하겠는가? 우리는 이에 대해 토론해 볼 수 있다. 냉소적으로 말하자면, 나는 더 많은 사람이 자신과 같은 사람들과 함께 예배드리기 위하여 한 시간 동안의 운전하는 것을 선택할 것으로 예상한다. 하지만, 지리는 종종 다양한 사람들이 함께 예배를 드리도록 강제한다. 이러한 다양성은 교회의 강점이지 약점이 아니다. 나는 어떤 사회정치적 이념 때문에 이런 말을 하는 것이 아니라, 성경이 그리스도의 몸이 다양한 구성원을 가지고 있다는 것을 말하기 때문에 이렇게 말하는 것이다고전 12:12-13. 우리는 모두 "교회는 같은 인종이나 계급, 수입과 같은 사회적 유대에 의해서가 아니라, 같은 성령을 가졌다는 것에서 오는 영적 유대감에 의해 하나로 맺어지는 것이다"갈 3:28 참조.10

가상교회는 존재 자체로, 또는 의도적으로 자신과 똑같은 사람들을 대상으로 틈새시장을 개척하여, 편협한 이념을 중심으로 구축된 기독교인 길드를 만들 위험이 있다. 현실 세계에서는 기독교 신앙의 모든 회색 영역에 대해 90가지 항목을 확인하고 실천하도록 요구하는 교회를 만들고 유지할 수 없지만, 가상 세계의 글로벌 도달 범위는 그러한 교회를 가능하게 한다. 지리는 어느 정도의 이질성을 강요하는 반면, 가상 세계는 이념적 동질성을 강하게 장려한다. 최근에 나는 전국적인 미디어의 주목을 받은 급성장하는 교회 개척에 참석했는데, 그곳은 "새로운 방식의 교회"로 알려진 곳이었다. 그러나 그 예배에서 나와 담임목사를 제외한 모든 사람이 백인이고, 20대이고, 피어싱하고, 뾰족머리에 문신을 하고 있다는 것을 눈치채지 않을 수 없었다.11 가상 세계에서는 교회는 건강하고 선교적인 그리스도의 몸이 아니라, 이해관계에 기반한 길드나 모호한 이념을 위한 반향실처럼 현실 세계보다 훨씬 더 분열될 수 있다.12 블로그와 일부 텍스트 기반 유형의 가상교회들에 더 많이 해당되는 이야기일 수도 있지만, 위험은 모두에게 남아 있다. 가상교회의 확산으로 교회 쇼핑은 완전히 새로운 의미를 갖게 될 수 있다.

교회에 접근하기

가상교회의 세계적인 범위를 제한하는 다른 요인도 있다. 가장 큰 요인은 언어이다. 솔직히 말해서, 영어를 사용하지 않는 가상교회들을 찾는 데 어려움을 겪었다. 영어를 사용하는 교회만큼 널리 퍼져 있거나 잘 알려져 있지는 않지만, 비영어권 교회 역시 존재한다. 선포의 언어가 영어뿐이라면 어떻게 가상교회가 글로벌 교회가 될 수 있는가?[13] 만약 그렇다면, 가상교회는 다른 문화권에서 가장 많이 교육받았거나 세계에 대해 가장 잘 알고 있는 사람들에게만 도달할 수 있다. 믿음교회 The Church of the Simple Faith의 목사이자 초기 가상교회의 개척자인 빌 채스테인Bill Chastain은 텍스트 기반 서비스를 다른 언어로 번역했는데, 해당 언어의 원어민들이 더 많은 대화형 번역을 요청하는 것을 발견했다. 보다시피, 문화도 큰 역할을 하는데, 북미와 서유럽 이외의 지역에서 가상교회의 사례를 많이 찾을 수 없는 것은 언어의 차이보다는 문화의 차이를 반영하는 것일 수 있다. 마지막으로, 가상교회는 인터넷에 접속할 수 있는 사람들에게만 도달할 수 있다는 문제가 있다. 앞으로도 인터넷에 접속할 수 있는 사람들의 수는 계속 급증하겠지만, 가진 자와 가지지 못한 자 사이에는 항상 기술적 장벽이 존재할 것이다.[14] 어느 정도까지는, 접근성 부족이란 근본적으로 모든 사람을 포괄하는 좋은 소식이라는 복음의 본질에 반하는 것이다.

가상 교회는 복음에 대한 접근을 훨씬 더 쉽게 만들 수 있는 방법도 가지고 있다. 앞서 살펴본 것처럼, 가상교회는 언제든지 모일 수 있고, 누구나 컴퓨터 단말기로 접속할 수 있다는 점에서 완전히 새로운 선교 시나리오를 만들어 낸다.[15] 사회, 정부, 혹은 가족의 도움이 없어 현실교회에 출석할 수 없는 사람들에게는 가상 세계에 있는 진짜 교회에 대한 접근의 족쇄가 풀렸다. 예수 그리스도에 대한 믿음으로 성장하고자 하는 열망은 어떤 조직의 계획이나 개인적 관심보다 더 강력하며, 모든 신자가 교회에 접근하고 온전히 참여할 수 있도록 자극한다.[16] 가상교회는 여러 면에서 세계적이라기보다 더 지역적이라고 말할 수 있지만, 모든 사람에게 다가갈 수 있을까? 아니면 단지 특정 계층의 사람들에게만 가능할까?

가상 가족 SimFamilies 에게 다가가기

비판론자들은 교회와 예배를 홀로 보기 위해 개인용 컴퓨터에 접속하는 성인들이 늘면서 가상교회가 고립주의와 개인주의를 조장하고, 전통적인 가정의 파괴와 파편화에 기여하고 있다고 본다. 세컨드라이프의 일부 가상교회는 성인 전용 구역에 교회를 세우기도 해, 18세 미만은 누구도 접근할 수 없도록 했다. 비평가들의 의견이나 일반적인 통념에 따르면, 가상교회는 주로 독신 성인, 사업 출장자, 자택에 머무는 사람, 야전군인 등 불가피한 환경에 처한 사람들에게만 접근을 허용해야 한다. 분명히, 접근을 제한하는 것은 별로 건강해 보이지 않는다. 가상교회가 단지 개인 이상으로 사람들의 근본 단위인 가족에게 다가갈 방법이 있을 것인가?

대답은 '그렇다'라고 나는 생각한다. 나는 가상교회가 현실교회처럼 그리고 어떤 면에서는 더 효과적으로 가족에게 도달할 수 있는 잠재력을 가지고 있다고 믿는다. 당신은 내가 미쳤다고 생각할 것이다. 이 문제를 해결해 보자.

모든 사회에서 가장 중요한 구성요소는 가족이다. 가족을 배제하는 현실 세계의 교회가 있다면 아마 오래 가지 못할 것이다. 현재 가상교회는 가족들의 참여를 배제하는 상황에 처해 있어 일반인의 접근성을 크게 제한하고 있다. 다시 한번 말하자면, 사람들은 온 가족이 가상교회에 접근할 수 있다 할지라도, 가상교회로 모여들지 않는다. 가상교회 목회자들과의 대화를 나누다 보면, 이는 기술적 한계 때문이지 고의적으로 사역을 한정하는 것이 아니다. 가상교회 목회자들은 개인뿐만 아니라 가족에게도 다가가기를 원하지만, 현재의 기술로는 불가능하다.[17] 하지만 우리는 디지털 혁명의 끝이 아닌 시작 단계에 있다. 서구에서는 곧 대부분의 사람들이 컴퓨터와 연결된 텔레비전 모니터나 프로젝터를 보유하게 될 것이며, 집 벽에 가상 예배를 투사하여 온 가족이 함께 참여할 수 있을 만큼 큰 화면으로 시청할 수 있게 될 것이다. 가상교회는 *전통적인* 형태의 교회로의 회귀를 의미할 수도 있기 때문에 이상하게 느껴질 수도 있다. 가족이 기상하여, 준비하고, 자신과 같은 사람들이 있는 교회에 가기 위해 자동차를 타고 한 시간씩 이동하며, 도착하면 전문 사역 공간에서 개별적으로 예배드리기 위해 흩어지는 지금의 상황 대신, 가족이 잠에서 깨어 파자마 차림으로 아침 식탁에 둘러앉아 그들을 가상교회와 연결해 주는 모니터를 켜고 나면, 아마도 세계에서 가장 가족 친화적인 환경에서 예배를 드리게 될 것이다.

여러분 중 일부는 가족 가상 예배의 예가 *제트슨 가족*The Jetsons 의 역한 장면과 같다고 생각할 수 있으니, 오늘 일어날 수 있는 한 가지 예를 보이겠다. 강력한 하나의 증거는 함께 예배하는 것이다. 하지만 많은 불신자들이 직접 교회에 가지 않는다는 사실을 우리 모두는 알고 있다. 우리 모두는 교회보다 집으로 사람들을 초대하는 것이 훨씬 쉽다는 것을 알고 있으며, 이것이 바로 소그룹의 장점이다. 만약 미래에, 가상 세계에 기반을 둔 소그룹들이 오늘날의 소그룹들보다 더 강력한 힘을 발휘한다면, 그것은 진정한 예배 경험 때문일까? 만약 우리가 나초와 칠리 치즈 감자튀김과 약간의 토론을 위해서뿐만 아니라, 가상 세계의 힘을 이용하여 가상 예배에 참여시키기 위해서, 친구들을 우리 집에 초대한다면 어떨까? 가상교회 목사가 세계 수백 곳의 현실 세계의 "예배 파티"에 이야기한다면 어떨까? 기술을 활용하여 교회가 실제로 리드의 법칙의 성장 패턴을 구현하게 된다면 어떨까?

모든 역경을 무릅쓰고 교회는 번창하고 있었다. 헤르마스는 결코 성공을 탓하는 사람이 아니었고, 믿기지 않겠지만, 이고니온에 있는 교회는 단지 성장하고 있는 것이 아니라 번창하고 있었다. 그는 그것을 인정하기를 싫어했지만, 그 성장은 약간 흥미로웠다.

헤르마스가 '그 도 the Way'의 추종자가 된 지 8년 이상 된 것 같았다. 그는 교회가 끝난 후 실바의 집에 있으면서 몇몇 외국 유대인들과 이고니온 교회 지도자들 사이의 제국 정치와 '그 도'를 거부하는 유대인들 사이의 갈등에 관한 토론을 들었다. 외국 유대인들이 도시를 지나가는 것은 이제 흔한 일이었기에 불편하지 않았지만, 그 대화는 헤르마스를 불편하게 했다.

가족 중 세례를 받은 사람은 헤르마스가 마지막이었다. 로다와 그들의 아이들은, 그가 과수원에 물을 대는 동네 개울에서 세례받기 2년 전에 이미 세례를 받았다. 그 날은 헤르마스에게 당시에는 깨닫지 못했던 더 큰 의미를 지니고 있었다.

약 4년 전, 실바의 집에 있는 교회에 변화가 일어나기 시작했다. 도시 곳곳에 새로운 교회가 들어서면서 계속 성장했을 뿐만 아니라, 순회설교자 뿐 아니라 다른 교회의 지도자들이 방문하기 시작했다. 그들은 예수를 처음 따랐던 제자들의 증언과 교회의 입장과 관행을 명확하게 하는 편지들을 가지고 왔다. 실바의 집에서는 이러한 많은 편지와 증언들이 철저히 토론되고 논의되었다. 유대인 방식으로 적절하게 예수의 메시지를 풀어내는 데 많은 열정이 쏟아졌다. 헤르마스도 때때로 그 논의에 참여했다.[18]

세상은 변하고 있었고 교회인 '그 도'는 그것을 바꾸고 있었다. 젊었을 적에는 이런 변화가 불편했을지 모르지만, 헤르마스도 변했다. 그는 적어도 메시아가 약속했듯이 그가 돌아오기 전까지는 조심스럽게 낙관하고 있었다.

　　헤르마스는 교회에 대한 모든 비판과 논란 속에서도 교회가 사람들에게 필요한 답을 가지고 있다는 것을 알고 있었다. 그가 보기에, 교회는 세상을 바꿀 수 있는 희망을 가지고 있었다.

모든 방면의 교회

가상교회의 미래는 어떨까?

21세기에 교회는 어떤 모습이 될까? 교회는 무엇을 행할 것인가? 교회는 20세기 형태에 뿌리를 두고 있을 것인가? 혹은 18세기, 16세기, 12세기의 모습을 유지할까? 아니면 교회의 새로운 방식을 받아들이게 될까? 20세기에는 지역교회가 실제로 온 세상에 도달할 수 없었지만, 21세기에는 가상교회가 그런 영향력을 가질 것이다.

 가상교회가 모든 사람에게 복음을 전하게 될까? 가상교회는 교회의 본질에 대하여 우리에게 무엇을 가르쳐 줄 것인가?

"너희의 모든 기지는 우리의 것이다" All Your Base Are Belong to Us 1

오늘날 기독교는 역사상 세 번째로 흥미로운 시간을 살고 있다. 우리는 교회의 세 번째 물결의 전환점에 있다. 역사상 단 세 번, 기술혁신과 폭발적인 인구 이동이 하나님의 백성들에게 대대적인 변화를 가져왔다. 첫 번째는 1세기였다. 메시아의 도래 이후 교회는 하나님 백성의 새로운 표현이 되었다. 로마 도로 시스템의 기술적 경이로움과 계속해서 확산하는 문자의 사용은 초기 교회가 이전의 그 어느 때보다도 더 빠르고 효과적으로 복음을 전파하고 새로운 교회를 세울 수 있게 만들었다. 두 번째는 16세기였다. 교회는 개혁이 절실하게 필요했다. 인쇄기의 발명과 유럽에서의 지성의 각성은 교회의 폭발적인 성장과 교회 운영 방식에 기여했으며, 오늘날까지도 그 영향을 느낄 수 있다. 세 번째 물결은 21세기에 있을 것이다. 교회는 새로운 세계로 진입하여 여러 민족에게 복음을 전할 것이다. 컴퓨터 매개 커뮤니케이션의 부상, 세계화, 그리고 세계적인 인구 폭발은 교회가 교회의 새로운 방식을 찾도록 자극할 것이다. 이러한 새로운 방식들 중 하나는 가상교회가 될 것이며, 이것은 앞으로 몇 세기 동안 우리의 교회 운영 방식에 영향을 미칠 것이다.

가상교회가 교회 운영 방식과 교회의 의미를 변화시킨다면, 그것이 우리에게 무엇을 의미하게 될까?2 이 책 전체에서 우리는 가상 세계에 대해 논의했지만, 그 미래에 대해 어떠한 구체적인 예측은 하지 않았다. 그러나 오늘날의 인터넷이 내일의 가상 세계와 같을 것이라고 믿어서는 안 된다. 초기 인터넷 기술 수준이 어떠했는지 생각해 보라. 대부분 사람들에게 이메일은 새로운 것이었고, 인터넷은 텍스트 기반이며 저해상도였으며, 전화 접속이 연결되기에는 매우 오랜 시간이 걸렸다. 10년 후, 20년 후에 인터넷과 가상 세계는 어떤 모습일까? 전혀 알 수 없다. 그것은 날아다니는 자동차나 달 기지를 예측하는 사람들에게 맡기겠다. 하지만 두 가지는 확실하다. 첫째, 가상 세계는 매우 달라질 것이고, 둘째, 교회는 미래에 가상 세계의 중요한 역할을 하고 싶다면 지금 즉시 시작해야 한다. 미국에서 교회는 20세기 후반 대부분 동안 음악과 영화 분야에서 뒤처져 있었다. 이는 20세기 전반에 하나님이 주신, 그러한 매체와 교류할 기회를 어리석게 낭비했기 때문이다. 질문은, '교회가 이러한 실수에서 배울 것인가, 아니면 그 실수를 반복할 것인가?'이다.

가상교회가 우리의 현실 세계 풍경을 바꿀 수 있을까? 내가 산호세에서 목회하고 있는 현실 교회는 오늘날 그 어떤 교회도 감당하기 부담스러울만큼 비싸지만 작은 땅 위에 있다. 급속한 도시화로 인해 대부분 새로운 교회 개척자들이 부지를 사들이는 것이 점점 더 어려워질 것이다.[3] 가상교회는 현실 세계에 교회를 세우는 비용의 극히 일부만으로 예배 공간을 만들 수 있으며, 더욱이 절대 공간이 부족하지 않을 것이다.[4] 가상교회가 가상 세계의 장점과 현실 세계의 장점을 하나의 확장 가능한 패키지로 결합한다면 어떨까? 만약 이렇게 된다면 어떨까? 가상교회 개척자들은 가상 세계에 교회를 세울 것이고, 신화적인 글로벌 회중에게 집중하기보다는, 주로 도시 지역을 대상으로 할 것이다. 이 지역에서 처음에는 수십 개, 그 다음에는 수백 개의 가상교회 거점, 즉 빔프로젝터 시스템을 갖춘 가정몇 년 안에 가격이 저렴해질 것이 분명하다을 소규모 예배 센터로 탈바꿈하여 사람들이 지역적인 공동의 가상예배와 제자 훈련에 참여하도록 초대할 것이다. 이러한 교회는 컴퓨터를 터미널이나 종점으로 보지 않고, 소그룹이 모일 수 있는 장소나 거점 또는 허브로 볼 것이다. 이런 상황에서, 이러한 가상 교회가 세 개 또는 네 개의 지역이 아닌, 한 지역에서 수백 개, 수천 개의 지역을 운영할 수 있는 궁극적인 다중 지역 교회가 된다면 어떨까?

나는 가상교회가 현실교회를 절대로 대체하지 않을 것이라고 믿는다.[5] 또한 그렇게 해서는 안 된다고 믿는다. 왜냐하면 둘 다 실제 교회이기 때문이다. 다만 다른 세계에서 다른 사역 활동과 전략을 쓰고 있을 뿐, 그리스도의 임재와 그의 성령이 인도하심에 따라 두 형태의 교회가 연합하는 실제 교회들이기 때문이다. 가상교회와 인터넷 캠퍼스가 이루기 위해 고전하는 사역 목표를 현실교회가 달성하듯이, 현실교회가 고전할 사역 목표를 가상교회와 인터넷 캠퍼스가 달성할 것으로 보인다.[6] 당장은 아니더라도 가까운 미래에, 대부분의 사람들이 가상교회를 현실 교회와 다른 형태로 보지 않고, 단순히 교회로 인식한다면 어떤 일이 일어날까? 만약 둘 다 단순히 교회로 보는 경우는 어떨까? 현실교회가 점점 더 많은 가상 요소를 채택하고, 가상교회가 가상 세계뿐만 아니라 현실 세계 사람들을 위한 현실 사역팀을 구성함에 따라, 그 속도는 더욱 빨라질 것이다. 또한 각 유형의 교회가 다른 유형의 세계로 발을 들여놓을수록 더 많은 연합과 협력이 이루어질 것이라고 믿는다. 만약 내가 하늘을 나는 자동차를 상상하듯 교회의 비전을 생각해 본다면, 모든 현실교회는 부분적으로 가상 세계가 될 것이고, 모든 가상교회는 부분적으로 현실 세계가 될 것이다. 그것은 그리스도의 교회에 큰 승리가 될 것이다.

가상교회의 등장은 피할 수 없는 부수적인 작용을 낳는다. 몇 세기 만에 처음으로, 교회는 새로운 형태의 교회에 직면하게 되었다. 이 새 로운 형태가 교회 전체에 교회됨에 대하여 어떤 교훈을 줄 것인가? 그 것이 근거 없는 가정을 뒤엎을 것인가? 그것이 우리의 사역과 실천에 대한 이해를 높일 수 있을 것인가? 기본적인 신학을 공유하지만 분열 된 교회들을 연합시키는 데 도움이 될 것인가? 그렇다. 이 모든 것을 할 수 있고, 그 이상도 할 수 있다. 이 책을 쓰면서 가상 사역에 대해 조금 알게 되었지만, 교회 자체의 본질에 대해 훨씬 더 많이 알게 되었다. 내 가 개인적인 대화에서 만난 거의 모든 사람이 같은 생각을 가지고 있었 다. 가상교회들은 교회에 대한 우리의 견해가 더 나아지도록 건설적인 도전을 하고 있다.[7] 근본적으로 보면, 가상 세계에서 교회가 되는 것과 현실 세계에서 교회가 되는 것 사이에는 거의 차이가 없다. 지리적 개 념은 다를 수 있지만, 교회는 어디에 있든 여전히 교회다.

폴 미니어 Paul Minear 가 그의 책, 『신약에 나타난 교회의 이미지』Images of the Church in the New Testament 에서 여기에 관련된 두 가지 중요한 관찰을 보 여준다. 첫째는 신약시대 교회의 기록들은 항상 이미지, 개념, 가능성, 혹은 희망으로 제시된다는 사실이다.[8] 사람들이 교회를 세우기 위해 조 직, 정관 또는 선례를 만들려고 할 때마다, 그것은 항상 하나님의 계획 에 미치지 못할 운명이다. 둘째는 사도 바울이 회당과 교회, 옛 이스라 엘과 새 이스라엘의 구별을 절대 말하지 않는다는 것이다. 바울에게는 오직 하나의 이스라엘, 오직 하나의 교회만이 있다.[9] 가상교회는 교회 의 실제 표현이며, 교회 전체의 일부이다 - 단지 하나의 이미지, 하나의 아이디어, 하나의 가능성, 하나의 희망만이 진정한 교회가 될 수 있다.

디제라티 Digerati 로서의 소명

이 책을 쓰기 12년 전, 패트릭 딕슨은 자신의 저서 『사이버처치』 Cyberchurch 에서 가상 기독교 사역의 수가 폭발적으로 증가할 것으로 예측했지만, 그렇게 되지는 않았다.[10] 물론, 웹사이트를 가지는 현실교회의 수는 폭발적으로 증가했지만, 웹사이트는 광고판 이상으로 사람들에게 다가가지 못했다. 그것들은 광고에는 좋지만 변화된 삶을 양육하는 데는 효과적이지 않다. 확실히 하자면 딕슨은 틀리지 않았으나 교회는 틀렸다. 교회는 대체로 이미 기술적 진보에서 뒤쳐져 있다. 21세기 교회가 맞이할 수 있는 최고의 기회는 기술과 사람을 직접적으로 활용하는 것이다.[11]

세계 곳곳에는 디지털 혁명이 시작된 뒤 태어나서 농경과 산업 시대에 대한 기억이 없는 젊은이들이 있다. 그들은 오직 디지털 세계만을 알고 있다. 교회는 이 사람들을 구해야 한다. 교회는 경험이 풍부한 목사 그리고 지도자들과 기꺼이 협력할 수 있는 새로운 개척자, 사도적 디지털 지식인을 길러내어 가상 세계에 진지하게 참여시켜야 한다. 사도적 디제라티 digerati 는 단순히 기술에 관심이 있는 사람만이 아니라, 하나님께서 기술혁신의 재능과 사도의 마음을 주신 사람들이다. 과거 교회가 석공과 건축가, 예술가가 있어야 하나님을 예배할 준비가 되었다고 느낄 수 있는 공간을 만들 수 있었듯이, 오늘날 교회도 새로운 유형의 사람들을 위해 새로운 형태의 교회를 짓기 위해, 겸손하고 회개하는 마음을 가진 코딩기술자와 미래학자가 필요하다. 그게 당신이라면, 지금이 기회이다. 가상 세계가 그 장소이다. 가상 세계에 도달하기 위해 교회는 새로운 세대와 새로운 교회의 방식을 위한 새로운 사도들을 보내달라고 하나님께 구해야만 한다.

'대화의 일부'가 되기 위해 이 책을 쓴 것도 아니고, 내가 사람, 돈, 명성이 더 많으니 내 교회 방식이 당신의 방식보다 낫다고 주장하는 것도 아니다. 불행하게도 항상 인기있는 목표였던, 다른 사람들의 교회에 대한 견해를 무너뜨리기 위해 이 책을 쓴 것도 아니다. 나의 유일한 의도와 희망은 사람들이 가상 세계에 사는 사람들에게 투자하도록 격려함으로써 교회를 세우는 것이다. 모든 교회가 인터넷 캠퍼스를 열어야 하는가? 많은 교회가 세컨드라이프 캠퍼스를 만들어야 하는가 아니면 작은 그룹을 만들어야 하는가? 모든 목사는 교인들의 페이스북이나 트위터에 접속해야 할까? 가까운 장래에 어떤 용감한 사도적 디제라티가 어떤 교회든 그들만의 예배 스타일에 쉽게 적응할 수 있는 오픈소스, 3D 예배 환경 일명 바보들의 교회 실험을 만든다면 어떨까? 어제에 살고 있지 않다면, 이것이 오늘 지금 우리가 해야 할 질문들이다.

성공회 대성당의 마크 브라운은 가상 세계는 "우리는 하나님의 사람을 나눌 수 있도록, 이 새로운 선교지이며 낯선 땅에 텐트를 치고 언어를 배우라는 하나님의 부르심을 받았다."라고 우리에게 깊은 인상을 주었다.[12] 텐트를 친다는 것은 웹사이트를 게시하거나 팟캐스팅 설교를 하는 것이 아니다. 그곳에서 사람들과 함께 사는 것을 의미한다. 가상 세계의 사람들과 의미 있는 관계 속에서 살 수 있는 유일한 방법은 커뮤니티를 만들고, 가상교회를 세우는 것이다. 하나님은 교회를 "불신앙 사회의 모험적인 개척 거주지"라고 부르신다.[13] 우리는 불신앙의 가상 세계에서 모험적인 개척 거주지를 위해 하나님께 기도한다. 하나님께서 준비하시는 수확에, 일꾼들 -가상 개척자들-이 부족하지 않기를 바란다.

한국의 독자들에게

1 다음과 같은 저술을 포함한다: *Braving the Future: Christian Faith in a World of Limitless Tech* (Harrisonburg, VA: Herald Press, 2018); "Why We Get Technology Wrong," in *Techne: A Christian Vision for Technology* (Eugene, OR: Cascade Books, 2022); "Postdigital Humans: Technology and Divine Design," in *Postdigital Theologies: Technology, Belief, and Practice* (New York, NY: Springer, 2022); and forthcoming, "Faith in the Metaverse," in *The Oxford Handbook of Digital Theology* (OUP).

서문

1 예를 들어, 어떤 가상 세계 낙관론자(digitopian)는 인터넷이 사람들로 하여금 고대 히브리인처럼 생각하게 만들었다고 주장한다. Thomas Hohstadt, "The Geeks of the Gospel: Sorcerer's Apprentice or Empowered Prophet?," in *Voice of the Virtual World: Participative Technology and the Ecclesial Revolution*, eds. Leonard Hjalmarson and John La Grou (Wikiklesia, 2007), 119; 다른 한편에서는 인터넷 교회들의 폐해부터 "워드 프로세싱의 이상한 힘(the strange powers of word processing)"에 이르기까지 모든 것에 대해 경종을 울리는 사람이 있다. Douglas Groothuis, *The Soul in Cyberspace* (Grand Rapids, MI: Baker, 1997), 65.

2 Nicholas M. Healy, *Church, World and the Christian Life: Practical-Prophetic Ecclesiology* (Cambridge, UK: Cambridge University Press, 2000), 31.

3 위의 책, 6; John S. Hammett, *Biblical Foundations for Baptist Churches: A Contemporary Ecclesiology* (Grand Rapids, MI: Kregel, 2005), 20을 참조하라.

4 Hans Küng, *The Church* (New York, NY: Sheed and Ward, 1967), 19.

1장 가상 세계 속 교회

1 이 책을 통해서, 계몽주의 시대부터 오늘날까지 세계를 묘사하면서, 가장 일반적인 용법으로 현대(modern)라는 단어를 사용할 것이다. 이 용어를 포스트모더니즘에 대한 경계점으로 사용하는 몇 가지 예는 문맥에서 분명히 드러날 것이다.

2 인터넷과 마찬가지로, 주로 발명의 힘과 복잡성 때문에 누가 라디오를 발명했는지에 대한 논쟁이 항상 있었다.

3 Paul Twomey, "Keynote Speech: ITU/MII Seminar on Internet Development and Online Environment" (Zhengzhou, China: ICANN, 2006).

4 위의 글.

5 이 추정치는 미국에서 가장 큰 서점의 SEC 문서로부터 얻은 재무 데이터를 기반으로 한다.

6 블로그(웹로그)는 스스로 출판된 텍스트 콘텐츠이며, 위키는 "집단이 있는" 또는 집단적인 사회적 마인드에 의해 만들어진 웹사이트 또는 가상 세계이며, MMOG(Massively Multi-Player Online Game)는 "대단히 많은 사람이 가상 세계에서 실시간으로 함께 즐기는 온라인 게임"이다.

7 eBay 또는 Amazon과 같은 웹사이트에서 판매되는 일반적인 미디어 항목을 기준으로 추정하였다.

8 이 책을 통해서, 나는 인터넷의 진화에 대한 다양한 "물결들"(waves)을 언급할 것이다. 첫 번째 물결에는 텍스트 전용 전자 메일, 인터넷 브라우저 및 인스턴트 메시징과 같은 초기 기능이 포함된다. 두 번째 물결에는 여러 사람이 상호작용을 하거나 출판 가능한 콘텐츠의 조작과 개발을 허용하는 애플리케이션이 포함된다. 아직 도착하지 않은 미래의 물결은 음성 대 음성 영상 프로토콜, 3D 몰입형 및 시뮬레이션 환경, 두 가지 이상의 감각 자극 등 처음 두 개의 물결을 넘어서는 것이 포함될 것이다. 나는 이러한 표현을 단순한 차원에서만 사용할 것이다.

9 Brenda E. Brasher, *Give me That Online Religion* (San Francisco, CA: Jossey-Bass, 2001), 23.

10 좋은 예시가 University of Phoenix(역자 주 - 일종의 방송통신대학)이다.

11 가상 세계가 매체인지 장소인지에 대한 약간의 논쟁이 있지만, 저자는 두 주장에 모두 동의하기에, 이 책의 나머지 부분에서는 두 아이디어를 서로 교환하여 가상 세계를 설명할 것이다.

12 Tim Guest, *Second Lives: A Journey through Virtual Worlds* (New York, NY: Random House, 2007), 6.

13 자세히 말하자면, 7천만 명의 사람들은 프랑스의 인구와 같다. 가상 세계에서 동시에 게임을 하는 사람들의 수는 이미 싱가포르의 인구보다 많다. Leo Sang-Min Whang and Geunyoung Chang, "Lifestyles of Virtual World Residents: Living in the On-Line Game 'Lineage'," *CyberPsychology and Behavior* 7-5 (2004), 593.

14 이 책을 위해 인터뷰한 가상 세계의 모든 거주민은 가상 세계에서 적어도 주 40

시간을 보냈다.

15 Life.Church는 로그온한 IP 주소의 수로 참석률을 측정한다. 기록된 IP 주소가 잠수(로그인했지만 참여하지 않은 사람) 중일 수 있지만, 한 사람 주위에 둘 이상의 사람이 모였을 수도 있다.

16 더 괜찮은 정의 중 하나는 가상 세계는 "사용자 사이의 상호작용이 발생할 수 있는 디지털 방식으로 구성된 환경"이다. Maria Beatrice Bittarello, "Another Time, Another Space: Virtual Worlds, Myths and Imagination," *Online-Heidelberg Journal of Religions on the Internet* 3-1 (2008), 246.

17 Edward Castronova, *Synthetic Worlds: The Business and Culture of Online Games* (Chicago, IL: University of Chicago Press, 2006).

18 이 진술을 변호하는 것은 이 책의 범위를 벗어난다. 부연하자면, 현실은 사람이 세상을 어떻게 인식하느냐와는 큰 관계가 없다. 세계 자체의 핵심이나 본질이 현실과 더 관련이 있다고 말하는 것으로 충분하다. 우리가 가상 세계에서 인식하는 것이 때때로 현실처럼 보이더라도, 이는 우리가 인식하는 것의 본질에 대해서는 실제로 아무것도 말해주지 않는다. 가상 세계 현실에 대한 비판은 다양하지만, 그 중에서도 더 중요한 쟁점이 많이 있다. 물론, 대부분은 사람이 어떻게 현실(real)과 세계(world)를 정의하느냐에 달려있다. 다시 말하지만, 그러한 대화는 매우 중요하지만, 이 책의 범위를 벗어난다.

19 세계의 본질, 특히 허구의 세계와 실제 세계의 대조를 다른 책에서 소개했다. Douglas Estes, *The Temporal Mechanics of the Fourth Gospel: A Theory of Hermeneutical Relativity in the Gospel of John*, Biblical Interpretation Series 92 (Leiden, Netherlands: Brill, 2008), 230-34.

20 21세기에는 증강 세계가 교회의 진화에 큰 역할을 할 것이지만, 그것이 우리의 화제에서 중심을 차지하지는 않는다. 한 예로, 홀로그램 기술이 발전함에 따라, 그것은 목사 한 명이 동시에 여러 다른 실제 예배 장소에서 홀로그램으로 원격존재(telepresent)를 할 수 있게 함으로써 다중 지역 교회를 재정의할 것이다.

21 Tim Hutchings, "Creating Church Online: A Case-Study Approach to Religious Experience," *Studies in World Christianity* 13-3 (2007), 245.

22 이 책이 쓰여지는 시점에는, 기존 바보들의 교회는 개인을 위한 예배당이 되어가고 있었으며, 몇몇 창작자들은 새로운 가상교회인 성 픽셀(St. Pixels)을 시작했다.

23 미국교회는 가상 세계에서 소수이다(Tim Guest, *Second Lives*, 27을 보라). 나는 유럽과 아시아-오세아니아의 형제자매가 미국교회보다 가상교회 개척에 있어서 앞서 있다는 사실에 겸손하게 된다.

24 이 주장에 반대하기 전에, 우리 중 많은 사람이 포스트모던 시대에 이미 부분적으로 동화되었고 포스트모던이 그러하듯이 어느 정도까지 생각되어 왔다는 것을 기억하라. 우리는 현대인들이 60년 전에 생각하고 행동했던 방식을 고려해야 한다.

25 여기서 포스트모더니즘에 대한 완전한 설명이나 합리성을 옹호하는 것은 불가능하다. Heath White, *Postmodernism 101: A First Course for the Curious Christian* (Grand Rapids, MI: Brazos, 2006)을 참조하라.

26 시애틀에서 고등학교를 졸업한 21세의 빌은 패스트푸드점 부매니저이자 열성적인 온라인 게임 프로게이머이다. 그와 연이 있는 가장 가까운 관계들 대부분은 온라인이나 MMOG 게임을 통해 형성되었다.

27 Simon Jenkins와 Tim Hutchings의 인터뷰, "Theology and the Online Church," *Epworth Review* 35-1 (2008).

2장 사이버 중심 교회

1 여기에 대해서는 여러 가지의 주장이 있다. 덴버신학교 종교학과 교수인 더글라스 그루투이스(Douglas Groothuis)는 상황에 따라 가상 세계가 현실과 비현실 둘 다라고 주장한다. Douglas Groothuis, *The Soul in Cyberspace* (Grand Rapids, MI: Baker, 1997), 85, 25; 조나단 토비아스(Jonathan Tobias)는 또 다른 의견을 제시하는데, 그는 가상 세계는 불완전한 세계이기 때문에 현실일 수 없다고 믿는다. Jonathan Tobias, "No Life in Second Life: Orthodoxy's Problem with Virtual Reality," *Again* 29-3 (2007). 그러나, 이 두 주장 모두 현상학과 존재론을 혼동하여 "실제" 타당성을 보유하지 못한다.

2 예를 들어, 하이디 캠벨(Heidi Campbell)의 글을 읽어보라. Heidi Campbell, "Congregation of the Disembodied: A Look at Religious Community on the Internet," in *Virtual Morality: Morals, Ethics, and New Media*, ed. Mark J. P. Wolf (New York, NY: Peter Lang, 2003), 196.

3 허구의 세계나 순전히 상상의 세계와는 다르게 가상 세계를 이해하는 것을 의미한다.

4 Neil Ormerod, "The Structure of a Systematic Ecclesiology," *Theological Studies* 63-1 (2002), 3.

5 John G. Stackhouse Jr. ed., *Evangelical Ecclesiology: Reality or Illusion?* (Grand Rapids, MI: Baker, 2003), 9.

6 Nicholas M. Healy, *Church, World and the Christian Life: Practical-Prophetic Ecclesiology* (Cambridge, UK: Cambridge University Press, 2000), 2.

7 Hans Küng, *The Church* (New York: Sheed and Ward, 1967), 4. 이는 Andrew Careaga, *eMinistry: Connecting with the Net Generation* (Grand Rapids, MI: Kregel, 2001), 19와 의견을 공유한다.

8 유동적인 토론에 비추어, 나의 범주는 단순히 사고의 넓은 영역을 나타내며 인용된 각 사람들의 견해에 대한 모든 뉘앙스를 나타내는 것은 아니다.

9 Douglas Groothuis, *The Soul in Cyberspace*, 159. 예를 들어, 그루투이스는 가상교회를 "투명한 어리석음"이라고 부르고, 가상교회를 추진하는 사람들은 "음험"하다고 한다. 신기술 반대자(Luddite)는 새로운 기술을 파괴함으로써 그것에 항의했던 19세기 초 영국 노동자들을 경멸하는 용어였다. 하이테크 비판가(neo-Luddite)는 첨단기술을 통한 변화에 반대하는 현대인이다.

10 예를 들어, Patrick Dixon, *Cyberchurch: Christianity and the Internet* (Eastbourne,

UK: Kingsway, 1997), 157; John S. Hammett and Jonathan Merritt, "Surfing the Church? Can Real Connection Be Found Online?" *Relevant Leader* (2008), 42-46; 그리고 아마도 2008년 7월에 있었던 저자와의 토론을 기초로 보면 노스파크 대학(North Park University) 신학교수인 Scot McKnight가 해당될 것이다.

11   2008년 7월 저자와의 토론을 기초하면 John Hammett이 해당될 것이다.

12   예를 들어, 텍사스공과대학(Texas A&M University) 커뮤니케이션 교수인 하이디 캠벨은 몇몇 온라인 종교 공동체를 연구하고, 대부분이 이러한 공동체(가상교회를 포함하여)를 실제세계의 신앙공동체의 보조적으로 보고 있다고 결론을 내린다. 다음을 참조하라. Heidi Campbell, *Exploring Religious Community Online: We Are One in the Network*, Digital Formations 24 (New York, NY: Peter Lang, 2005), 191; Calvin Park, "Using the Machine," *Voices of the Virtual World: Participative Technology and the Ecclesial Revolution*, eds. Leonard Hjalmarson and John La Grou (Wikiklesia, 2007), 242-44.

13   예를 들어, Tom Beaudoin, *Virtual Faith: The Irreverent Spiritual Quest of Generation X* (San Francisco, CA: Jossey-Bass, 1998), 88; Bobby Gruenewald (2008년 8월 저자와 토론한 Life.Church.의 획기적인 목회자), Pam Smith (2008년 8월 저자와 토론한 i-church의 책임자), Mark Brown (2008년 7월 저자와 토론한 Second Life의 영국성공회 책임 사제), Troy Gramling (2008년 11월에 저자와 토론한 Flamingo Road Church의 책임 목사), 그리고 Brian Vasil (2008년 9월에 저자와 토론한 Flamingo Road Church의 인터넷 캠퍼스 담당 목사)이 여기에 해당한다.

14   우리는 관례상 오늘날에도 Church(교회)라는 단어를 계속 사용하고 있다.

15   Everett Ferguson, *The Church of Christ: A Biblical Ecclesiology for Today* (Grand Rapids, MI: Eerdmans, 1996), 130; D. A. Carson, *Exegetical Fallacies*, 2nd ed. (Grand Rapids, MI: Baker, 1996), 28-33.

16   Paul S. Minear의 고전 연구는 96가지 다른 비유를 열거한다. Paul S. Minear, *Images of the Church in the New Testament* (Louisville, KY: Westminster John Knox, 2004).

17   Avery Dulles, *Models of the Church*, expanded ed. (New York, NY: Doubleday, 1987), 206.

18   Heidi Campbell, "Congregation of the Disembodied: A Look at Religious Community on the Internet," 180.

19   John S. Hammett, *Biblical Foundations for Baptist Churches: A Contemporary Ecclesiology*, 31.

20   가상교회의 타당성을 비판하는 기사에서, John Hammett과 Jonathan Merritt 는 대부분의 가상교회 지지자들이 지역 교회보다 보편적 교회를 강조한다고 주장하며, 이 장에서 나는 그 반대라고 주장한다. 가상교회는 지역 교회의 또 다른 형태일 뿐이다. 더욱이 가상교회의 대부분 반대자들은 Karl Barth, Hans Küng, Nicholas Healy 등으로부터 심하게 비난받는 입장인 잘못될 수 있는 교회보다 이상적인 교회를 강조한다. John S. Hammett and Jonathan Merritt, "Surfing the Church? Can Real Connection Be Found Online?," 42-46.

21   Heidi Campbell, *Exploring Religious Community Online: We Are One in the Net-*

work, Digital Formations 24, 161, 191. 개인적 경험으로, 나는 이러한 사례를 만나지 못했다. 특히, 사회적으로 소외된 참석자들에게서 더욱 그렇다.

22 Taylor Clark, "Don't Fear Starbucks: Why the Franchise Actually Helps Mom and Pop Coffeehouses," *Slate*, December 28, 2007.

23 미로슬라브 볼프(Miroslav Volf)는 마태복음 18:20이 종종 자유교회 옹호자(나와 같은)들에 의해 교회에 관한 토론에서 인용되지만, 이 구절은 교회 역사를 통틀어 교회에 대한 논의에서 권위 있는 사용의 역사를 지니고 있다고 설명한다. Miroslav Volf, *After Our Likeness: The Church as the Image of the Trinity*, Sacra Doctrina (Grand Rapids, MI: Eerdmans, 1997), 135-36.

24 Donald A. Hagner, *Matthew 14-28*, Word Biblical Commentary 33B (Dallas, TX: Word, 1995), 533-34; Craig S. Keener, *A Commentary on the Gospel of Matthew* (Grand Rapids, MI: Eerdmans, 1999), 455-56.

25 Hendrikus Boers, *Neither on This Mountain nor in Jerusalem: A Study of John 4*, SBLMS 35 (Atlanta, GA: Scholars, 1988), 176.

26 Andreas J. Köstenberger, *John, Exegetical Commentary on the New Testament* (Grand Rapids, MI: Baker, 2004), 153.

27 Augustine, *Tractates on the Gospel of John 11-27*, trans. John W. Rettig (Washington, D.C.: Catholic University of America, 1988), 93.

28 W. D. Davies, *The Gospel and the Land: Early Christianity and Jewish Territorial Doctrine* (Berkeley, CA: University of California Press, 1974), 336; Köstenberger, *John*, 157-59.

29 특히, 예수께서는 사마리아 여인에게 "너희 모두"를 의미하는 복수형 너희(you)로 응답한다.

30 원어에서, "in"은 (사마리아) 산에서, 예루살렘에서, 그리고 성령에서, 세 "장소"를 모두 찾는 데 사용된다. 이 용법은 언어의 직설적인 형태를 나타낸다. 은유적으로 또는 형이상학적으로 이해되도록 설계된 것이 아니다. 성령이 예배의 장소라고 말할 수 있다.

31 Neil Ormerod, "The Structure of a Systematic Ecclesiology," 5; Roger Haight, *Christian Community in History: Historical Ecclesiology* (New York, NY: Continuum, 2004), 42.

32 사도행전에서 문자 그대로 이적과 기사는 과한 것도 아니고 맹신도 아닌, 실제 사건이다.

33 공동체에 대한 주제는 3장과 9장에서 더욱 논의할 것이다.

34 John S. Hammett, *Biblical Foundations for Baptist Churches*, 44-45; Hans Küng, *The Church*, 171.

35 Andrew Careaga, *eMinistry: Connecting with the Net Generation*, 55.

36 다음 장에서 지역성의 주제를 다룰 것이다.

37 바울의 교회에의 참여를 다룬 이 구절을 NIV와 다른 번역은 "영으로"(in spirit)라고 해석하지만, 더 나은 해석은 바울이 "성령 안에서"(in the Holy Spirit)를 의미했

다고 보는 것이다. Anthony C. Thiselton, *The First Epistle to the Corinthians: A Commentary on the Greek Text* (Grand Rapids, MI: Eerdmans, 2000), 391.

38　어떤 사람들은 바울이 사도의 권위를 스스로 떠맡아, 그가 부재중이지만 여전히 이 지역교회에 속해 있는 것이 아니냐고 의아해할 수도 있지만, 그러한 이론은 시대착오적이다. 설령 그것이 사실일지라도, 그것은 직제나 성례의 영역에서 가상교회가 여전히 유효한 교회라는 주장을 뒷받침할 것이다. 5장에서 이 문제를 다루겠다.

39　현실세계든 가상세계든, 공간과 지리는 다양한 형태의 인간 활동성을 제한할 수 있으며, 세계마다 다른 한계가 존재한다.

40　Paul S. Minear, *Images of the Church in the New Testament*, 225.

41　Wolfhart Pannenberg, *Systematic Theology*, vol. 3, trans. Geoffrey W. Bromiley (Grand Rapids, MI: Eerdmans, 1998), 20; Peter L'Huillier, "Ecclesiology in the Canons of the First Nicene Council," *St. Vladimir's Theological Quarterly* 27-2 (1983), 119.

42　Nicholas Healy, "Ecclesiology and Communion," *Perspectives in Religious Studies* 31-3 (2004), 276.

43　Wilhelm Pauck, "The Idea of the Church in Christian History," *Church History* 21-3 (1952), 212.

44　Ignatius, *Letter to the Smyrnaeans* 8, 저자 번역. Catholic의 원어를 "전체(whole)"로 이 문맥에서 표현했는데, 이러한 표현은 흔치 않다.

45　Polycarp, *Letter to the Philippians* 1, 저자 번역.

46　창 15:13, 대상 29:15, 벧전 1:17. 참고, 히 11:8; 벧전 1:1.

47　Irenaeus, *Against Heresies* 3.24.1.

48　Tertullian, *On the Exhortation to Chastity* 7, 저자 번역.

49　오리게네스는 솔로몬의 아가서에 대한 그의 현존하지 않는 주석에서 이러한 논평을 했는데, 오늘날에는 탈기독교 작가들의 작품에서 단편적으로 보존되었다. Origen, *Commentary on the Canticles* 1.1.5와 2.6.13.

50　Cyprian, *On the Unity of the Whole Church* 5.

51　이렇게 말하면서, 플라톤적인 영향이나 현대적인 정신-신체 이원론 같은 것을 제안하는 것이 아니다. 나는 특히 교회론에 (그리고 종말론) 비추어 볼 때, 교부들이 정기적으로 영적인 것들에 중점을 두었다고 말하는 것뿐이다.

52　고대 말기에, 이 신조는 "보편적"(catholic)과 "성도의 교통"(communion of saints)을 교회를 묘사하는 것으로 포함하도록 수정되었다

53　Howard A. Snyder, "The Marks of Evangelical Ecclesiology," in *Evangelical Ecclesiology: Reality or Illusion?* ed. John G. Stackhouse Jr. (Grand Rapids, MI: Baker, 2003), 84.

54　Augustine, *The City of God* 16.2.

55　Augustine, *On Faith and Creed* 9.21.

56 Jan Hus, *The Church*, trans. David S. Schaff (New York, NY: Charles Scribner's Sons, 1915), 1-4.

57 Martin Luther, *The Smalcald Articles* 3.12.

58 *Augsburg Confession* 7:1.

59 이 책 전체에 걸쳐, 성례전(sacrament)과 직제(ordinance)를 상호교환으로 사용할 것이다. 다른 전통에서는 이 단어들이 다르게 쓰인다는 점을 인지하지만 말이다.

60 John Calvin, *The Necessity of Reforming the Church*, trans. Henry Beveridge (Philadelphia, PA: Presbyterian Board, 1844), 14.

61 Jaroslav Pelikan, *The Christian Tradition: A History of the Development of Doctrine*, vol. 5, *Christian Doctrine and Modern Culture (Since 1700)* (Chicago, IL: University of Chicago Press, 1989), 282.

62 한 명의 학자를 정교회에서 꼽자면, John Zizioulas이다. John D. Zizioulas, *Being as Communion: Studies in Personhood and the Church* (Crest-wood, NY: St. Vladimir's Seminary Press, 1985).

63 Craig A. Carter, "Karl Barth's Revision of Protestant Ecclesiology," *Perspectives in Religious Studies* 22-1 (1995), 36-39.

64 Karl Barth, *Church Dogmatics* 4/1, 652.

65 Darrell L. Guder, ed., *Missional Church: A Vision for the Sending of the Church in North America* (Grand Rapids, MI: Eerdmans, 1998), 78.

66 Hans Küng, *The Church*, 86.

3장   원격현존 telepresent 하는 하나님의 백성

1 교회 출석률에 대한 대부분의 조사 결과는 영국 자료를 근거로 한다; 예를 들어, Jacinta Ashworth and Ian Rarthing, "Churchgoing in the UK" (Middlesex, UK: Tearfund, 2007)을 보라.

2 더 많은 사례를 위하여 Randolph Kluver and Yanli Chen, "The Church of Fools: Virtual Ritual and Material Faith," *Online-Heidelberg Journal of Religions on the Internet 3-1* (2008), 129를 보라.

3 ship-of-fools.com 웹사이트를 참조하라.

4 유사한 관점을 위하여, 다음을 참조하라. Thomas S. Kuhn, *The Structure of Scientific Revolution*, 3rd ed. (Chicago, IL: University of Chicago Press, 1996).

5 어떤 독자들은 내가 이 시점에서 과장된 주장을 하고 있다고 느낄지도 모른다. 하지만, 이것을 사실이라고 생각하지 않는 두 가지 이유가 있다. 첫째, 성례전 밖에는 교회에 필요한 물리적인 요건에 대한 성경적 증거가 거의 없다. 둘째, 이 책을 쓰면서 가상교회에 대한 찬반 논쟁이 거세게 일며, 기록에 동의하는 학자

나 기독교 지도자들을 찾느라 애를 먹었다. 적어도 내가 대화한 사람들과 내가 읽은 블로그 게시물 답변에 따르면, 베드로전서 5장 14절은 가상교회의 타당성에 대한 반박에 사용되는 가장 흔한 성경 참고문헌 중 하나로 보인다. 내 희망은 이 책이 더 많은 지적인 토론을 촉진하는 데 도움이 되는 것이다. 이에 대해서는 다음을 참조하시오. Ally Ostrowski, "Cyber Communion: Finding God in the Little Box," *Journal of Religion and Society* 8 (2006), 7.

6   MUD를 구글에 검색하면, d를 dungeon(지하감옥)을 의미한다고 표시할 것이다. 하지만, 원래 MUD에서의 d는 DUNGEN을 의미한다. 최초로 널리 알려진 다중 컴퓨터 게임인 Adventure(1975)를 기초로 한, 오리지널 Zork(1977)의 포트란(Fortran)에 기초한 부분을 의미한다. 첫 MUD(1978)의 제작자인 Roy Trubshaw와 Richard Bartle은 오프라인 '던전 앤 드래곤'(Dungeons and Dragons)의 팬이었다(던전은 또한 어드벤처(Adventure) 게임의 주요 요소이다).

7   역자 주 - 조크(Zork)는 1977년 개발자 팀 앤더슨(Tim Anderson), 마크 블랭크(Marc Blank), 브루스 다니엘스(Bruce Daniels), 데이브 레블링(Dave Lebling)이 PDP-10 메인프레임 컴퓨터용으로 처음 출시한 텍스트 기반 어드벤처 게임이다.

8   예를 들어, Randy Kluver and Yanli Chen, "The Church of Fools," 126.

9   Heidi Campbell, "Congregation of the Disembodied: A Look at Religious Community on the Internet," 196.

10 Stephen Shields, "The Legitimacy and Limits of Online Relationship," in *Voices of the Virtual World: Participative Technology and the Ecclesial Revolution*, eds. Leonard Hjalmarson and John La Grou (Wikiklesia, 2007), 307.

11 서양에서 자라고 교육을 받은 나는 뚜렷한 서구적 관점에서 세상이 돌아가는 방식에 대한 다양한 관점을 배웠다. 서구 지향의 목사로서, 교육받은 중산층, 동양 지향의 회중으로서, 가족 생활, 소통의 방식, 공동체 조직과 같은 문제에 대한 몇 가지 근본적인 견해 차이를 극복하는 것이 때로는 도전이었다.

12 독자들은 데카르트의 가장 유명한 화법이 가상공동체에 대한 나의 주장과 모순된다고 의문을 가질 수 있다. 그렇지 않다. 데카르트는 실제로 나의 주장을 증명한다. 그 이유는 다음과 같다. 데카르트의 격언은 현실에 대한 진술이다. 그의 마음속에서, 사람을 "진짜"로 만드는 것은 생각하는 능력이다. 나중에 데카르트는 무엇이 우리를 진짜로 만드는가가 아니라 우리가 어떻게 알 수 있는지를 논한다. 그는 우리가 진짜임을 증명하는 것은 우리의 마음이지만 우리가 알 수 있게 하는 것은 우리의 몸이라고 결론짓는다. 데카르트를 따르는 몇몇 사상가들은 우리를 현실로 만드는 것은 오로지 우리의 마음이라고 말했지만, 우리를 알게 하는 것은 오로지 우리의 몸이다. 데카르트를 읽는 것에 대한 도전은 그가 선구자라는 것이다. 서양 철학에 대한 그의 가장 실질적인 공헌은 말 그대로 다양한 철학 문제에 대한 그의 "명상"이다.

13 데카르트는 이 사상의 창시자는 아니었지만(이원론은 아주 초기 그리스 철학으로 거슬러 올라간다), 그는 현대 철학의 한 부분으로 그것을 확립한 사람이다

14 풀어서 설명하자면, 이 사람들이 그들의 마음을 통해 감각에 대한 인식에 접근할 수 있었다는 것이다 (마치 꿈에서처럼). 지난 4세기에 걸친 데카르트의 사상의 계층화 때문에 21세기 독자들에게 데카르트의 분화는 이례적으로 들릴 수도 있다.

15 René Descartes, *Meditations on First Philosophy: With selections from the Objections and Replies*, trans. Michael Moriarty (Oxford, UK: Oxford University Press, 2008).

16 이것은 객관적이고 주관적인 정보에 대한 데카르트의 관점이 유용하지 않다고 말하는 것이 아니라, 그 예로서, 그것은 후대의 회의론자들에 의해 반복적으로 하나님에 대한 믿음과 경험이 주관적이어서 객관적 진실만큼 실재적이지 않다고 주장하기 위해 사용되어왔다.

17 Giuseppe Mantovani and Giuseppe Riva, "'Real Presence': How Different Ontologies Generate Different Criteria for Presence, Telepresence, and Virtual Presence," *Presence* 8-5 (1999), 542.

18 교육을 받은 서양인과 복음을 나누거나 제자화하려고 한 적이 있는 사람은 누구나 이것이 사실이라는 것을 알고 있다. 개인은 "진짜" 영적 경험이나 하나님과의 만남이라는 생각에 저항하고 투쟁한다. 많은 면에서 현대 서구 기독교인들은 그들의 경직되고 때로는 열악하고 학습된 관점으로 인해 하나님의 역사를 경험하는 데 방해가 되는 새로운 삶을 시작한다. (나는 서구 세계관 그 자체를 반대하는 것이 아니라 단지 그 한계를 지적하는 것이다.)

19 성경에서 존재의 정의를 찾아볼 수 있는가? 아마 아닐 것이다. 성경은 인간 철학에 관심 있는 대부분 분야에 거의 시간을 할애하지 않는다. (또는 성경은 지혜와 같은 자신의 철학적 문제에 관심이 있다고 말하는 것이 나을 것이다). 그런데도, 존재는 엄격히 육체적이라는 현대 서구 사상을 성경은 거부한다. (요한계시록 전체를 참조하라). 특히 성찬식에서 예수의 살과 피가 존재하는 것에 대한 논쟁을 고려한다면 교회 역사도 이 생각을 거부한다.

20 물론, 이는 믿을 수 없을 만큼 간추린 현대 서양 철학에서 존재의 본질에 대한 논의이다: 지면 여건상 임마누엘 칸트에서 존 로크와 마틴 하이데거에 이르는 사상가들을 다룰 수 없다.

21 Patrick Dixon, *Cyberchurch: Christianity and the Internet*, 90-92.

22 다시 말하면, 당신이 서양인에게 말한다면, 그들은 모두 하나님이 "진짜(real)"인지 알기 위해 하나님을 "만지기"(touch)를 원할 것이다.

23 Luciano Floridi, "The Philosophy of Presence: From Epistemic Failure to Successful Observation," *Presence* 14-6 (2006), 658.

24 Maie-Laure Ryan, *Narrative as Virtual Reality: Immersion and Interactivity in Literature and Electronic Media* (Baltimore, MD: Johns Hopkins University Press, 2001), 71.

25 Hans Küng, *The Church*, 84.

26 *Oxford Dictionary and Thesaurus: American Edition* (Oxford, UK: Oxford University Press, 1996), 880.

27 다시 말하면, 이는 대개 데카르트와 다른 현대 철학자, 그리고 그들의 철학적 구조들 때문이다.

28 Darrell L. Guder, ed., *Missional Church: A Vision for the Sending of the Church in North America*, 80.

29 여기서의 '어디'란, 교회가 지리적으로 어디에 위치해 있느냐를 가리키는 것이
    지, 어디에서 교회가 지역사회를 위해 사역하는가를 의미하는 것이 아니다.

30 W. D. Davies, *The Gospel and the Land: Early Christianity and Jewish Territorial
    Doctrine* (Berkeley, CA: University of California Press, 1974), 336.

31 초대교회 교부의 저술들 또한 특정 도시나 지역 안의 개별 교회들에 대한 풍부하
    고 유사한 언급들을 담고 있다.

32 John S. Hammett, *Biblical Foundations for Baptist Churches: A Contemporary
    Ecclesiology*, 29-30.

33 Leo Sang-Min Whang and Geunyoung Chang, "Lifestyles of Virtual World Res-
    idents: Living in the On-Line Game 'Lineage'," 592.

34 Walter Brueggemann, *The Land: Places as Gift, Promise and Challenge in Biblical
    Faith* (Philadelphia, PA: Fortress, 1977), 5. 세컨드라이프와 같은 열린 공간인 가상
    세계의 인구 밀도가 매우 낮다는 사실은 흥미롭다. 마치 사람들이 땅에 너무 굶
    주려 있어서 일단 가상 세계에 들어가면 가능한 한 많이 퍼져나가는 것과 같다.
    가상 세계에서는 누구나 비좁은 아파트나 빌라보다는 드넓은 섬들과 왕국들을
    원할 것이다.

35 다시 말하면, 바보들의 교회와 성 픽셀과 같은 가상교회에서 발견되는 이야기는
    이러한 현상을 증명한다.

36 Bob Hyatt, "Technology and the Gospel," in *Voices of the Virtual World: Partici-
    pative Technology and the Ecclesial evolution*, eds. Leonard Hjalmarson and John
    La Grou (Wikiklesia, 2007), 133; Patrick Dixon, *Cyberchurch: Christianity and the
    Internet*, 78.

37 Douglas Groothuis, *The Soul in Cyberspace* (Grand Rapids, MI: Baker, 1997), 125-
    26.

38 이러한 가정과 비판은 북미 유사 신학에서 발견되는 천년왕국설, 반산업화, 반도
    시화, 플라톤적 이상론의 묘한 혼합에서 비롯된다고 생각한다.

39 참조. John Palfrey and Urs Gasser, *Born Digital: Understanding the First Genera-
    tion of Digital Natives* (New York, NY: Basic, 2008), 18.

40 가상교회에 출석하는 그리스도인과 성장하는 공동체에 대하여는 Heidi Camp-
    bell, "Congregation of the Disembodied," 196을 참조하라. 지역 공동체의 성
    장과 지역 네트워크 환경의 일반인 증가에 대하여는 Keith N. Hampton and
    Barry Wellman, "Examining Community in the Digital Neighborhood: Early
    Results from Canada's Wired Suburb," in *The Wired Homestead: An MIT Press
    Sourcebook on the Internet and the Family*, eds. Joseph Turow and Andrea L.
    Kavanaugh (Cambridge, MA: MIT, 2003), 470-72를 참조하라. 가상 세계 중독인
    게이머와 성장하지 않는 공동체에 대하여는 Leo Sang-Min Whang, Sujin Lee,
    and Geunyoung Chang, "Internet Over-Users' Psychological Profiles: A Behav-
    ior Sampling Analysis on Internet Addiction," *CyberPsychology and Behavior* 6-2
    (2003), 143-50을 참조하라. 전통적인 통념과 대조적으로, 증거들은 가상교회가
    종종 건강한 공동체의 많은 형식을 확장지킨다고 말한다.

역자 주 - 포틀럭은 각 구성원이 직접 만든 다양한 음식을 가져와 함께 나누는 공동 모임이다. 곧, 교회를 포틀럭으로 표현하는 것은 이상적으로 완성된 교회를 제공하는 것이 아니라, 참여자들이 만들어가는 공동체를 의미한다.

41 Douglas Groothuis, *The Soul in Cyberspace*, 143.

42 Cheryl Casey, "Virtual Ritual, Real Faith: The Revirtualization of Religious Ritual in Cyberspace," *Online-Heidelberg Journal of Religions on the Internet* 2-1 (2006), 85.

43 가상 세계에서 일상적인 공동체의 일을 다루기 위한 챗봇(chatbots - 자동화된 아바타)의 사용이 증가하는 경향이 있다. 내가 방문한 세컨드라이프의 한 교회는 챗봇을 인사접대용으로 사용한다.

44 Heidi Campbell, "Living as the Networked People of God," in *Voices of the Virtual World: Participative Technology and the Ecclesial Revolution*, eds. Leonard Hjalmarson and John La Grou (Wikiklesia, 2007), 45.

4장 성육신적 아바타

1 John Smart, Jamais Cascio, and Jerry Paffendorf, "Metaverse Roadmap: Pathways to the 3D Web: A Cross-Industry Public Foresight Project," (unpublished paper, 2000), 6.

2 이러한 계층들은 현실 세계에도 역시 존재하지만, 우리는 그것들을 우리 자신의 일부로 보는 데 익숙해졌다. 하나의 예는 사생활과 정보 유출이다.

3 Mark Stephen Meadows, *I, Avatar: The Culture and Consequences of Having a Second Life* (Berkeley, CA: New Riders, 2008), 66. Life.Church는 또한 그들의 가상 예배들에 32개의 언어로 동시통역하는 준비를 하고 있다.

4 Pablo Martinez-Zárate, Isabela Corduneanu, and Luis Miguel Martinez, "S(L) Pirituality: Immersive Worlds as a Window to Spirituality Phenomena," *Online-Heidelberg Journal of Religions on the Internet* 3-1 (2008), 153.

5 이 진술(아마도 이 장 전체가)은 가상 세계의 새로운 형태에 과감히 뛰어들어본 적이 없는 독자들에게는 생소해 보일 수 있다. 하지만 아바타 생성, 훈련, 학습 단계를 거치면서 자연스럽게 나의 아바타의 정체성이 형성됐다. 물론, 그것은 계획된 정체성이다. 나의 고양이 시카(Sitka)는 매우 독특한 성격이고, 심지어 기분이 좋을 때 물건을 가지고 놀기도 한다. 하지만, 당연히, 본능적으로 행동하는 동물에게 투영되는 성격일 뿐이다.

6 William Gibson, *Neuromancer* (New York, NY: Ace, 1984), 16.

7 나는 "담겨"(encased)라는 단어를 폭넓게 쓰기는 하지만, 분명히 신학적인 차원으로 사용하는 것은 아니다.

8 Beatrice Bittarello, "Another Time, Another Space: Virtual Worlds, Myth, and Imagination," *Online-Heidelberg Journal of Religions on the Internet* 3-1 (2008),

260.

9   Tim Hutchings, "Theology and the Online Church," *Epworth Review* 35-1 (2008).

10   Peter Nagel, "Gnosis, Gnosticism," in *The Encyclopedia of Christianity*, vol. 2, eds. Erwin Fahlbusch et al., trans. Geoffrey W. Bromiley (Grand Rapids, MI: Eerdmans, 2001), 417-21.

11   Douglas Groothuis, "Screwtape Writes Again: Education, for Hell's Sake," *The Constructive Curmudgeon blog*, theconstructivemudgeon.blogspot.com, [May 3, 2008].

12   인격의 신학에 대하여 도움이 되는 성경 구절은 다음을 보라. 엡 2:1-10; 히 10:22 (열등한 몸과 마음/정신); 마 10:28 (몸과 영혼은 다른 것이지만, 모두 하나님의 다스림에 속한다); 눅 12:23, 롬 12:1 (육신의 중요성). 나는 개인적으로 성경을 바탕으로 하여 인격을 분류하는 것이 불가능하다고 믿는다.

13   Udo Schnelle, *The Human Condition: Anthropology in the Teachings of Jesus, Paul, and John*, trans. O. C. Dean Jr. (Minneapolis, MN: Fortress, 1996), 145.

14   물론 우리는 그들의 몸도 예배 이상으로 동참하게 하도록 애쓴다. 이것은 단지 예시일 뿐이다.

15   이것은 성격과 정체성 형성에 관한 문제 때문이다. 가상 세계에서 캐릭터(또는 새로운 캐릭터)를 생성할 때, 우리의 정체성이 한 방향으로 또는 다른 방향으로 치우칠 수 있다. 예를 들어, 만약 세컨드라이프 사탄주의자가 사탄주의 아바타를 가지고 있다면, 그것은 어떤 종류의 회심이나 영적 성장을 초래할 것 같지 않다. 다만 사탄주의자가 그리스도의 제자같은 아바타를 통해 기독교인 행세를 선택한다면 아바타의 정체성이 현실 세계에서 사탄주의자 본인의 정체성으로 스며들 수 있다(아마도 그럴 것 같지 않지만 가능하기는 하다). 때때로 우리가 책에서 본 사람들이 그리스도를 반대하기 위하여 너무나도 성경에 몰입한 나머지 결국 그리스도의 추종자가 된다고 생각해보라. 그것이 관계의 역동성이다.

16   다른 가치 체계를 가진 사람들과 예외는 항상 존재한다.

17   성 픽셀의 관리팀의 일원인 마크 하우(Mark Howe)는 바보들의 교회를 실험하는 동안 "아바타의 권리"와 아바타 사용에 관한 토론에 관하여 쓰고 있다. Mark Howe, "Towards a Theology of Virtual Christian Community" (미간행 신학석사 학위논문, Spurgeon's College, 2005), 55; 몇몇 사상가들은 아바타의 권리에 대하여 공적선언의 초안을 이미 작성했다. Raph Koster, "A Declaration of the Rights of Avatars," in *The Second Life Herald: The Virtual Tabloid That Witnessed the Dawn of the Metaverse*, eds. Peter Ludlow and Mark Wallace (Cambridge, MA: MIT, 200), 269-73.

18   나는 월드 오브 워크래프트의 열성적인 플레이어에게 나이트 엘프로 게임을 했냐고 물었고, 그는 즉시 이렇게 대답했다. "뭐라고요? 그럴 리가! 이봐요, 나이트 엘프? 농담이죠?"

19   Mark Stephen Meadows, *I, Avatar: The Culture and Consequences of Having a Second Life*, 50.

20 우리는 이것이 성경적으로 진리임을 안다. 하나님은 인간을 분명한 정체성으로 창조하셨다(창 1:26-27), 그러나 죄는 정체성에 상함과 염려를 초래했다(고전 13:12; 벧전 2:10; 그리고 고전 5:6 참조).

21 John Smart, Jamais Cascio, and Jerry Paffendorf, "Metaverse Roadmap," 14.

22 아마존(Amazon.com)에서 해당 정보가 삭제되었더라도, 그들은 웨이백 머신 (Wayback Machine)을 활용하여 정보에 접근할 수 있다.

23 Leo Sang-Min Whang and Geunyoung Chang, "Lifestyles of Virtual World Residents: Living in the On-Line Game 'Lineage'," 599.

24 Andreé Robison-Neal, "Enhancing the Spiritual Relationship: The Impact of Virtual Worship on the Real World Church Experience," *Online-Heidelberg-Journal of Religions on the Internet* 3-1 (2008), 237.

25 Bobby Gruenewald, "Why Second Life? (Part 1)," *Swerve blog*, eds. Craig Groeschel and Bobby Gruenewald, swerve.Lifechurch.tv. [2007.03.28.].

26 Pablo Martinez-Zárate, Isabela Corduneanu, and Luis Miguel Martinez, "S(L) Pirituality," 218.

27 만약 무인도에서 태어나 하나님에 대하여 아무것도 모르는 한 사람이 갑자기 수백 개의 교회 웹사이트에 임의로 접속한다면, 어떻게 이 사람들로 제자 삼을 수 있겠는가? 그 사람들은 교회들이 제공하는 많은 프로그램에 대해 알게 되겠지만, 그들이 제자가 되는 것은 아니다.

28 이 두 가지 형식은 서로 반대의 것이 아니라, 사과와 오렌지 같은 관계이다.

29 팀 허칭스는 일부 교회의 지도자들이 사람들을 현실 교회로 오도록 강제하기 위하여 전도 목적의 웹사이트를 닫기까지 했다고 지적한다. Tim Hutchings, "Theology and the Online Church," *Epworth Review* 35-1(2008).

30 그루투이스의 글에서 이러한 오류가 분명히 확인된다. Douglas Groothuis, *The Soul in Cyberspace* (Grand Rapids, MI: Baker, 1997), 159.

31 한 목회자가 Craig Groeschel과 Bryan Gruenewald의 블로그인 *Swerve*에 그가 가상세계에서 복음을 나누었던 대부분 사람은 예수님에 대해 흥미가 있었지만, 현실 교회에 출석하는 것에 대해서는 절대 생각하지 않는다고 글을 썼다.

32 동아프리카의 풍요로운 지역에서 복음을 나누었던 나의 개인적인 경험이다.

33 i-church는 가상교회를 위하여 대부분의 인터넷 캠퍼스와 구별된 반(anti)-모이는 교회의 모델을 추구한다. 내게는 다양성과 대화의 이런 형태가 가상교회가 합성된 세계에서 모이는 실제 교회임을 잘 보여준다.

34 Rena M. Palloff and Keith Pratt, *Building Online Learning Communities: Effective Strategies for the Virtual Classroom* (San Francisco, CA: Jossey-Bass, 2007), 90.

35 Jeremy N. Bailenson and Andrew C. Beall, "Transformed Social Interaction: Exploring the Digital Plasticity of Avatars," in *Avatars at Work and Play: Collaboration and Interaction in Shared Virtual Environments*, eds. Ralph Schroeder and Ann-Sofie Axelsson (Dordrecht, Netherlands: Springer, 2006), 144.

1 대조적으로, 세컨드라이프에 있는 등대교회(Lighthouse Church)는 흔치 않은 미래지향적인 구조를 선택하였다. 그러나, 현시점에 이것은 분명히 일반적이지 않다.

2 Brenda E. Brasher, *Give Me That Online Religion* (San Francisco,CA: Jossey-Bass, 2001), 155.

3 단, 하나님께서 그것을 반복하시기를 결정하시지 않는다면 말이다.

4 아마도 좋은 예는 힌두교와 이슬람교 예식의 복잡성일 것이다. 예외는 위카(Wicca) 또는 하레 크리슈나(Hare Krishna Mantra)와 같은 많은 뉴에이지 종파이다. 다양한 사회철학적인 이유로, 이런 그룹들은 그들의 이념을 가상 세계에 완전히 적응시켰다.

5 John Calvin, *Institutes of the Christian Religion*, ed. John T. McNeill, trans. Ford Lewis Battles (Philadelphia, PA: Westminster, 1960), 4.17.18.

6 Brenda E. Brasher, *Give Me That Online Religion*, 43.

7 굳이 꼽자면, 염려는 "지나치게 넘치는 정보"를 담은 증언이다.

8 i-church 담당 사제인 팜 스미스와의 2008년 8월 토론에서 발췌.

9 이는 대면하여 기도 요청하기가 어려울 때 더욱 중요하다. 현실 세계의 상황에서의 가능성보다, 인터넷에서 익명성의 느낌은 아마도 더 정직한 기도 요청을 독려한다.

10 Kathy T. Hettinga, "Grave Images: A Faith Visualized in a Technological Age," in *Virtual Morality: Morals, Ethics, and New Media*, ed. Mark J. P. Wolf (New York, NY: Peter Lang, 2003), 254.

11 다음 웹사이트를 참고하라. www.goarch.org.

12 2005년, 로마 가톨릭교회는 가톨릭 신자들을 위한 온라인 성찬식의 가능성을 거부했다. 참조. Randolph Kluver and Yanli Chen, "The Church of Foolds: Virtual Ritual and Material Faith," *Online-Heidelberg Journal of Religions on the Internet* 3-1(2008).

13 공간의 제약 때문에, 우리는 가장 보편적으로 받아들여지는 기독교의 두 가지 예전을 토론할 것이다. 전통적으로 로마 가톨릭은 가상교회가 행하는 것이 가능한 것으로 보이는 7개의 성례전을 확정한다. 게다가, 몇몇 기독교 전통에 의해 유지되고 있는 관습인 세족식은 아마도 성찬식이나 세례와 유사한 방식으로 가상교회들에게 가능할 것이다.

14 Tertullian, *The Chaplet*, 3.

15 예를 들어, John Howard Yoder, "Sacrament as Social Process: Christ the Transformer of Culture," *Theology Today* 48-1 (1991), 37.

16 예를 들어, Curtis Freeman, "Where Two or Three Are Gathered: Communion Ecclesiology in the Free Church," *Perspectives in Religious Studies* 31-3 (2004),

264-67; Roger Haight, *Christian Community in History: Historical Ecclesiology* (New York: Continuum, 2004), 98-99.

17 결과적으로, 성찬식을 행하는 방식에 있어서 다른 전통보다 느슨한 전통도 존재하지만, 나는 어떤 전통도 성찬식을 지키는데 "정확하다"라고 믿지 않는다.

18 주님의 만찬을 복음서들, 사도행전, 그리고 고린도전서를 제외하고는 신약성경에서 전혀 언급하지 않는 것은 흥미롭다.

19 혹은 성찬식의 전통과 관련된 모든 다른 이유로. 2006년에 가상교회 참가자들을 대상으로 한 설문 조사에 따르면 절반가량이 가상 성찬식이 "불경하다"라고 생각하는 것으로 나타났다; Ally Ostrowski, "Cyber Communion: Finding God in the Little Box," *Journal of Religion and Society* 8 (2006), 5. 나는 이것이 대부분 성찬식이 무엇인지, 또한 그것이 기술과 어떻게 통합될 수 있는지에 대한 이해 부족 때문이라고 주장한다.

20 예를 들어, 서기 1세기에, 가현설을 신봉하는 자들은 성찬식을 피했다. Ignatius, *Letter to the Smyrnaeans*, 7. 이때, 가현설 신봉자 같은 분파 집단은 성찬식에 대한 그들의 입장 때문에 이단이 된 것이 아니었다. 오히려, 그들의 이단성이 성찬식에 대한 거부를 이끌었다. 현대에 와서 성찬식을 지키지 않는 가장 주목할 만한 집단은 구세군이다. 몇몇 가상교회 지지자들은 성찬식을 포기하는 근거로 구세군을 들지만, 이것은 잘못되었다. 구세군은 그 전통에 내재한 신학적 이유로 주님의 만찬에 참여하지 않는 것이지, 성찬식 집전의 방법을 확실히 알지 못해서 참여하지 않는 것이 아니기 때문이다. 가상교회는 성찬식을 집전하는 전통 안에서 시작되므로, 이러한 교회들은 가상 성찬식을 그 구성원들에게 현실로 만들어 줄 방법을 찾아야 한다.

21 Thomas à Kempis, *The Imitation of Christ* 4.10.

22 이를 피하기 위해, 이러한 유형의 가상 성찬식을 선호하는 가상교회들은 지정된 시간을 제공할 수 있으며, 포럼 카운터를 통해 방문자들이 다른 사람들이 자신과 함께 성찬을 하고 있음을 알 수 있도록 하여, 개인적인 행위가 아닌 공동체적인 행위가 되도록 할 수 있다.

23 나는 강한 성례전주의자가 아니기 때문에, 사제가 성체를 다루어야만 한다고 느끼지 않는다. 예전학자들조차도 신약성경이 성직자의 집전을 지지하지 않는다고 인정한다. Roger Haight, *Christian Community in History*, 121.

24 몇몇 사본과 주석적 이슈들 때문에, 대부분 학자는 고린도전서 7장 5절이 금식을 의미한다고 믿지 않는다. 특히 금식은 영적인 이유로 "굶는 것"을 의미한다.

25 엄밀히 말하면, 성찬의 원격현존과 확장적 관행은 관련은 있지만 그 접근 방식은 다르다. 가상교회에서는 예식이 수신자에게 가상으로 확대되지만, 미래의 증강현실 교회에서는 성례전의 집전자가 수신자와 함께 원격 참석하게 된다. 따라서 그것들은 같은 동전의 양면을 나타낸다.

26 일부 성례를 중시하는 기독교인들은, 실제 손으로 실제 요소를 들고 제공하는 '살에서 살로'의 행위가 성찬의 중요한 부분이라고 강하게 느낀다. Mary Timothy Prokes, *At the Interface: Theology and Virtual Reality* (Tucson, AZ: Fenestra, 2004), 64.

27 Justin Martyr, *Apology* 1.67; Cyprian, *Letters*, 2-3.

28   Cyprian, *On the Lapsed* 26; Tertullian, *On Prayer*, 19.

29   예를 들어, 로마 가톨릭은 성체강복(the Benediction of the Blessed Sacrament)이 있으며, 성공회는 조병예식(Office for the Communion of the Sick)이 있다.

30   무엇보다도, 콘스탄츠 공의회(1414-18)는 교황의 권력 장악을 해결하기 위해 노력했으나 실패하였고, 대부분 상황에서 평신도들이 성찬의 자리에 참여하는 것을 막았으며, 안전 보장 약속에 배신당하고 화형에 처해진 종교개혁가 얀 후스의 운명을 결정하는 역할을 했다.

31   자유교회 목회자로서, 나는 계층 내의 특정 사람들만이 성체를 제대로 관리할 수 있다고 주장하는 사람들에 관해 큰 고민이 있다. 성서로부터 그 입장을 옹호하는 것은 불가능하다. 이것은 온라인 교회와 성찬식의 타당성을 반박하기 위해 많은 개혁주의 전통을 따르는 블로그에서 제기된 논쟁이다. 아이러니한 이유는, 이것이 바로 원래의 종교개혁가 중 일부가 맞서 싸운 것이기 때문이다.

32   시 51:7도 참조하라.

33   Hans Küng, *The Church*, 205.

34   마태복음 3장의 원어에서, 고백은 세례 전에 발생하는 것이 아니지만, 세례와 동시에 발생하는 지속적인 행위로서 나타난다.

35   Hans Küng, *The Church*, 209; Jonathan R. Wilson, *Why Church Matters: Worship, Ministry, and Mission in Practice* (Grand Rapids, MI: Brazos, 2006), 106.

36   디다케는 초기 기독교 문서이지만 (6장과 8장과 같은) 몇몇 장소에서는 바울의 생각과는 다르다. 아마도 그 저자가 현재 신약성경이라고 부르는 것과 충분히 소통하지 않은 채, 교회 관행을 설명하기 위해 회람된 초보적인 문서였을 가능성이 있다. 원문에는 1세기 기독교인들의 사고방식이 반영됐을 가능성도 크다.

37   침례를 행하는 나로서는, 디다케가 차가운 "흐르는"(living) 물에서의 세례를 추천하는 것이 주목할 만큼 흥미롭다. 그것은 안수례(pouring)에 대한 침례(immersion)의 우선성 이전에, 고인물(a pool)에 대하여 흐르는 물의 우선성을 의도한다.

38   Tertullian, *On Baptism* 4.

39   2008년 8월, 무슬림 선교를 30년 동안 한 마이크와 샐리 윌리암, 그리고 저자와의 토론에서.

40   플라밍고 로드 교회의 브라이언 바실이 아웃소싱 가상 세례 방식을 활용함에 특별히 감사한다.

41   2008년 9월, 플라밍고 로드 교회 인터넷 캠퍼스 목회자인 브라이언 바실과 저자의 토론에서.

42   성찬식에 참여하면서, 주변 참석자들에게서 오는 부담은 실제 세계에서 항상 큰 문제임을 목회자들은 알고 있지만, 가상 성찬식은 이를 극적으로 최소화할 것 같다.

43   Cheryl Casey, "Virtual Ritual, Real Faith: The Revirtualization of Religious Ritual in Cyberspace," *Online-Heidelberg Journal of Religions on the Internet* 2-1(2006), 85.

44   Heidi Cambell, "Living as the Networked People of God," 48.

45 Simon Jenkins, "Rituals and Pixels: Experiments in Online Church," *Online-Hei-delberg Journal of Religions on the Internet* 3-1 (2008), 99.

46 현실 세계의 결혼식에 비해 가상 결혼은 매우 저렴할 것이다!

47 우리 부부가 결혼 전 데이트하는 시기 동안 지리적으로 다른 곳에 살고 있었기 때문에, 이것이 나와 아내에게는 매우 유용했을 것이다.

48 미국에서는 뉴욕과 같은 여러 주에서 법적 지위가 없는 종교단체(특히 인터넷을 통해 성직자로 서품된 제다이, 스와미, 구루 등)에 속한 친구들의 주례로 결혼식을 올리기로 결정한 신랑신부와 관련된 사건에서 관할권 문제가 많이 발행하였다. 뉴욕에서는, 대부분 사람이 법적으로 결혼했다고 생각할지라도, 이것은 주정부 법에 어긋난다. Devan Sipher, "Great Wedding! But Was It Legal?," *New York Times*, 2007년 8월 5일.

6장   전능한 운영자

1 카메론은 오늘에도 BVC의 사역에 활동적이다.

2 Kerstin Radde-Antweiler, "Virtual Religion: An Approach to a Religious and Ritual Topography of Second Life," *Online-Heidelberg Journal of Religions on the Internet* 3-1 (2008), 188.

3 Heidi Campbell, "Who's Got the Power? Religious Authority and the Internet," *Journal of Computer-Mediated Communication* 12-3 (2007).

4 다시 말해서, 만약 여러분이 차를 구매한 뒤 임의로 수리하여도, 여러분이 차의 소유자이기에 문제가 없다고 그들은 말한다. 그러나 대부분의 IT기업에서는 당신이 그들의 제품을 구매하더라도, 임의로 수리하는 것은 허락되지 않는다고 주장한다. 마이크로소프트의 윈도우나 애플의 아이폰이 좋은 예이다.

5 예를 들어, 팀 게스트(Tim Guest)는 남부 연합 깃발을 흔드는 KKK 아바타를 만든 이유로 세컨드라이프에서 추방된 사람을 인용한다. 그의 아바타가 공격적이긴 하지만 세컨드라이프는 다른 공격적인 아바타 역시 많다. 그들은 어떻게 할 것인가? 기자로서, 게스트는 세컨드라이프의 개발자인 린든 랩(Linden Lab)에 의해 채택된 윤리에 대한 변덕스러운 접근 방식을 문서화한다. 비슷하게, 톰 볼스토르프(Tom Boellstorff)는 가상 세계가 직면하고 있는 큰 문제는 "가상 독재 정권"의 가능성이라고 쓰고 있다. 이 문제에 관해 이야기하기 위해 린든 랩에 연락했지만, 그들은 나의 인터뷰 요청에 응하지 않았다. Tim Guest, *Second Lives: A Journey through Virtual Worlds* (New York: Random House, 2007), 110-12; Tom Boellstorff, *Coming of Age in Second Life: An Anthropologist Explores the Virtually Human* (Princeton, NJ: Princeton University Press, 2008), 222.

6 성 픽셀의 관리팀 일원인 마크 하우(Mark Howe)는 그들 교회의 지도력이 "유순한 독재"와 종종 유사하다고 인정한다. Mark Howe, *Online Church? First Steps towards Virtual Incarnation* (Ridley Hall, UK: Grove, 200), 13.

7 인쇄술이나 로마의 도로 시스템처럼, 가상 세계는 권위의 영역에 있어서 판도를

결정적으로 바꿀 것이다.

8   Brenda E. Brasher, *Give Me That Online Religion*, 42.

9   1세기 안디옥의 감독인 이그나티우스는 분명히 이를 건강하지 않다고 생각할 것 이다. Ignatius, *Letter to the Smyrnaeans*, 9.

10 만약 현실 장로교회가 가상 장로교회를 반대한다면, 그 소유주는 가상교회 계정 을 해외로 옮길 수 있고, 현실 장로교회는 그 이전 작업을 막을 수 없을 것이다.

11 무엇이 "진짜" 목회자를 만드는 것인가? 우리가 볼 수 있듯이, 새로운 가상 세계 는 교회에 대한 개념을 생각하는 동안 오래된 감각을 신경 쓰이게 한다.

12 크리스토퍼 헬랜드(Christopher Helland)가 이를 가장 잘 설명한다. "이 멋진 사 이트들을 보고 사람들은 종종 이렇게 생각합니다. '이 사이트가 보기 좋고, 사용 자 친화적이며 아름답기 때문에, 진짜일 것이다. 이 사람은 진짜 종교 전문가일 것이다'라고요. 하지만 사실은 그렇지 않습니다. 거기엔 12살짜리 아이가 있을 뿐입니다." Christopher Helland, "Turning Cyberspace into Sacred Space: Ex-amining the Religious Revolution Occurring on the World Wide Web," *Google TechTalks*, YouTube.com, 2007년 5월 31일.

13 Kerstin Radde-Antweiler, "Virtual Religion," 204.

14 Brother Maynard, "Hyperlinks Subvert Hierarchy: The Internet, Non-Hierar-chical Organizations, and the Structure of the Church," in *Voices of the Virtual World: Participative Technology and the Ecclesial Revolution*, eds. Leonard Hjal-marson and John La Grou (Wikiklesia, 2007), 175.

15 Patrick Dixon, *Cyberchurch: Christianity and the Internet*, 79.

16 Paul S. Minear, *Images of the Church in the New Testament*, 223.

17 예수님과 제자들이 결코 포도주를 마시지 않았다는(마 26:27에 반대되는) 개념같 이, 그는 몇 가지 이상한 관점을 가지고 있었다.

18 *Merriam-Webster's Collegiate Dictionary*, 11th ed. (Springfield, MA: Merriam-Web-ster, 2003).

19 어쩌면, 열두 살 아이가 실버레이크 교회의 그 녀석보다는 더 나은 목사라고 할 수 있다.

20 C. Scott Andreas, "A Networked E(-)cclesia: Cultivating Community in an Age of Convergence," in *Voices of the Virtual World: Participative Technology and the Ecclesial Revolution*, eds. Leonard Hjalmarson and John La Grou (Wikiklesia, 2007), 15.

21 가상 세계의 단점은 법률 시스템이 기술을 따라잡지 못했다는 것이다. 내가 사 는 현실의 교회는 내가 아니라 교회가 소유하고 있지만, 가상 세계의 많은 교회 는 한 사람, 곧 종종 목사가 소유하고 있는 것처럼 보인다.

22 Christopher Helland, "Turning Cyberspace into Sacred Space."

23 Pablo Martinez-Zárate, Isabela Corduneanu, and Luis Miguel Martinez, "S(L) Pirituality: Immersive Worlds as a Window to Spirituality Phenomena," *On-line-Heidelberg Journal of Religions on the Internet* 3-1 (2008), 215.

24   예를 들어, Lorne L. Dawson and Douglas E. Cowan, *Religion Online: Finding Faith on the Internet* (New York, NY: Routledge, 2004), 3; Nadja Miczek, "Rituals Online: Dynamic Processes Reflecting Individual Perspectives," *Masaryk University Journal of Law and Technology* 1-2 (2007), 203.

25   John La Grou, "Foreword: Surfing the Liminal Domains," in *Voices of the Virtual World: Participative Technology and the Ecclesial Revolution*, eds. Leonard Hjalmarson and John La Grou (Wikiklesia, 2007), 2.

26   Andrew Jones, "Linking to Cyberchurch," *Relevant*, 2005년 12월 27일.

27   소프트웨어 공급자들에 의한 EULA의 독단적 사용에 대한 이의제기에 관한 관심이 증가해 왔다. Peter Ludlow and Mark Wallace, *The Second Life Herald: The Virtual Tabloid That Witnessed the Dawn of the Metaverse* (Cambridge, MA: MIT, 2007), 156-57.

28   교회를 설명하는 데 있어서 조직(Organization)이라는 단어가 적절하지 않을 수 있지만, 심지어 급진적으로 분권화된 평등한 교회도 여전히 누군가 또는 어떤 그룹이 결정을 내리는 방식으로 운영된다. 이는 "어떤 질문을 할 것인가"에 대한 결정조차도 포함된다.

29   세컨드라이프 설립자는 세컨드라이프가 신을 향한 필요를 없애준다고 말한 것으로 기록되어 있다. Wagner James Au, *The Making of Second Life: Notes from the New World* (New York, NY: HarperCollins, 2008), 234.

30   Tom Boellstorff, *Coming of Age in Second Life*, 236.

31   2008년 8월, Life.Church의 혁신적인 목회자인 바비 그린왈드와 저자의 토론에서 발췌. 그는 몇몇 다른 지도자들이 가상교회들과 제휴가 되듯이, 복음주의 재정 책임 위원회(Evangelical Council of Financial Accountability)와 같은 조직의 잠재적 유익을 인정한다.

32   Patricia Wallace, *The Psychology of the Internet* (Cambridge, UK: Cambridge University Press, 1999), 61.

33   예를 들어, Daniel J. Solove, *The Future of Reputation: Gossip, Rumor, and Privacy on the Internet* (New Haven, CT: Yale University Press, 2007), 142-46.

34   Augustine, *Commentary on the Psalms* 120:1-2.

35   Rex Miller, "Digital Immigrants Go Native," in *Voices of the Virtual World: Participative Technology and the Ecclesial Revolution*, eds. Leonard Hjalmarson and John La Grou (Wikiklesia, 2007), 205.

7장 합성세계의 죄

1   게임을 방해하는 사람, 화나게 만드는 사람, 말썽꾼(troll)들은 다른 주민들과 잘 어울리는 것을 좋아하지 않는 가상 세계의 주민들에게는 느슨한 골칫거리다. 게임을 방해하는 사람(griefer)은 모욕, 공격, 스토킹 또는 가상 세계의 시스템에 대

한 조작을 통해 사람들을 괴롭히거나 슬픔을 유발하기 위해 가상 세계로 들어가는 사람을 말한다. 화나게 만드는 사람(rager)은 두 가지 모두를 파괴할 목적으로 다른 사람들과 가상 세계 시스템을 공격하는 사람이다. 그들은 대할 때 매우 비이성적으로 행동할 수 있다. 말썽꾼(troll)은 사람들을 자극하기 위해 매우 선동적인 진술들을 말하거나 게시하는 사람을 말한다. 트롤(troll)은 종종 가상 세계(또는 블로그와 같은 다른 인터넷 현상)의 트래픽이 많은 영역 주위에 대기하거나 몰래 나쁜 짓을 꾸미거나 하여 그들의 불쾌한 내용을 계속해서 게시한다. 트롤(troll)이라는 단어는 신화나 이야기 속 괴물에서 유래된 것이 아니라 트롤링(trolling: 미끼를 물속에서 천천히 끌어다 물고기를 잡는 것)이라는 낚시 용어에서 유래된 말이다.

2 우리가 기억하는 바와 같이, 성경은 죄를 인간의 실패라고 설명하고 있다. 죄는 에덴 낙원에서 인류에게 들어와 이기적이고 상처받으며, 하나님이 필요 없다고 하는 종류의 삶을 살게 하는 우리의 깨어짐이다(롬 3:23).

3 다시 말해, 중국과 같은 곳에서는 가상 사업주들이 가난한 사람들을 저임금으로 고용하여 컴퓨터 앞에 앉아 부자들이 자신의 아바타를 위해 구매할 가상 의류를 만들게 한다. 훨씬 더 수익성이 높은 게임 세계에서는, 컴퓨터 단말기에 앉아 있는 가난한 사람들이 부자들의 가상 전사를 조종하여 전사를 레벨업하기 위해 수천 번의 작은 반복 작업을 수행하면, 사업주들이 그 전사를 부자들에게 다시 판매한다. Tim Guest, *Second Lives: A Journey through Virtual Worlds* (New York, NY: Random House, 2007), 8.

4 Stephen Hutcheon, "Anshe's Kinky Past Revealed," *Sydney Morning Herald*, 2007년 1월 17일.

5 Peter Ludlow and Mark Wallace, *The Second Life Herald: The Virtual Tabloid That Witnessed the Dawn of the Metaverse* (Cambridge, MA: MIT, 2007), 104.

6 Tim Guest, *Second Lives*, 66-69.

7 피해생존자 그룹 사고에 대하여 다음을 참조하라. Tom Boellstroff, *Coming of Age in Second Life: An Anthropologist Explores the Virtually Human* (Princeton, NJ: Princeton University Press, 2008), 189.

8 Tim Guest, *Second Lives*, 9.

9 Julian Dibbell, "A Rape in Cyberspace," in *Flame Wars: The Discourse of Cyberculture*, ed. Mark Dery (Durham, NC: Duke University Press, 1997), 237-61.

10 Randolph Kluver and Yanli Chen, "The Church of Fools: Virtual Ritual and Material Faith," *Online-Heidelberg Journal of Religions on the Internet* 3-1 (2008), 123.

11 Ludlow and Wallace, *The Second Life Herald*.

12 참조. John Smart, Jamais Cascio, and Jerry Paffendorf, "Metaverse Roadmap: Pathways to the 3D web: A Cross-Industry Public Foresight Project," (2007), 23.

13 실제로, EULA와 TOS는 느슨하게 정의된다. 그러므로 내가 비교하는 것이 모든 EULA 혹은 TOS에 항상 적용할 수는 없다.

14 소란죄로 경찰이 나를 기소할 수 있지만, 많은 가상 세계와는 다르게 나는 나를

15 MMORPG들은 세컨드라이프같은 오픈 가상 세계와는 매우 다르게 느끼도록 하는 그들의 세계에 세워진 코드 혹은 통신규약을 가지고 있다는 점에서 흥미를 끈다.

16 마리 프로크스(Mary Prokes)는 사람들이 자유 계약의 영향이 아닌, 탈육체화하는 것을 선택하는 것이 더 큰 죄악의 경향을 야기하는 것이라고 주장하지만, 이것은 사실일 수 없다. 그렇지 않으면 우리는 전화 사용에 있어서 유사한 문제를 보게 될 것이다. Mary Timothy Prokes, *At the Interfaces: Theology and Virtual Reality* (Tucson, AZ: Fenestra, 2004), 38.

17 Pope John Paul II, *Veritatis Splendor*, 31-32.

18 John Palfrey and Urs Gasser, *Born Digital: Understanding the First Generation of Digital Natives* (New York, NY: Basic, 2008), 91, 97; Tom Boellstorff, *Coming of Age in Second Life*, 187.

19 참조. Scott Ragan and John Sexton, "Visible Church for an Invisible World," in *Voices of the Virtual World: Participative Technology and the Ecclesial Revolution*, eds. Leonard Hjalmarson and John La Grou (Wikiklesia, 2007), 264.

20 Peter Ludlow and Mark Wallace, *The Second Life Herald*, 92.

21 이것을 다룬 두 개의 서로 다른 연구물을 소개한다. Nick Yee, Jeremy N. Bailenson, Mark Urbanek, Francis Chang, and Dan Merget, "The Unbearable Lightness of Being Digital: The Persistence of Nonverbal Social Norms in Online Virtual Environments," *CyberPsychology and Behavior* 10-1 (2007), 115-21; Tom Boellstorff, *Coming of Age in Second Life*, 149.

22 Brenda E. Brasher, *Give Me That Online Religion*, 100.

23 Mark Stephen Meadows, *I, Avatar: The Culture and Consequences of Having a Second Life*, 78.

24 다시 한번, 실명을 언급하지 않고, 나의 조사는 이것이 교회 지도자들이 가상 세계에 정면으로 개입하지 않는 가장 큰 이유라는 것을 보여주었다. 그들은 가상 세계가 현실이라고 믿지 않는다. 대부분 그들이 가상 세계의 일부가 아니기 때문이다.

25 Brenda E. Brasher, *Give Me That Online Religion*, 95.

26 이미 일화적 증거에 따르면, 대부분이 아닐지라도, 많은 사람이 배우자 이외의 다른 사람과의 가상 성관계는 죄가 없다고 생각한다. 그것은 "진짜" 성관계가 아니기 때문에 혼외 성관계가 아니라는 것이다.

27 마우라 맥카시는 검열되지 않은 인터넷이 교회에 더 낫다고 설득력 있게 주장한다. 검열된 인터넷은 교회도 검열할 가능성이 크기 때문이다. Maura McCarthy, "Free Market Morality: Why Evangelicals Need Free Speech on the Internet," in *Virtual Morality: Morals, Ethics, and New Media*, ed. Mark J. P. Wolf (New York, NY: Peter Lang, 2003), 217.

28 다시 말하면, 선포만으로는 충분하지 않다. 우리는 선포의 내용을 넘어 그 이상이 필요하다. 우리는 상황이 필요하다(행 8:31).

29 여기서 나는 성화(sanctify)라는 단어를 신학적 차원이 아닌 성경적 차원에서 사용한다. 성경적으로 성화(to sanctify)되는 것은 거룩하게 만드는 것을 의미하며, 이 용어는 사람이나 장소 또는 사물에 적용될 수 있다. 신학적으로, 성화(to sanctify)는 신자들이 하나님처럼 되기 위해 만드는 변화를 대신하는 말로 자주 사용된다.

30 "인간관계는 사소한 것을 잘못 기억하는 경향에 의하여, 모욕과 개인적 공격에 대한 상처는 시간이 지나면서 사라지게 되는 도움을 받는다. 과거의 잘못에 대한 기록에 쉽게 접근할 수 있어서, '잊어버렸다'라는 빈도가 훨씬 줄어들 것이고, 어떤 사람들은 '지나간 것은 지나간대로'하는 것이 불가능하다는 것을 알게 될 것이다." John Smart, Jamais Cascio, and Jerry Paffendorf, "Metaverse Roadmap," 15.

31 Daniel J. Solove, *The Future of Reputation: Gossip, Rumor, and Privacy on the Internet* (New Haven, CT: Yale University Press, 2007), 4.

32 어떤 사람들은 그가 가상 세계에서 더 잘 "숨길" 수 있다고 제안할 수 있지만, 이것은 사실이 아니다. 그가 우리 교회에 왔을 때 그의 과거를 발표하지 않는 것처럼, 또한 우리는 그를 위해 그렇게 하기를 바라지도 않는다. 그의 법적 지위는 그가 가상 세계에서든 현실 세계에서든 자신에 대해 드러내는 것에 관한 결정을 내리도록 강요한다. 왜냐하면 그의 유죄 선고는 누구나 볼 수 있게 기록되어 있기 때문이다.

33 현실 세계에서, "안녕, 난 프레드야. 당신이 나에 대해 알아두어야 할 것은, 내가 어렸을 때, 감옥에 갈 정도로 어리석고 나쁜 짓을 많이 했다는 것이야. 내가 거기에서 예수님을 만나는 동안, 그는 내가 한 그 어리석고 나쁜 짓들에 대해 나를 용서해 주셨어. 그의 은혜로 나는 구원받았어"라고 쓰인 팻말을 들고 걸어 다니는 사람은 어색하고 그저 이상할 뿐이다. 가상 세계에서는 이런 팻말(프로필)을 보여주는 것이 매우 자연스럽다.

34 "아마도 가상 세계에서 가장 분명한 지속적인 경향은 가상 세계의 정체성 실험, 자기 계발 및 역할 놀이, 그리고 성별, 민족성, 사회 계층, 에티켓, 그리고 집단의 가치와 목표를 둘러싼 사회적 규범의 창조적인 변화일 것입니다. 우리는 이것을 세컨드라이프와 같은 오늘날의 선구적인 소셜 가상 세계와 마이스페이스와 같은 소셜 네트워크에서 볼 수 있습니다. 가상 세계 시나리오가 전개됨에 따라, 이러한 활동을 하는 사람들의 수가 급증하고 그에 따른 사회 변화가 긍정적인 효과와 파괴적인 효과를 동시에 가져올 것으로 기대할 수 있습니다." 본 연구의 저자들은 또한 검증된 세계와 익명의 세계를 모두 가진 미래를 본다. John Smart, Jamais Cascio, and Jerry Paffendorf, "Metaverse Roadmap," 8.

35 Douglas Groothuis, *The Soul in Cyberspace* (Grand Rapids, MI: Baker, 1997), 41.

36 또한 일반적으로는 사실이 아닐 수도 있다. 현실 세계보다 가상 세계에서 자신을 더 잘 위장할 수 있는 사람은 거의 없다. 신원을 발견할 수 있는 정보가 있기 때문이다. Robert Jones, *Internet Forensics* (Sebastopol, CA: O'Reilly, 2006); 익명성에 대한 농업, 산업, 및 디지털 시대의 대조를 보려면 다음을 참조하라. Palfrey and Gasser, *Born Digital*, 17-20.

37 그 이유는? 사람들은 수천 년간 현실 세계의 가면을 완성해 왔기 때문이다.

38 Pablo Martinez-Zárate, Isabela Corduneanu, and Luis Miguel Martinez, "S(L)

Pirituality: Immersive Worlds as a Window to Spirituality Phenomena," *On-line-Heidelberg Journal of Religions on the Internet* 3-1 (2008), 220.

39 나도 모르게 세컨드라이프에서 아바타를 만들 때, 바로 이런 일을 했고, 아내가 나를 힘들게 했다. 하지만 세컨드라이프에서 아름다운 아바타를 만드는 것은 못생긴 아바타보다 훨씬 쉽다.

40 그 동기에 대해 논의할 수 있지만, 이는 훨씬 조심스러운 주제가 될 수 있다. 예를 들어, 남성이 여성 로봇을 아바타로 선택하게 된 동기보다 내가 잘생긴 아바타를 선택하게 된 동기가 훨씬 더 악의적일 수 있다. 하지만 교회 문화는 아마 그 친구에게 더 가혹하게 판단할 것이니다. 동기에 대한 문제는 교회에게 현실 세계와 가상 세계 모두에서 복잡한 것이다.

41 사람이 일생 완벽하게 가면에서 벗어날 수 있는지 의심함에도 불구하고(롬 3:11-12).

42 2008년 7월, 세컨드라이프의 성공회 대성당 주임 사제인 마크 브라운과 저자와의 토론에서 발췌.

43 Stefano Pace, "Miracles or Love? How Religious Leaders Communicate Trust-worthiness through the Web," *Journal of Religion and Popular Culture* 7 (2004), 20.

44 Douglas Groothuis, The Soul in Cyberspace, 35.

8장 인터넷 캠퍼스

1 내가 근무했던 회사는 법 집행 기관에 민감한 검사 서비스를 제공했다. 그들은 형사 사건을 기소할 때 내가 시행한 시험을 이용했다.

2 교회에 대한 나의 관점은, 예를 들어 디도서 1장 6-9절을 포함할 수 있다.

3 2008년 9월, 플라밍고 로드 교회의 인터넷 캠퍼스 사역자인 브라이언 바실(Brian Vasil)과 저자와의 토론에서 발췌.

4 바실이 언급한 것처럼, 교회는 언제나 기술을 다룰 줄 아는 사람을 고용할 수 있다(마치 교회들이 인쇄, 건물 수리, 혹은 웹사이트 제작을 위하여 회사들을 고용하듯이). 그러나 교회는 전통 목회를 아웃소싱할 수 없는 것 이상으로 가상목회도 아웃소싱할 수는 없다.

5 하나님 나라의 가장 큰 대적 중 하나는 오해이다. 그것은 용서하지 못하는 것부터 교만과 강퍅한 마음에 이르기까지 모든 것을 동반한다(엡 4:31-32; 마 6:14).

6 물론, 이것은 가상교회 목회자들이 실제로 하는 것은 아니지만, 이는 많은 사람이 가질만한 인식이다.

7 이것에 대하여는 10장에서 논의할 것이다.

8 Jonathan R. Wilson, *Why Church Matters: Worship, Ministry, and Mission in Practice* (Grand Rapids, MI: Brazos, 2006), 96-99.

9   예수의 규율에 대한 진술은 예수가 교회에 대해 기록한 몇 안 되는 (아마도 유일한) 참고문헌이라는 점에서 독특하지만, 유대교 회당에서 행해지는 고대 전통(쿰란 공동체는 말할 것도 없고 랍비들이 가르친)을 충실히 따른다는 점에서 다소 보편적이다.

10   Jonathan R. Wilson, *Why Church Matters*, 96-99.

11   일부 가상 세계의 비기독교 종교 공동체들은 다른 사람들이 그 사람의 헌신 수준과 조직 내 위치에 따라 아바타를 위한 다른 부착물(후광 등)을 허용하도록 하는 시스템을 가지고 있다. 지도자와 추종자를 구분하는 것이 목표인데, 교회가 이런 조치를 했다면 지도자와 추종자를 구분하는 것일까, 아니면 양과 염소를 구분하는 것일까? 둘 다인가? 둘 다 아닌가?

9장 바이럴 사역 Viral Ministry

1   이들 각각의 네트워크들의 가치가 어떻게 될지에 대한 많은 논의가 있다.

2   David P. Reed, "That Sneaky Exponential: Beyond Metcalfe's Law to the Power of Community Building," *Context* (1999).

3   Mary Jacobs, "Family Resemblance: Methodism' Cousins Span Wide Range," United Methodist Portal blog [August 2008].

4   Neil Ormerod, "The Structure of a Systematic Ecclesiology," *Theological Studies* 63-1 (2002), 16.

5   Edward Schillebeeckx, *The Church with a Human Face: A New and Expanded Theology of Ministry* (New York, NY: Crossroad, 1985), 83.

6   Nicholas M. Healy, *Church, World and the Christian Life: Practical-Prophetic Ecclesiology* (Cambridge, UK: Cambridge University Press, 2000), 5. 이렇게 표현하면서, 나도 힐리도 실용적 차원에서 말하고 있지 않다. 내가 말하고 있는 것은 우리가 그것의 본질에 있는 어떤 것과 마주치고 신성한 신비를 본질로 삼을 때, 그것의 본질을 이해하기 위해서 어떤 것의 질이나 성질을 먼저 이해하는 것이 도움이 될 수 있다는 것이다. 이것이 우리가 하나님을 연구하는 방법이다. 우리는 그의 성격이나 속성, 예를 들어 전지(omniscience) 등을 먼저 고려하지 않고 그의 본성을 알아내려고 하지 않는다.

7   Richard Belise, "The Mission Matrix: Mapping Out the Complexities of a Missional Ecclesiology," *Word and World* 26-3 (2006), 248.

8   루터가 이 개념을 창안한 것처럼 자주 인식되지만, 이 개념은 교회 역사에서 계속 이어져온 것이다. Wolfhart Pannenberg, *Systematic Theology*, trans. Geoffrey W. Bromiley (Grand Rapids, MI: Eerdmans, 1998), 3, 125.

9   John S. Hammett, *Biblical Foundations for Baptis Churches: A Contemporary Ecclesiology* (Grand Rapids, MI: Kregel, 2005), 46; Pannenberg, Systematic Theology, 3, 125을 참조하라.

10 언급했듯이, 내가 대화한 가상교회 중 i-church가 교회 생활과 사역을 위한 사회 관계망 모델에 가장 중점을 두고 있는 것으로 보인다. 플라밍고 로드도 이것의 몇 가지 측면을 실험하고 있다.

11 내가 말하는 사람 중 일부는 가상교회 목회자들에게 현실 교회에 "맞추기 위해" 고군분투하는 것에 대해 증언했다. 분명히, 소외된 사람들도 실제 교회에 다닌 다. 여기서 중요한 것은 큰 그림의 관점에 문제를 조명하는 것이다.

12 물론 컴퓨터를 가지고 있는 자들과 그렇지 못한 자들 사이에 큰 간극이 있다. 이 에 대해서는 다음 장에서 다룰 것이다.

13 이 책의 범위를 벗어나기는 하지만, 반대되는 성별의 구성원으로 옷을 입는 사람 들에 대한 통념은 부정확하고 오해의 소지가 있다. 여기서 우리가 합의할 수 있 는 것은 그들이 무엇을 입든 간에, 그들은 나와 당신 같은 사람들이고, 하나님은 그들을 치유하고 회복시킬 수 있으며, 하나님은 그들의 삶의 목적이 있다는 것이 다.

14 하이디 캠벨(Heidi Campbell)의 연구는 이것이 벌써 일어나고 있음을 보여준다. Heidi Campbell, *Exploring Religious Community Online: We Are One in the Network*, 139.

15 연구는 가상교회에 관여하는 많은 사람이 또한 현실세계 교회나 사역에도 관여 한다는 것을 보여준다. Heidi Campbell, *Exploring Religious Community Online*, 162.

16 현실 세계 목회자들은 시설, 인구밀도, 사람 관리 등 무한성장에 장벽이 있다고 이해하고 있다. 흥미롭게도, 가상교회들은 또한 그들이 극복해야 할 성장의 한 계에 직면한다. (2009년 2월, 성 픽셀의 관리팀인 Mark Howe과 저자와 논의 중 발 췌).

17 Heidi Campbell, "Congregation of the Disembodied: A Look at Religious Community on the Internet," 189.

18 Brenda E. Brasher, *Give Me That Online Religion*, 49.

19 아내가 가정폭력 집단 상담에 종사하는 결혼 및 가족 치료사이기 때문에 이를 예 로 들 수 있다. 이상하게 보일 수도 있지만, 가상 환경에서 이러한 지원 그룹을 운영하는 데는 몇 가지 중요한 이점이 있다(물론 몇 가지 부정적인 측면도 있다).

20 Heidi Campbell, "Congregation of the Disembodied," 190을 참조하라.

10장 소셜 네트워크 교회 The Social-Network Church

1 심지어 웨슬리도 그의 진술에 제한점을 포함했는데, 그것은 마치 그가 어떤 종류 의 접점을 가진 사람들과 같은 세상이 그의 교구라는 것이었다.

2 Heidi Campbell, "Living as the Networked People of God," 48.

3 Gitte Stald, "Outlook and Insight: Young Danes' Uses of the Internet – Navigating Global Seas and Local Waters," in *The Wired Homestead: An MIT Press*

Sourcebook on the Internet and the Family, eds. Joseph Turow and Andread L. Kavanaugh (Cambridge, MA: MIT, 2003), 228-29.

4 기록상으로는, 나는 정치에 관심이 많으며, 그리스도인들이 시민으로서 시민 생활의 모든 측면에 관여해야 한다고 믿지만, 교회의 우선순위는 복음을 통하여 사람들 사이에서 하나님을 영화롭게 하는 것으로 생각한다.

5 나는 어느 교회도 이 문제를 피하는 것이 가능한지 모르겠다. 모든 교회는 지역적이고, 이것은 나쁜 것이 아니다.

6 원어에서 이웃의 의미에 대한 많은 논의가 있지만, 우리는 그것이 최소한 원래 맥락에서 "세상에 있는 모든 이"를 의미하지는 않는다고 어느 정도 말할 수 있을 것이다. 참조. Brenda E. Brasher, *Give Me That Online Religion*, 116.

7 Patricia Wallace, *The Psychology of the Internet* (Cambridge, UK: Cambridge University Press, 1999), 9.

8 John Smart, Jamais Cascio, and Jerry Paffendorf, "Metaverse Roadmap," 19.

9 Jo Guldi, "A Map of the Virtual Territory: Individual, Church, and Society in the Twenty-first Century," in *Voices of the Virtual World: Participative Technology and the Ecclesial Revolution*, eds. Leonard Hjalmarson and John La Grou (Wikiklesia, 2007), 98.

10 John S. Hammett, *Biblical Foundations for Baptist Churches: A Contemporary Ecclesiology*, 48.

11 예배 후에 둘러보면서, 내가 보기에는 그 교회가 있는 동네는 백인들이 지배적이지는 않았다.

12 예를 들어, Calvin Park, "Using the Machine," in *Voices of the Virtual World: Participative Technology and the Ecclesial Revolution*, eds. Leonard Hjalmarson and John La Grou (Wikiklesia, 2007), 239.

13 마크 메도우스(Mark Meadows)는 그의 책에서 구술된 언어를 볼 수 있는 언어로 번역해 주는 봇(bot, AI 아바타)을 이야기한다. 미래에는 이런 종류의 봇들이 비영어권 사용자에게 영어권 교회를 이해할 수 있도록 할 것 같다. 참조. Mark Stephen Meadows, *I, Avatar: The Culture and Consequences of Having a Second Life*, 110.

14 Kevin M. Rogers, "The Digital Divide Revisited: The Grand Canyon of the Online Environment?" *Masaryk University Journal of Law and Technology* 1-2 (2007), 157-71.

15 Ally Ostrowski, "Cyber Communion: Finding God in the Little Box," *Journal of Religion and Society* 8 (2006), 4.

16 Paul S. Minear, *Images of the Church in the New Testament*, 143.

17 Life.Church은 이러한 난국에 대한 해결책을 찾기 위해 노력하는 몇몇 교회 중 하나이다. 플라밍고 로드 교회는 실행할 수 있는 가상 청소년 사역을 추진하고 있다.

18 초대교회 메시지의 발전에 대한 훌륭한 참고서는 다음과 같다. Birger Gerhardsson, Memory and Manuscript: Oral Tradition and Written Transmission in Rabbinic Judaism and Early Christianity; with "Tradition and Transmission in Early Christianity" (Grand Rapids, MI: Eerdmans, 1998).

결론

1   역자 주 - 1989년 일본 비디오 게임 "제로 윙"(Zero Wing)에서 유래된 인터넷 밈이다. 영어로 번역될 때 문법적으로 잘못 번역되어, 이상한 문장이 되었다. 원래의 의도는 적군이 플레이어의 모든 기지를 점령했다고 선언하는 것이었으나, 영어 문장의 부자연스러움 때문에 유머의 소재가 되었다.

2   많은 이가 다음 연구가 하나의 사례가 된다고 본다. Brenda E. Brasher, *Give Me That Online Religion*.

3   위의 책, 23.

4   모든 세대에서 불거져 나오는 이러한 종류의 문제들에 대한 하나의 인위적인 해결책은 가정교회이다. 그러나, 감사하게도, 그것만이 유일한 해결책은 아니다.

5   Andreé Robinson-Neal, "Enhancing the Spiritual Relationship: The Impact of Virtual Worship on the Real World Church Experience," 234.

6   Brenda E. Brasher, *Give Me That Online Religion*, 142.

7   예를 들어, 2008년 8월에 저자와 i-church의 책임 사제인 Pam Smith 사이의 토론이 있다. Heidi Campbell, "Living as the Networked People of God," in *Voices of the Virtual World: Participative Technology and the Ecclesial Revolution*, eds. Leonard Hjalmarson and John La Grou (Wikiklesia, 2007), 49.

8   Paul S. Minear, *Images of the Church in the New Testament*, 250.

9   위의 책, 72.

10 Patrick Dixon, *Cyberchurch: Christianity and the Internet*, 58.

11 Brenda E. Brasher, *Give Me That Online Religion*, 44.

12 2008년 7월, 세컨드라이프 성공회 대성당 주교인 마크 브라운(Mark Brown)과의 토론 중.

13 Stanley Hauerwas and William H. Willimon, *Resident Aliens: Life in the Christian Colony* (Nashville, TN: Abingdon, 1989), 49.